„Schatzi, eine Reise und ich"

2016

Wo bitte liegt denn dieses Albanien?

Diese Ausgabe ist die Textversion ohne Farbfotos

Erinnerungen sind das Wertvollste, was ein Menschen besitzen kann!
Oder wie Jochen Schweizer sagte:

Schreibe auf, was du besitzt, dann erhältst du eine Liste. Schreibe auf, was du erlebt hast, dann erhält du eine Geschichte!

Hier ist nun eine neue von unseren Geschichten:
Diesmal widme ich diese unserem ersten Enkelkind Maximilian. Wir hoffen, dass er und alle weiteren Enkel, Urenkel, Ururenkel und so weiter noch Freude an den Erlebnissen ihrer Vorfahren haben!
An dieser Stelle danke ich besonders Schatzi, die durch ihre Liebe zu mir erst all diese Reisen und Erlebnisse ermöglicht hat.
Danke sage ich auch von ganzem Herzen Ully, der Mama von Max. Erst einmal danke für den kleinen Sonnenschein und für die tatkräftige Unterstützung bei der Umsetzung dieses und weiterer Buchprojekte.

In Liebe (Opa) Frank
Hamburg Juli 2016

Hieronymus L.

Wo bitte liegt denn dieses Albanien?

Schatzi, eine Reise und ich

Bibliografische Information der Deutschen Nationalbibliothek:
Die Deutsche Nationalbibliothek verzeichnet diese Publikation in der Deutschen Nationalbibliografie; detaillierte bibliografische Daten sind im Internet über http://dnb.dnb.de abrufbar.

© 2016 Hieronymus L.

Fotos: *eyeclick.de*
Herstellung und Verlag: BoD – Books on Demand, Norderstedt

ISBN: 978-3-7412-8930-9

Inhaltsverzeichnis

Vorwort zur Buchreihe	7
Vorwort zur Reise	11
Dienstag - Frank allein unterwegs	17
Mittwoch - Wien ist lecker	21
Donnerstag - Der erste richtige Urlaubstag	25
Freitag - Nächtliche Schüsse in Sarajevo	35
Samstag - „Schnaps" das war sein erstes Wort	61
Sonntag - Das Land der langsamen Straßen	73
Montag - Zurück in der Vergangenheit	85
Dienstag - Shopping auf albanisch	111
Mittwoch - Albanische Straßenerfahrung	128
Donnerstag - Haris und die Deutschen	143
Freitag - Das Ischgl von Serbien	165
Samstag - Von schwimmenden Wohnwagen	183
Sonntag - Volksmusik ohne Gleichen	203
Montag - So fühlt sich Glück an	214
Dienstag - Stacheldraht allein hilft nicht	234
Mittwoch - Markt und Mücken sind zurück	246
Donnerstag - Von Hitze und Mücken im Biotop	261
Freitag - Dramatische Sekunden	276
Samstag - Österreich ist Genuss pur	293
Sonntag – So sind Bayern nicht	304

Vorwort zur Buchreihe
„Schatzi, eine Reise und ich!"

An dieser Stelle einige Gedanken zur Buchreihe "Schatzi, eine Reise und ich!" - wie sie entstand, warum ich den Namen des Autors geändert habe und meine Motivation, weiter unter diesem Titel zu schreiben.

Wie begann eigentlich alles? Also das mit dem Schreiben.

Es war im Frühjahr 2011. Ostern war vorbei, der Stress in der Firma relativ groß und zweimal die Woche um 4 Uhr 12 km zur Arbeit wandern, reichte auch nicht mehr zum Stressabbau. So verfiel ich auf die Idee, über unsere Osterwanderung von Hamburg nach Itzehoe, ein kleines Büchlein zu schreiben. Recht ungeschickt und sehr hakelig verfasste ich damals 30 Seiten über unsere vier tägigen Wandererlebnisse.

Das Schreiben hat mir so viel Freude bereitet und mich vom Alltagsstress abgelenkt, dass ich gleich nach Fertigstellung des Wanderberichtes beschloss, weiter zu schreiben.

2010 fuhren wir mit dem Wohnmobil von Hamburg nach Istanbul. Dieser Vier - Wochentrip war es wirklich wert, aufgeschrieben zu werden. Und so nutzte ich 3 Monate lang meine täglichen Bus und Bahnfahrten, um das 130 Seiten umfassende Büchlein zu verfassen und zu veröffentlichen.

Damals wollte ich nicht unter meinem richtigen Namen

schreiben und so erschien das erste richtige Buch aus der Reihe „Schatzi, eine Reise und ich" unter dem Pseudonym „Hieronymus L."! Der Name Hieronymus gefiel mir schon immer. Stellt euch nur ein altes Schloss vor. Die Fassade von uralten Wein- und Efeuranken bewachsen, umgeben von einem dichten Wald, scheint sich das Haus darin zu verstecken! Nur das große, aus massivem Eichenholz gezimmerte, Eingangsportal ist noch zu sehen. Deutlich sind die Spuren der Zeit, des Wetters und des Lebens am Tor zu erkennen. Und an eben diesem prangt in großen Messingbuchstaben: HIERONYMUS L.! Das hat, äh - das hätte doch was! Leider konnte sich bisher keines unserer Kinder entschließen, diesen Namen an unsere Enkel weiterzugeben - schade!

2012 schrieb ich für die Schatzi Reihe unter dem Namen: „Wodka, Bremsen, Baltikum" das zweite Buch. Diesmal immerhin schon 246 Seiten und mit einigen Farbfotos. (Allerdings machten diese das Buch so teuer, dass es kein Kassenschlager wurde.)

Seither habe ich immer wieder versucht, meine Buchideen umzusetzen - Ideen gab es genug. Da waren zum Beispiel die ersten 15 Seiten aus „Sex zieht immer". Da habe ich aber irgendwann den Faden verloren und so liegt das Projekt auf Eis.

„Die Pension" hätte schon eher das Zeug zum richtigen Buch. An der Nordseeküste betreiben zwei ältere Ehepaare eine Pension. Hain und Karl sind grundverschieden. Der eine ist die Ruhe in Person, der andere hat mehr Dummheiten und Ideen im

Kopf, als Fische in der Nordsee schwimmen. Sehr zum Missfallen ihrer Frauen und Gäste verstehen sich die Beiden prächtig, und so ergibt ihr Zusammensein oft eine explosive Mischung. Karl erzählt seinen Gästen, nein nicht seinen Gästen, sondern nur denen, die Hain für würdig befindet, oft Geschichten. Und diese Geschichten sind allesamt Erlebnisse aus meinem Leben. Nach 3 Kapiteln fragte ich mich allerdings, warum ich nicht einfach mein Leben aufschreibe. So ohne drumherum. Einfach die Erlebnisse vor der Wende, unsere 5 - tägige Flucht in den Westen, meine ersten Gehversuche in der freien Marktwirtschaft und und und. Bis hin zu der Zeit, als ich in „Der Firma" anfing. Die Zeit, die mich am meisten beeinflusst, und zu der größten Veränderung in meinem Leben geführt hat. Vier Kapitel habe ich fertig und bin erst im Jahr 1986 angekommen. Dann haben mich Meinungen anderer, dass sich das Buch toll und sehr interessant lesen ließe, ich aber in der Sichtweise bzw. in der Zeit hin und her springe, verunsichert, und ich habe aufgehört am „Wendeleben" weiter zu schreiben.

Aber jetzt, im Sommer 2016, habe ich wieder richtig Lust und werde zum Warm werden wieder ein „Schatzi, eine Reise und ich" - Buch schreiben. Diesmal mit dem Titel „Wo bitte liegt denn dieses Albanien?" Anschließend widme ich mich wieder dem Wendeleben oder noch ein Reisebuch? Wir werden sehen!

Die Lust am Schreiben ist aber nur die halbe Motivation. Schatzi und ich sind im März dieses Jahres zum ersten Mal Großeltern geworden und dies ist meine zweite Motivation. Wer würde nicht gerne ein oder mehrere Bücher über das Leben seiner Eltern oder Urgroßeltern lesen? Meine Eltern haben auch ein sehr spannendes und teilweise abenteuerliches Leben geführt. Leider kenne ich nur wenige Geschichten aus der Zeit vor meiner Geburt und was würde ich nicht alles dafür geben, mehr darüber zu erfahren.

Schauen wir mal, wie es mit dem nächsten Schatzi Buch läuft. Jetzt aber bin ich heiß, heiß auf's Schreiben und ich kann es kaum erwarten, das Albanienbuch zu beenden, um am Wendeleben weiter zu arbeiten.

Wer Interesse an dem Kurzinhalt hat, schreibt mir einfach eine kurze Mail und schon liegt diese in eurem Postfach.

Ich kann alles und nichts richtig! Hat mal jemand gesagt und das trifft es ganz gut. Ich erhebe auch nicht den Anspruch literarisch wertvoll oder Weltliteratur zu verfassen, sondern ich möchte euch einfach nur unterhalten, nicht mehr und nicht weniger!

In diesem Sinne wünsche ich euch gute Unterhaltung und freue mich auf ein Feedback. Nein ich habe keine Facebook Seite und das „gefällt mir"!

schatzieinereiseundich@gmail.com!

Vorwort zur Reise

Wo bitte liegt denn dieses Albanien? Diese Frage einer Österreichischen Gastwirtin zeigt die große Unsicherheit und Unwissenheit vieler Westeuropäer gegenüber dem Balkan. Dabei ist nicht nur die kroatische Küste bis runter nach Dubrovnik eine Reise wert. Diesen Teil des ehemaligen Jugoslawiens kennen und lieben schon viele meiner Landsleute. Warum aber schütteln fast alle mit dem Kopf, wenn wir erzählen, dass wir nach Bosnien Herzegowina, Serbien, Montenegro und Albanien fahren wollen. Immer wieder begegnen uns Vorurteile: Habt ihr denn keine Angst? Da kommt ihr doch bestimmt ohne Auto zurück! Braucht man für diese Länder eine extra Autoversicherung? Nehmt ja genug zu essen mit, da unten gibt es doch nichts! Und noch unzählige solcher und ähnlicher Aussagen mussten wir uns anhören. Dabei sind wir letztes Jahr bereits quer durch den Balkan gefahren und haben nur beste Erinnerungen an diese Reise. Doch das hatten einige unserer Freunde und Kollegen schon wieder vergessen. Sie leben in ihrer Frankreich-Mallorca-Italien-Deutschland Welt. In der die kroatische Küste direkt neben Spanien am Mittelmeer liegt.

Als wir der Gastwirtin die Länder von Nord nach Süd aufzählten, durch die wir gereist sind, konnte sie uns von Österreich über Slowenien bis Kroatien noch folgen, doch mit Bosnien Herzegowina oder gar Montenegro konnte sie nichts mehr anfangen. Wir gaben die geografischen Erklärungen auf, und versuchten, ihr die Gastfreundlichkeit, die Offenheit und allem voran die Deutschfreundlichkeit der Menschen vom Balkan näher zu bringen. Doch ihre Welt endete in Wels, und wenn sie nach Wien reiste, fühlte sie sich schon wie ein Weltenbummler!

Vielleicht kann ich nicht nur die Österreichische Gastwirtin, sondern auch euch, liebe Leser, für die einzigartigen Landschaften und Menschen der Balkanländer begeistern. Letzteres ist dann auch ein Grund, warum ich dieses Buch schreiben möchten. Den zweiten, und das ist der Hauptgrund, habt ihr bestimmt schon im Vorwort zum Buch gelesen.

Die diesjährigen Reisevorbereitungen und Planungen verliefen wieder einmal so typisch Ludwig!

Unsere vier - wöchige Albanientour, bei der wir 2015 elf Länder des Balkan bereisten, hat uns sehr beeindruckt. Besonders Griechenland und Serbien waren ganz oben auf unserer Wiederbesuchsliste. So stand schnell fest, dass wir 2016 mit dem Wohnmobil wieder mindestens nach Serbien fahren werden.

Einige meiner Arbeitskollegen kommen vom Balkan und als diese hörten, wo es dieses Jahr hingehen sollte, waren sie total begeistert. Alle gaben mir Tipps und boten uns an, sie bzw. ihre Familien zu besuchen. Und so plante und recherchierte ich wie wild.

Dann kam die Sache mit Max. Wegen des anstehenden Enkelkindes, hatten wir unseren Urlaub in diesem Jahr schon auf

3 Wochen beschränkt, als uns Ully und Philipp (die Eltern von Max) nach unserem genauen Rückkehrdatum fragten. Da Ully im Vorfeld schon was von einer Tagesschulung erzählt hatte, kombinierte ich schnell und verlegte unsere Rückkehr spontan 2 Tage vor. Schatzi schaute mich im ersten Moment zwar schief an, sagte aber nichts. Und tatsächlich wurden wir dann gefragt, ob wir einen Tag auf unseren Enkel Max aufpassen könnten. Schatzi und ich meinten natürlich, dies sei kein Problem, da wir am 05.07. eh schon wieder in Hamburg seien. Die zwei Tage weniger unterwegs sein zu können, opferten wir sehr gerne für unseren Sonnenschein.

Nun galt es allerdings, die sonst vier - wöchige Abenteuertour auf 2 1/2 Wochen einzudampfen. Da kam es uns sehr gelegen, dass Juliane (unsere Tochter) uns anbot, das Wohnmobil im Rahmen ihrer Urlaubsreise nach Wien zu bringen. Von dort würde sie dann wieder nach Hamburg fliegen, und wir könnten es übernehmen und wären schon mal 1.200 km näher an unserem Urlaubsziel. Toll, wir waren begeistert und ich buchte sofort 3 Flüge, zwei für Schatzi und mich nach Wien und einen für Jule nach Hamburg.

2 Wochen bevor es losgehen sollten, kristallisierte sich heraus, dass Juliane keinen Urlaub nehmen kann. Da Schatzi sich aber schon so sehr gefreut hatte, bis Wien fliegen zu können, erklärte ich mich bereit, einen Tag vor dem geplanten Flug nach Wien, alleine mit dem Wohnmobil von Hamburg nach Wien zu fahren.

Das war geklärt, Schatzi zufrieden, und ich konnte mich

wieder der Routenplanung zuwenden. Eine Woche vor der geplanten Abreise merkte ich, dass ich mich total verplant hatte. Bei meiner Planung waren wir nur unterwegs von einem Ziel zum nächsten. Für spontane Entdeckungen und Zwischenziele war keine Zeit mehr. Und genau das war es doch, was unsere Urlaube immer so aufregend und abwechslungsreich machte. Außerdem checkte ich das Wetter für unser Urlaubsgebiet und bekam plötzlich große Zweifel, ob wir die richtige Wahl getroffen hatten. Die Aussichten waren mehr als bescheiden. Um die 20 Grad, Wind, Regen und Gewitter waren nicht das, was wir zur Erholung brauchten. Ich wollte Schatzi nicht nur tolles Wetter, sondern auch Abenteuer, Kultur und Erholung bieten. Das jedoch würden wir bei den Voraussetzungen nicht finden. Ein anderer Urlaubsplan musste her.

So machte ich mich daran, nach preiswerten Flugreisen Ausschau zu halten. Da kam mir der Hinweis eines Kollegen auf ein Angebot für eine Kubareise genau recht. 250€ für den Flug von Deutschland nach Kuba. Sofort und mit vollem Elan machte ich mich daran, alle Einzelheiten vom Wetter über die Unterkunft bis hin zum Essen in Erfahrung zu bringen. Das Ergebnis war ernüchternd, nachdem ich zum Angebotspreis noch je einen Koffer, einen Sitzplatz mit Beinfreiheit, etwas zu essen und einen Rückflug hinzugerechnet hatte, war ich schon bei 1.800€ für uns Beide! Abgesagt!

Dann fand ich eine USA - Reise, bei der die Flüge wirklich günstig waren. Erstmal gebucht! Dann die Kosten für Essen,

Trinken, einen Mietwagen und Unterkunft ausgerechnet...!? Zu teuer - Flüge storniert!

Aber dann hatte ich eine Eingebung. Zwei meiner Arbeitskollegen kommen aus Kasachstan! Flüge überprüft - top! Wetter geprüft - top! Also die Flüge erst einmal festhalten - gebucht! Jetzt fehlte mir noch jemand, der uns Almaty, die Hauptstadt Kasachstans, und deren Umgebung zeigen konnte. Also telefonierte ich weiter mit allen möglichen Reiseagenturen, schrieb Email's und wartete auf eine Rückmeldung. In der Zwischenzeit erklärten mich meine Kollegen für völlig verrückt. Erst Albanien und Serbien, dann Kuba, dann doch die USA und jetzt Kasachstan, in letzteres Land kann man doch erst recht nicht fliegen! Die Frage: „Wie kommt man nur auf die Idee, nach Kasachstan zu fliegen?", hörte ich ganz oft und die Antwort war so einfach: „Gepflegtes Abenteuer!". An dieser Stelle fragt ihr euch bestimmt was Schatzi zu all dem sagte. Tja, für sie veranstaltete ich doch das Ganze! Ich wollte ihr unbedingt einen schönen Urlaub bieten. Es sollte warm und erholsam sein. Aus meiner Sicht und auf Grund der finanziellen Großwetterlage sollte es auch möglichst günstig sein. Genau deshalb dachte ich an Kasachstan! Und genau dort zeigte sich der Schwachpunkt. Schnell stellte sich heraus, dass Kasachstan kein Billigreiseland ist. Beim pro Kopf Einkommen liegt Kasachstan immerhin auf Platz 58 von 186 Vergleichsländern und damit weit vor allen Balkanländern. Zum Vergleich, im Nachbarland Kirgisistan beträgt das jährliche pro Kopf Einkommen ca. 1.200 US Dollar im Jahr, in Kasachstan dagegen ist es zehnmal so hoch. Eine dreiwöchige Reise würde somit unser Budget bei weitem sprengen. Also alles wieder storniert!

Und Schatzi? Als ich ihr am selben Abend erzählte, was ich mir alles überlegt, gebucht und wieder storniert hatte, wurde ihr schwindlig. Ich hingegen konnte es nicht verstehen. Man muss doch verschiedenen Möglichkeiten testen und alles in Betracht ziehen. Schließlich setzten wir uns nochmals zusammen und beschlossen, alle Planungen über den Haufen zu schmeißen.

Übrig blieb folgende Planung: Ich fahre Dienstag Abend gegen 19 Uhr in Hamburg los. Schatzi fliegt Mittwoch Abend nach Wien, wo ich sie in Empfang nehme. Dann nehmen wir uns eine Woche Zeit, um die ca. 1.000km bis Boka Kotorska, ein fjordähnliches Gebiet an der montenegrischen Adriaküste, zurück zu legen. Dann wollten wir uns eine Woche in Montenegro und am Shkodra - See umsehen, um anschließend binnen einer Woche wieder nach Hamburg zurück zu fahren. Sonst gab es keine weiteren Ziele und Planungen.

Natürlich kam alles ganz anders, aber genau aus diesem Grund wurde es ein fast perfekter Urlaub. "Warum nicht perfekt?" fragt ihr - 6 Wochen länger und er wäre perfekt gewesen!

Wer mehr über die Länder des ehemaligen Ostblocks und deren Menschen erfahren möchte, dem empfehle ich aus der „Schatzi - Reihe" auch: „Mit dem Wohnmobil von Hamburg nach Istanbul!" (2011) und „Wodka, Bremsen, Baltikum" (2012).

Dienstag - Frank allein unterwegs

Hoffentlich endet der Tag nicht so wie er begann, dachte ich, als ich gegen 19 Uhr in Hamburg startete und unsere Bergziege in Richtung Autobahn steuerte. Um diese Tageszeit hatte der Berufsverkehr schon merklich nachgelassen. Nachdem ich bei Stapelfeld auf die A1 fuhr, entspannte ich mich und ließ den Tag noch einmal Revue passieren.

Als Punkt 5 der Wecker klingelte, war ich im ersten Moment verwundert, denn normalerweise stehe ich eine halbe Stunde früher auf, um mit dem Rad zur Arbeit zu fahren. Dann fiel es mir wieder ein - seit zwei Tagen hatte ich eine Art Fahrgemeinschaft mit Katrin. Diese hatte versprochen, mich 5:30 Uhr vorm Haus einzusammeln und mit zur Firma zu nehmen. Am Tag davor klappte dies wunderbar und so freute ich mich schon auf einen entspannten Tagesbeginn. Allerdings nur, bis mein Handy 10min vor der verabredeten Zeit piepte und Katrin (mir) schrieb, dass sie ca. 15min später kommt! Oh mein Gott, muss das heute sein und bei mir, wo ich doch so ein Pünklichkeitsfanatiker bin. Na gut, vielleicht sollte ich mich einfach entspannen und mich (so) schon auf den Urlaub oder auf bevorstehende Staus vorbereiten. Dann kam sie doch nur 10 min später und die Entschuldigung, dass es am vergangenen Abend etwas länger ging, quittierte ich mit einem Lächeln. Wir hatten kaum 4 km des Weges geschafft, als sie plötzlich bremste und rechts ran fuhr. Besorgt fragte ich was los sei. Ihre Antwort beunruhigte mich dann doch und ich war gespannt was heute noch kommen würde. Sie meinte, ihr sei plötzlich schwindlig geworden und es drehe sich alles. Daraufhin bot ich ihr an, dass ich gern weiter fahren könnte. Doch sie verneinte und verwies darauf, dass ihr dies in der Schwangerschaft öfter passiert sei, doch da wurde sie dann auch mal ohnmächtig. Ich drehte mich kurz weg, verdrehte die Augen und atmete tief durch. Als ich sie wieder ansah, lächelte sie mich aufmunternd an, auch wenn es mir jetzt ganz schwindlig war. Nach ein paar Minuten des kräftigen Ein- und Ausatmens startete sie den Motor und es ging weiter. Meinen halbwegs pünktlichen Arbeitsbeginn (obwohl ich Gleitzeit habe, fange ich immer vor 6 Uhr an) sah ich schon schwinden. Doch dann lief es ganz gut und alles deutete darauf hin, dass wir es (doch) pünktlich schaffen könnten, als Katrin plötzlich meinte: „Ach, tanken muss ich ja auch noch!". Meinen vorsichtigen Hinweis, dass es Nachmittags immer günstiger sei, verwarf sie mit den Worten: „Ach, ich tanke nur für 20€, da ist es egal." "Frank entspann dich, du hast heute noch einiges vor", dachte ich und genoss den Anblick der bunten Zapfsäulen. Am Arbeitsplatz angekommen, nahm ich die 15min Verspätung äußerlich gelassen hin. Nur meine lieben Kollegen machten sich einen Spaß daraus, mir alle möglichen Schreckensszenarien für den weiteren Tagesverlauf zu offerieren! Dessen ungeachtet verlief der Arbeitstag relativ geregelt und so trat ich gegen 13 Uhr den Heimweg an. Katrin bot an, mich auf dem Heimweg auch mitzunehmen. Da heute morgen ja schon alles mögliche schief ging, sollte doch die Rückfahrt problemlos möglich sein. Nachdem ich mich mit Katrin getroffen hatte, gestand sie mir, dass sie noch einen kleinen Umweg machen müsse, um einen Brief wegzubringen. Innerlich dachte ich mir, das darf doch nicht wahr sein, läuft denn heute alles nur mit Verzögerungen? Aber es war wirklich nur ein Umweg von 2min und als sie mich zu Hause absetzte, atmete ich durch und sagte mir, dass nun der Urlaub beginnen könne. Gleich würde ich hoch in die Wohnung gehen, mich noch etwas hinlegen und schlafen. Das zumindest dachte ich bis zu dem Zeitpunkt, an dem ich den Briefkasten erreichte, ihm die Post entnommen und einen Brief von einer Rechtsanwaltskanzlei geöffnet hatte. Was ich da las, durfte doch nicht war sein. Die wollten doch tatsächlich von Gabi über 1.000€ eintreiben für eine Sache die 15 Jahre zurücklag. Mein Blutdruck schoss schon mal voraus in den 3. Stock. Dort angekommen, schnappte ich mir das Telefon und versuchte, die Angelegenheit zu klären. Als ich dann eine Stunde später alles bereinigt hatte, war an Schlaf natürlich nicht mehr zu denken. Und so begann ich die restlichen Sachen und die Fotoutensilien ins Womo zu räumen. Als Gabi dann später von der Arbeit kam, hievten wir gemeinsam die Fahrräder auf's Womo, tranken Kaffee, duschten nochmal, aßen Abendbrot und dann ging es auch schon los.

Für die ca. 1.200 km bis Wien hatte ich genau 24 Stunden Zeit, denn Schatzi würde am nächsten Tag gegen 19 Uhr am Wiener Flughafen landen. Die Wetteraussichten waren nicht so rosig und so fuhr ich mit gemischten Gefühlen in Hamburg los.

Doch wie sich zeigte, hatte ich Glück. Nicht nur das Wetter war besser als erwartet, auch der Verkehr hielt sich stark in Grenzen und so konnte ich über 900km in 9 Stunden zurücklegen.

Gegen 4 Uhr morgens, kurz vor der österreichischen Grenze, forderten der vorangegangene Tag und die Nachtfahrt ihren Tribut. Daran änderten auch 3 Dosen Red Bull, 2 Guarana-Kapseln und vier Kaffees nichts, die ich im Laufe der Nacht zu mir genommen hatte. Irgendwann ist halt Schluss. Außerdem nahm der Verkehr merklich zu und zu allem Überfluss begann es auch noch zu regnen. Da kam mir die Raststätte Donautal West genau recht. Jetzt würde ich erst einmal schlafen und dann gehts weiter. Die restlichen ca. 300km schaffe ich auch noch, bis ich Schatzi endlich wieder habe!

Mittwoch - Wien ist lecker

Wie gut oder schlecht schlafen LKW Fahrer an Autobahnraststätten? Ich weiß es nicht, aber ich weiß eins, wenn man richtig kaputt und müde ist, schläft Mann wie ein Murmeltier. So zumindest habe ich geschlafen und das fast 6 Stunden.

Irgendwann wunderte ich mich, dass es relativ leise war. Ich horchte genauer hin - ah es hatte aufgehört zu regnen. Und warum hörte ich keine LKW's mehr? Verschlafen blinzelte ich mit den Augen und versuchte angestrengt, gegen das gleißende Licht, welches durch die Dachluke drang, anzukämpfen. Noch während meines Lichtkampfes überlegte ich, wie lange es wohl her ist, dass ich den letzten LKW wegfahren gehört habe. Gefühlt war es Nachmittag und dieser Gedanke ließ mich hochfahren. Hatte ich wirklich bis zum Nachmittag geschlafen? Halb blind wegen des Lichts und der fehlenden Brille, tastete ich nach dem Handy. Dann fand ich es, entsperrte es und ... sah nichts. Die Uhrzeit stand doch ganz klein am obersten Rand. Also nochmal tasten. Wer zum Teufel hat nur meine Brille verlegt! Endlich fand ich sie und damit auch die Uhrzeit - 10:08 Uhr. Puh, das ging gerade noch mal gut, es war also noch nicht so spät.

Ich machte mich frisch, zog mich an und machte mich auf zur Raststätte. Einen Kaffee, ein belegtes Brötchen und einen WC-Besuch später, saß ich wieder im Womo und fuhr weiter über die Autobahn in Richtung Wiener Flughafen.

Leider spielte das Wetter nicht so recht mit. Kaum hatte ich die Raststätte verlassen, fing es auch schon wieder an zu regnen. Auch der Verkehr verdichtete sich proportional zum Regen und so wurde die Fahrt nach Wien sehr anstrengend.

Kurz bevor ich den Flughafen erreichte, klarte der Himmel auf und die Sonne zeigte sich wieder. Am Airport angekommen, drehte ich eine Runde und hielt Ausschau nach einem Parkplatz für den Abend. Als ich glaubte, diesen gefunden zu haben, drehte ich ab und fuhr zum SCS Shopping Center, südlich von Wien.

Das Shopping Center ist echt groß und ich freute mich auf ein wenig Abwechslung. Auch die Sonne meinte es nun richtig gut mit mir und strahlte an einem leicht bewölkten Himmel. Im Center wollte ich etwas bummeln, eine Kleinigkeit essen und mich anschließend nochmals hinlegen. Das mit dem Essen erwies sich allerdings als sehr schwierig. Nicht etwa, dass es nichts gab, nein ich konnte mich nicht entscheiden, was ich essen sollte, so viel gab es. Sollte es etwas herzhaftes oder etwas süßes sein? Eine belegte Semmel oder Apfelstrudel? Schließlich kapitulierte ich vor einem Stand mit Cinnamon Rolls (saftige Zimtschnecken), dazu gab es einen großen Braunen (Kaffee mit Milch) und schon war ich glücklich. Mit meinen Errungenschaften schlenderte ich noch ein Stündchen durch das Center, bevor ich im Womo verschwand, um mich noch zwei Stunden hinzulegen.

Das Einschlafen dauerte ein Weilchen. Kaum war ich halbwegs in der Traumwelt verschwunden, klingelte das Handy. Schatzi rief an, um mir mitzuteilen, dass sie sich nun auf den Weg zum Flughafen mache. Ja gut. Ganz toll. Viele Grüße. Ich liebe dich. Ich dich auch. Bis später und guten Flug. Ja Tschüß, Tschüß, Tschüß, Tschüß! Warum reicht es Frauen eigentlich nicht, einmal Tschüß zu sagen? Na egal. Ich schloss die Augen und gab mir Mühe, trotz Sonnenschein, wieder einzuschlafen. Und ich schaffte es. „Ein bisschen Spaß muss sein ..." sang mir Roberto plötzlich wieder ins Ohr. Nein, nicht schon wieder das Handy und von Spaß konnte keine Rede mehr sein. Diesmal war meine Schwester dran. Die ruft sonst nur alle paar Monate mal an, aber ausgerechnet jetzt - muss das sein Schwester? Ja hallo. Ja mir gehts auch gut. Mmm, ja, auch ne, ohhh. Ja ich bin schon unterwegs. Ja im Urlaub. In Wien. Ja die ganze Nacht gefahren. Ja ich leg mich jetzt hin. Danke. Viele Grüße an alle und Tschüß. Ja Tschüß, Ja bis bald Tschüß. Tschüß! Und aufgelegt.

Als sie aufgelegt hatte, brauchte ich auch nicht mehr schlafen, es wurde Zeit zum Flughafen zurück zu kehren, um Schatzi in Empfang zu nehmen.

Inzwischen hatte der Feierabendverkehr eingesetzt und ich wollte die Autobahn umgehen. So schlängelte ich ich mich über Landstrassen durch kleine Vororte und später am Rand von Wien zum Airport zurück. Als ich den erspähten Parkplatz erreichte, stellte sich heraus, dass es sich um einen Privatparkplatz handelte. Also steuerte ich den großen Parkplatz C an. Vor der Einfahrt angekommen, hinderte mich die Höhenbegrenzung von 2,20m an der Weiterfahrt. Und nun? Da stand ich, die Uhr tickte und Schatzi´s Ankunft rückte immer näher. So entschloss ich mich, noch eine Runde zu drehen. Doch außer, dass ich den gesamten Taxiverkehr für 5 Minuten am Flughafen lahmlegte - ich bin doch tatsächlich falsch abgebogen und in die Taxieinbahnstraße geraten, dann plötzlich nur noch 2m Höhe, und so musste ich rückwärts aus der Sackgasse raus, obwohl immer neue Taxis hineinströmten - erreichte ich nichts. Dann entdeckte ich einen Kurzzeitparkplatz und steuerte das Womo dort hin. Zum Glück stand neben dem Schild: Zum be- und entladen 5 min, niemand, und so konnte ich mich über 3 Parkplätze stellen.

Nun galt es Gabi zu informieren, dass ich sie nicht im Flughafen direkt abholen konnte, sondern an der Einfahrt zum Parkplatz C erwartete.

Alles klappte wie am Schnürchen. So konnte ich mein Schatzi schon bald wieder in die Arme schließen und wir starteten gemeinsam in den Urlaub.

Auf Grund der fortgeschrittenen Stunde entschieden wir uns, einen Übernachtungsplatz nur wenige Kilometer vom Flughafen entfernt am Neusiedler See anzusteuern. Endlich. 26 Stunden nach Abfahrt in Hamburg, hatte wir unseren ersten Übernachtungsplatz erreicht. Am Ende einer Sackgasse gelegen, von Bäumen umstanden, auf einer fast ebenen Stellfläche, würden wir eine sehr entspannte Nacht haben.

Gabi erzählte noch von ihrem Tag und ihrem Flug, während wir gemeinsam etwas zu essen zu-bereiteten.

Nach insgesamt 1.309km hatten wir uns wieder und unser Urlaub konnte mit der ersten gemeinsamen Nacht beginnen!

Donnerstag - Der erste richtige Urlaubstag

Als ich am Morgen langsam munter wurde und Schatzi verschlafen ansah, konnte ich auch ohne Brille sehen, dass sie schon munter war. Verliebt lächelte sie mich an und flüsterte: „So richtig sind wir noch nicht im Urlaubsfieber, es ist erst 6 Uhr und ich bin schon munter und wie ich sehe, du auch! Guten Morgen Liebling!". Ich stöhnte drehte mich rum und murmelte: „Das kann doch nicht wahr sein.", aber schlafen konnte auch ich nicht mehr. Bestimmt liegt das am Alter, denn alte Menschen schlafen nicht mehr so viel, dachte ich und schlußfolgerte gleichzeitig, dass wir jetzt dann dazu gehören!

Aber wie heißt es so schön: Der frühe Vogel fängt den Wurm! Was ich da noch nicht ahnte, in diesem Urlaub sollten wir einige Würmer fangen!

Nun da wir einmal wach waren, nutzten wir die Chance, zogen uns an, putzten Zähne und noch vor 7 Uhr waren wir unterwegs.

Wegen einer Baustelle konnten wir nicht den kürzesten Weg nach Ungarn nehmen, sondern musste einen kleinen Umweg über die Landstraße 16 fahren. Über Siegburg und den Grenzübergang Klingelbach erreichten wir ohne Probleme Ungarn. Schon vor der Grenze bemerkten wir regen Verkehr in Richtung Österreich. Hinter der Grenze bildete sich gar ein Stau von mehreren Kilometern Länge. Hunderte von Fahrzeugen wollten von Ungarn nach Österreich. Offenbar handelte es sich fast ausschließlich um Berufspendler, denn in der Mehrzahl der PKW's saß nur der

Fahrer. Von Fahrgemeinschaften haben die Ungarn offenbar noch nichts gehört. Gabi und ich fragten uns, wie wohl die Menschen in Österreich mit dieser täglichen Flut von günstigen Arbeitskräften zurechtkamen. Hat dies die Menschen und deren Einstellung zum Nachbarland verändert oder sind die Arbeitskräfte wirklich notwendig? Bei einer durchschnittlichen Arbeitslosenquote von über 8% scheint es nicht zwingend notwendig zu sein, so viele Ungarn zu beschäftigen. Und wir sind nur an einem Grenzübergang entlang gefahren. Wie sieht es wohl an den anderen aus?

Nachdem wir die erste größere Stadt Sopron erreicht hatten, lichtete sich der Verkehr und wir hatten mehr oder weniger freie Fahrt auf den durchaus guten ungarischen Landstraßen.

Der Balaton war noch fast 35 km entfernt und es war gerade erst kurz vor halb zehn, als sich bei Schatzi der kleine Hunger meldete. Liebevoll aber bestimmt wurde ich genötigt, umgehend einen Frühstücksplatz zu suchen. Schatzi´s Wünsche sind mir Befehl. Kurz darauf bog ich von der Hauptverkehrsstraße ab. Tatsächlich fanden wir nur wenige hundert Meter weiter an einer kleinen ländlichen Bahnstation einen tollen Pausenplatz. Hier war es nicht nur idyllisch, nein hier war es auch unterhaltsam. Kaum hatten wir den Tisch bzw. die Bank gedeckt, als plötzlich eine krächzende, blecherne Lautsprecherdurchsage in feinstem ungarisch die Stille zerriss. Wir tun uns ja schon mit deutschen Durchsagen schwer, aber diese schoß echt den Vogel ab (im iTunes Ebook ist diese zu hören). Schnelles ungarisch verleitet schon zum Schmunzeln, aber hier lagen wir flach vor lachen und beglückwünschten uns gleichzeitig zu diesem tollen Frühstücksplatz!

Noch einige Zeit nachdem wir fertig waren, saßen wir auf der Bank am Bahnsteig schauten den Insekten am Wegesrand zu und beobachteten die ab und zu vorbeifahrenden Züge. Stets grüßten wir die Lockführer, die ihrerseits mit lautem Hupen und fröhlichem Winken antworteten.

Irgendwann musste es aber weitergehen und so räumten wir unsere sieben Sachen zusammen und fuhren zurück auf unsere Route in Richtung Balaton.

Als wir uns dem größten Binnensee Mitteleuropas näherten, konnten wir fühlen und sehen, wie touristisch alles rund um den See ist. Plötzlich sahen wir, die bei Urlaubern wie Einheimischen, gleichermaßen beliebten Supermärkte wie Lidl und Hofer (Aldi Süd Ableger). Ein klares Zeichen für uns, schnell weiter zu fahren in der Hoffnung, den Plattensee bald hinter uns zu lassen.

Keine 30km südlich des Sees wurde es wieder ruhiger und beschaulicher. Uns begegneten kaum noch Autos aus Österreich oder Deutschland und die Wohnmobile schienen alle nicht über die Autobahn E71, die von Zagreb nach Budapest am Südufer des Balaton entlangführt, hinweg zukommen.

Uns sollte es recht sein. Wir genossen das ursprüngliche und authentische Ungarn. So richtig spürten wir es in Lábod, etwa 30km vor der kroatischen Grenze.

Eigentlich waren wir auf der Suche nach einer Wasserstelle, kurvten durch den Ort und hielten immer wachsam Ausschau. Dann entdeckten wir mehrere ältere niedrige Gebäude auf einer großen Grünfläche. Alles deutete auf ein Freizeitgelände oder ähnliches hin. Hier sollte es doch bestimmt Wasser geben. Hinter einem der Häuser fielen uns plötzlich viele Markthändler auf, die gerade dabei waren, ihre Stände abzubauen. Sofort hielt ich an und Gabi ging auf Erkundungstour, während ich einen Parkplatz suchte. Als ich diesen gefunden hatte und das Womo gerade verschließen wollte, kam mir Schatzi schon wieder entgegen und meinte: „Scheiße, hier war Markt! Aber die bauen alle gerade ab und es sind nur noch Klamottenhändler da. In der Halle dort hinten (sie zeigte auf eine alte verwitterte, unscheinbare Halle etwa 100m entfernt), gab es wohl auch Lebensmittel, aber da sind alle schon weg. Da gibt es kein Paprikapulver mehr!". Das war es aber, was wir außer Wasser, noch dringend brauchten. Unser Vorrat aus dem letzten Jahr war restlos alle. Das ungarische Pulver vom Markt ist so anders als unser Industriepulver, und auch so viel besser. Da schmeckt man die sonnengereiften Paprikas, die süße Schärfe, und es ist natürlich rot wie Paprika.

Ich wollte nicht gleich weiterfahren und so bot ich Schatzi an, gemeinsam kurz über den Restmarkt zu bummeln. Wir verschlossen das Womo und gingen erst an den Händlern vorbei, die gerade ihre Stände mit Jeans, T-Shirts, Slips und BH´s zusammenpackten. Zwar sollte man nicht vom äußeren Erscheinungsbild auf die Herkunft eines Menschen schließen, aber beim Anblick der Händler und deren Waren fühlten wir uns eher wie auf einem indischen oder pakistanischen Basar. Nichts von den angebotenen Waren erweckte unser Interesse. Erst als wir eine der großen Hallen erreichten, ahnten wir, was wir verpasst haben mussten. Dutzende kleine Stände unter einem Dach, aber alle schon abgedeckt und teilweise verschlossen. Hier kamen wir eindeutig zu spät. Ein Blick auf die Uhr bestätigte unsere Vermutung, es war bereits nach 13 Uhr und der Markt damit geschlossen.

Am anderen Ende der Halle entdeckte ich eine kleine Gruppe von Menschen, offenbar standen dort noch einige ältere Marktfrauen auf einen Schwatz zusammen. „Lass uns hingehen und nach Paprikapulver fragen" ,sagte ich zu Gabi. „Wie willst du die fragen?" erwiderte sie. Wortlos zeigte ich ihr mein Handy und zog sie schon in die Richtung der kleinen Gruppe.

In feinstem nicht ungarisch grüßte ich mit „Dobri dan", was so viel wie Guten Tag heißt. Die Leute sahen mich verdutzt an und (wahrscheinlich) grüßten sie zurück, aber für uns waren es unverständliche Worte. Dann zückte ich mein Handy und gab in einer Übersetzungsapp das Wort Paprikapulver ein. Was dann auf dem Display erschien, hielt ich den Anwesenden unter die Nase. Alle schauten drauf, dann begann ein wirres und für uns unverständliches Wortgemetzel. Alle diskutierten durcheinander und miteinander. Am Ende setzte sich eine etwa 60jährige Frau durch und fragte: „Papprikaa?" wobei sie Daumen und Zeigefinger in die Luft hielt, aneinander rieb und so tat als würde sie Salz streuen. Gabi und ich nickten heftig und gleichzeitig. Dann bedeutete sie uns, ihr zu folgen, während der Rest der Gruppe schon wieder wild durcheinander redete.

Sie führte uns zu einem Stand am Rand der Halle, zwängte ihren molligen Körper dahinter, bückte sich und kramte in diversen blauen Müllsäcken. Als sie wieder auftauchte, hatte sie ein Paket Paprikapulver in der Hand. Jetzt bedeutete ihr Gabi, ob sie probieren könne. Die Frau nickte und öffnete das Päckchen ohne zu zögern. Wir kosteten und waren höchst zufrieden, endlich wieder dieses edle Pulver auf der Zunge zu spüren.

Wir waren überzeugt, noch weitere Märkte in Ungarn oder Nordserbien zu finden, auf denen wir das Pulver kaufen konnten und so erstanden wir hier nur ein 200g und ein 500g Päckchen für umgerechnet knapp 7€. Mit einem herzlichen Dankeschön verabschiedeten wir uns von ihr. Sie ihrerseits bedankte sich bei uns mit einem „Dankeschön"! Mit einem letzten Winken zu der Gruppe verließen wir glückselig die Halle. Wir hatten kein Wasser gefunden, aber unser erstes Paprikapulver!

Am Stadtrand entdeckten wir einen größeren TESCO (ein Supermarkt, ähnlich vielleicht einem Kaufland, nur etwas kleiner). Ich wußte, dass Schatzi mal auf die Toilette musste und so stoppte ich nur wenige Kilometer nach dem Markt schon wieder.

Ich nutzte die Gelegenheit auch für einen Besuch des stillen Örtchens. Anschließend bummelten wir durch den Supermarkt. Dabei entdeckten wir DAS Mitbringsel schlechthin, einen ungarischen Brandy mit Namen „Maximilian"! Wir kauften gleich drei Flaschen und sind uns sicher, dass die, die ihn bekommen, sich riesig freuen werden.

Als wir uns einige Zeit später der ungarisch - kroatischen Grenze näherten, waren wir sehr gespannt, was uns erwarten würden. Durch die deutsche Presse geistern ja sehr viele Berichte in Zusammenhang mit der „Flüchtlingskrise". Aus unserem letzten Urlaub wissen wir noch, dass es kaum Grenzkontrollen gab und wir überall auf's freundlichste willkommen geheißen wurden. Um so erstaunter waren wir, das wir nun stoppen und unser Pässe zeigen mussten. Die ungarischen Beamten schauten sich sogar im Wohnmobil um, doch noch gab es nichts zu finden bei uns. Während Gabi das Womo öffnete und alles erklärte, hatte ich Zeit, mich etwas umzusehen. Die Grenzanlagen hatten sich tatsächlich verändert. Es waren wieder große Eisentore angebracht und der meterhohe Stacheldrahtzaun war nicht zu übersehen. Aber na gut, jeder Staat ist souverän und kann seine Grenzen sichern, wie er es für richtig hält. Da wir nicht in Ungarn leben und die Probleme nicht kennen, steht uns auch kein Urteil über irgendwelche Maßnahmen zu. Uns jedenfalls machte die Kontrolle nichts aus, schließlich hatten wir nichts zu verbergen.

Nach wenigen Minuten öffnete sich der Schlagbaum und wir konnten weiterfahren. Auf kroatischer Seite winkte uns ein Beamter gelangweilt weiter und das war's. Wir hatten die Grenze ohne Probleme in kürzester Zeit und das außerhalb der eigentlichen Touristenpfade passiert!

Kaum in Kroatien angekommen, fiel uns ein, dass wir noch keine kroatischen Kuna hatten, dass wir Kaffeedurst hatten, und dass wir noch etwas zum Abendbrot brauchten, denn außer einer ungarischen Paprikawurst und einer Flaschen Wein, hatten wir noch nichts. Das wollten wir in Virovitica ändern.

Wir rollten gerade ins Zentrum ein, als Gabi eine Bank entdeckte und gleich daneben einige Geschäfte und Bars. Ohne zu blinken bog ich von der Hauptstraße ab und überfuhr dabei eine Sperrlinie, aber das kümmerte niemanden. Kein Hupen, kein schimpfen, kein Vogel zeigen, einfach herrlich, das Autofahren außerhalb Deutschlands. Ich parkte das Womo irgendwie am Straßenrand, speicherte unseren Standort im Navi und dann schwärmten wir aus, das Städtchen zu erkunden.

Der erste Geldautomat gleich gegenüber unseres Parkplatzes mußte uns Geld geben. Kreditkarte rein, Kuna raus. Das funktioniert weltweit immer bestens! Soweit gut bestückt, stiefelten wir weiter durch die Gassen. Allerdings sahen die Bars und Cafés nicht sehr einladend aus. Dann entdeckten wir doch tatsächlich wieder einen Markt. Schon von weitem konnten wir sehen, dass dieser geschlossen hatte. Alle Stände waren verweist und teilweise abgedeckt. Dann machte mich Schatzi auf eine Frau aufmerksam, die ganz alleine am Ende des Marktes in- mitten der leeren Marktstände saß. Schon von weitem sahen wir, dass sie rechts und links neben sich etwas Buntes liegen hatte. Ohne zu zögern gingen wir auf sie zu. Und wir hatten Glück. Warum auch immer, war sie die einzige Markverkäuferin weit und breit. Sie hatte alles im Angebot, was uns zu einem deftigen Abendbrot noch fehlte - Tomaten, Zwiebeln, gelbe Paprika und einen Beutel frische Erbsen! Letzterer wurde noch am selben Abend eingefroren und sollte uns später noch eine exzellente Mahlzeit liefern.

Zum Kaffeetrinken sind wir nicht mehr gekommen, da uns alle Bars und Cafés mehr oder weniger nicht zusagten. So hielten wir uns nicht länger auf, verstauten das Gemüse und weiter ging es in Richtung Berge, um einen vernünftigen Ü - Platz zu finden.

Etwa 70 km weiter, mitten in einer herrlichen Berglandschaft auf 620 m Höhe, entdeckten wir einen riesigen Platz, der geradezu schrie: Übernachtet hier, bleibt hier! Und wir wollten nicht unhöflich sein und hörten auf die Rufe. Flugs steuerte ich das Womo in die richtige Position und wir fanden nach 373 Tageskilometern einen wunderschönen Platz, der weit mehr bot als eine tolle Aussicht.

Zuerst stellten wir die Stühle raus, holten die Bialetti hervor und kochten uns einen Espresso. Dazu gab es noch zwei Cinnamon Rolls aus dem SCS Shopping Center bei Wien.

Danach spielten wir Sonnenanbeter und weil ich das Womo so gut hingestellt hatte, konnten wir uns sogar hüllenlos sonnen!

Kaum eine Stunde später machte mich Schatzi auf ein Geräusch aus ihrem Magen aufmerksam. Wortlos holte ich alles Nötige aus dem Womo und fing an, das Abendbrot vorzubereiten. Ungarische Paprikawurst mit kroatischen Zwiebeln, Paprika, Tomaten und deutschem Knoblauch. Verfeinert mit griechischem

Olivenöl, dazu wurde trockenes Weißbrot aus Österreich gereicht. Natürlich durfte ein Glas ungarischer Rosèwein nicht fehlen.

Hinterher gab es noch einen Badel - Kräuterlikör, um den Magen wieder milde zu stimmen.

Später schlug sich Schatzi noch mal in die Büsche - nein, nicht was ihr denkt. Bei einem Erkundungsgang (den macht sie an fast jedem Platz) hat sie Walderdbeeren entdeckt und nun war sie dabei, eine gute Portion davon zu pflücken. Geschätzt wurden es 300 Stück. Später, als wir den ersten Selbst-gebrannten gekauft hatten, wurde daraus ein vorzüglicher Walderdbeerschnaps!

Während Gabi pflückte, kümmerte ich mich um den Abwasch. Nach getaner Arbeit gab es noch ein Glas Sekt und gegen 21 Uhr verzogen wir uns in unsere Betten.

Freitag - Nächtliche Schüsse in Sarajevo

Die Überschrift klingt ziemlich dramatisch, aber für mich war es schlimmer, es war ein einziger Alptraum. Dank Schatzi hab ich überlebt, doch davon später mehr.
Wir hatten eine super ruhige Nacht in den Bergen. Obwohl wir keine 50m von der Straße entfernt standen, störte uns der nächtliche Verkehr in keiner Weise. Wie auch, auf dieser Bergstraße waren kaum Fahrzeuge unterwegs. Und so brachen wir gegen halb 8 Uhr ausgeruht und voller Tatendrang auf nach Sarajevo.

Nachdem wir die Berge rund um den Park Prirode Papuk verlassen hatten, durchquerten wir eine langweilige Tiefebene, bevor es kurz vor der Grenze wieder etwas bergiger wurde.

Von einem Kollegen hatte ich den Tip bekommen, unbedingt in Brod anzuhalten und den dortigen Markt zu besuchen. Die Stadt wird vom Fluss Save in zwei Teile geteilt. Seit dem Zerfall Jugoslawiens gehört der eine Teil zu Kroatien und der andere zu Bosnien Herzegowina. Der Markt sollte täglich bis Mittag im bosnischen Teil stattfinden.

Im kroatischen Teil von Brod kamen wir an einem riesigen Einkaufszentrum vorbei, doch wir hatten keinen Grund, hier zu stoppen, erwartete uns doch am anderen Flussufer ein herrlicher Markt voller typischer Lebensmittel aus den Bergen und der Region. Aber bevor wir diesen entdecken konnten, mussten wir erst noch die Grenze passieren und das konnte dauern.

Entgegen erster Erwartungen konnten wir den kroatischen Grenzübergang zügig passieren. Die Grenzkontrolle verlief unkompliziert und ohne große Formalitäten. Pässe zeigen, ein kurzer Blick auf diese, dann auf uns, ein freundliches Lächeln und weiter ging es. Kaum hatten wir die erste Grenze passiert, staute sich der Verkehr über die Brücke bis zum bosnischen Grenzübergang. Da wir Kroatien weit ab der üblichen Touristenwege durchquert hatten, waren wir keinem einzigen anderen Wohnmobil begegnet. So standen wir auch an der Grenze nach Bosnien alleine auf weiter Flur mit deutschem Kennzeichen, aber in bester Gesellschaft. Vor uns waren ausschließlich Kroaten und Bosnier mit ihren PKW´s unterwegs nach Bosnien. Soweit wir das beurteilen konnten, verliefen die Kontrollen auf der anderen Flussseite schleppender oder gründlicher. Wahrscheinlich beides, aber wir hatten Zeit und sollten doch mit einem üppigen Markt belohnt werden.

Langsam rückten wir näher an den Grenzübergang heran. Dann waren wir an der Reihe und ich reichte unsere Pässe durch ´s Fenster in das kleine Häuschen links neben uns. Aus dem Augenwinkel sah ich, wie weiter vorne zwei Beamte von rechts aus dem Haupthaus kamen und sich jeweils rechts und links neben unserer Fahrspur postierten. Ich tat das, was ich am besten kann - unschuldig dreinblicken - und beobachtete den bosnischen Grenzbeamten in seinem kleinen engen, etwas schmuddeligen Häuschen. Akribisch blätterte er in unseren Pässen, um diese dann zu scannen. Dann wollte er noch die grüne Versicherungskarte und die Zulassung. Da ich die original Zulassung nicht so schnell fand, reichte ich ihm kurzerhand eine laminierte Kopie. Misstrauisch betrachtete er diese, drehte und wendete sie. Bestimmt wunderte er sich, warum die Rückseite unbedruckt war. Auch, dass sie laminiert war und man sie nicht falten konnte, irritierte ihn offensichtlich. Schließlich schüttelte er den Kopf, erledigte einige Eingaben am PC, dann gab er uns alles wieder zurück und bedeutete uns weiter zu fahren.

Wie befürchtet, kamen wir nicht weit. Eine streng dreinblickende Dame in Uniform stellte sich uns in den Weg und verlangte nach den Pässen. In einer uns völlig unverständlichen Sprache fragte sie etwas. Aus irgendeinem Grund hatte ich das Gefühl, dass uns eine Frage in englisch gestellt worden war. Ich überlegte kurz, was sie wohl gefragt haben könnte. Nachfragen wollte ich nicht, denn ihr Blick verriet mir, dass sie keine Nachfrage dulden würde. Dann dachte ich daran, wonach wir sonst an Grenzübergängen gefragt werden. Nach dem Wetter fragt im allgemeinen niemand, aber nach zu verzollenden Waren wie Zigaretten oder Alkohol. Bei dem Gedanken musste ich unwillkürlich lächeln. Wir fahren doch erst in den Urlaub und sind nicht auf dem Rückweg. Außerdem - wir und Alkohol? Wie absurd! Ich schüttelte den Kopf und verneinte in gutem sächsischen englisch. Inständig hoffte ich, richtig geraten zu haben. An ihrem Gesichtsausdruck sah ich, dass wir richtig lagen. In der Zwischenzeit bedeutete der Beamte auf der rechten Seite, dass Gabi ihm die Womotür öffnen sollte. Dies tat sie und war nach 30 Sekunden wieder zurück auf ihrem Platz. "Der wollte nur kurz reinschauen", raunte sie mir zu.

Die zweite Frage der strengen Dame, konnte ich dann schon besser deuten. Die Beamtin wollte wissen, wohin wir fahren wollen. Im Internet haben wir mal gelesen, dass man in solchen Fällen immer Ziele im Land nennen solle und niemals sagen solle, man würde nur durchreisen. Und so nannte ich Sarajevo, Mostar und Gabi erzählte noch etwas von einem Nationalpark. Aber da hörte die Grenzbeamtin schon nicht mehr richtig zu. Offenbar war sie sehr zufrieden mit unserer Antwort, sogar ein Lächeln breitete sich auf ihrem Gesicht aus, und ließ sie nun sogar sympathisch erscheinen. Sie wünschte uns etwas, was so etwa klang wie: Have a good Trip! Ein zufriedenes „Thanks" und „Bye, bye" unserer Seite und schon hatte wir die Grenze passiert.

Nun freuten wir uns auf den Markt, den wir unmittelbar nach der Grenze finden sollten. Keine 50m hinter'm Schlagbaum bogen wir rechts von der Hauptstraße ab und rollten langsam weiter. Langsam aus zwei Gründen: erstens verlockte der Zustand der Straße nicht unbedingt zum schnellen Fahren und zum Zweiten hielten wir nach dem versprochenen Markt Ausschau. Plötzlich hörten wir laute Rufe: „Eh, hello! Was suchen du?" Ich fuhr noch langsamer und suchte nach Herkunft der Stimme. Außer einem Polizisten auf der anderen Straßenseite, der sich offenbar mit einem Passanten unterhielt, konnte ich niemanden entdecken. Der wird uns ja wohl nicht auf deutsch fragen, was wir suchen!

Da drehte er sich wieder zu uns um, winkte, gestikulierte wild und rief erneut: „Eh, was du suchen!"

Ich bremste abrupt, wodurch Schatzi der Windschutzscheibe gefährlich nahe kam. Gerade wollte sie etwas sagen, als ich mich aus dem Fester lehnte und ihm zurief: „Wir suchen Markt!" Warum redet man eigentlich so komisch, wenn der Gegenüber offenbar nicht perfekt deutsch spricht? Hm, es wird mir ein Rätsel bleiben. Bevor ich weiter fragen konnte, bedeutete er mir, auf die linke Seite zu fahren und rief gleichzeitig: „Parken, parken!" Kurz drehte ich mich um und fragte Schatzi: „Siehst du irgendwo einen Markt?" „Da hinten waren einige Buden, aber die wirkten sehr runtergekommen und nach belebtem Markt, sah das nicht aus.", antwortete sie. Dann sah ich wieder zum Polizisten, der jetzt auf uns zu kam.

„Was suchen?" fragte er nochmals. In diesem Moment schob Schatzi ihren Kopf an mir vorbei und grüßte den Polizisten lächelnd mit den Worten: „Dobar dan!" (zu deutsch `Guten Tag`) was bei uns aber eher wie `Dobre dann` klang! Ohne ihm zu antworten sagte ich: „Sie sprechen aber gut deutsch. Wo haben sie das gelernt?" „Vier Jahre Deutschland Arbeit. Dann wieder zurück!", erwiderte er. Nun übernahm Schatzi das Gespräch, und fragte wiederum nach dem Markt. Er bedeutete und erklärte uns, wir sollten links parken und auf der anderen Straßenseite - „Hinten Markt!"

Ich besah mir die Parkplätze und war skeptisch, aber wenn er meinte. Sollte das Womo da wirklich rein passen, ohne die halbe

Straße zu blockieren? Die Parkplätze waren im 45° Winkel zum Gehweg angeordnet und als normale PKW - Parkplätze ausgelegt. Etwa in der Mitte der Parkreihe entdeckte ich zwei freie Plätze, bei denen auch in Richtung Gehweg noch Platz war. Also versuchte ich es an dieser Stelle. Und tatsächlich bugsierte ich das Womo halbwegs passabel auf einen der Plätze. Dann stieg ich aus und sah, dass wir 1 bis 2 Meter weiter auf die Straße ragten als alle anderen. Fragend sah ich den Polizisten an, der jedoch nickte und rief mehrfach: „Gut, gut, gut!" Schatzi und ich sahen uns an und sie meinte: „Wenn er es sagt. Lass das Womo stehen." „Wenn du es sagst", entgegnete ich und fragte gleich hinterher: „Soll ich es nicht nochmal umparken?" Doch Schatzi schüttelte den Kopf, verneinte und wollte gerade losgehen, als ein anderer Mann mit Bauchtasche auf uns zu trat. Irgendetwas erzählte er uns oder wollte er uns sagen, doch wir sahen ihn nur fragen an, schüttelten den Kopf, denn wir verstanden nichts. Da schaltete sich der Polizist ein und begann ein Gespräch mit unserem Bauchtaschenträger. Nach einem kurzen heftigen Wortwechsel, verzog sich dieser und der Polizist sagte: „Zahlen Parkgebühr, wenn wieder zurück. Bissel Geld, nur wenig!" Aha, na dann schauen wir mal was: `bissel Geld, ganz wenig, bedeutet. Wir zogen ab.

Voller Vorfreude schlenderten wir zum Markt. Als wir uns diesem näherten, hatten wir ein merkwürdiges Gefühl. Es sah eher nach `letzte Ecke hinter'm Bahnhof aus, als nach einem Obst- und Gemüse- Markt. Nachdem wir die Straße überquert hatten, erreichten wir einen kleinen schäbigen Busbahnhof. Was wir dahinter entdeckten, war eine Art Marktfriedhof! Aufgebrochene Fundamente, Reste von Marktständen, massenweise leere Kartons, Müll und Dreck lagen dort rum. Ich pfiff und sagte anerkennend: „Das nenn' ich mal einen Markt! Hier gibt es ja alles... äh hier gab es alles, nur nicht das, was wir erwartet haben!" Wir sahen uns an und schüttelten ungläubig die Köpfe. Meinen Arbeitskollegen würde ich mir - für diese Empfehlung - zur Brust nehmen.

Als wir uns abwandten entdeckten wir eine Baracke mit einer kleinen Tür und vergitterten Fenstern. Vor der Tür waren diverse Spielsachen, Haushaltwaren, Schuhe und andere Sachen aufgebaut. Schatzi sah mich an, dann kam ein kurzes: „Nö!" und wir drehten ab.

Zwei Minuten später trafen wir wieder am Womo ein. Der Polizist sah uns verwundert an und zuckte fragend mit den Achseln. „Wir suchen Lebensmittel, Obst Gemüse, Raki", erklärte ich ihm. „KONZUM!" sagte er und zeigte auf ein 100m entferntes Gebäude mit genau dieser Aufschrift. „Was Markt?" sagte er und sah uns fragend an. Wir wollten ihn nicht verletzen, sonst hätten wir ihm gesagt, was wir von seinem Markt hielten. Ich hielt besser den Mund und Schatzi meinte nur: "Nix gut!" Bedauernd hob er die Schultern, reichte uns die Hand, wünschte eine gute Reise in seinem Land und verabschiedete sich lächelnd von uns. Alles ging sehr schnell und dann ... war er weg! Verwundert sahen wir uns an und schlenderten dem Konzum entgegen.

Dort angekommen, mussten wir feststellen dass der eine Buchstabe Unterschied im Namen doch gerechtfertigt ist. Ein Konsum, so wie wir ihn kennen, war nicht so bunt und die Regale nicht so voll. Von der Größe her war der Laden eher ein Supermarkt, aber vom Ambiente eindeutig ein Tante Emma Laden aus alten Zeiten!

Die üblichen Regale für Zigaretten und die elektronischen Kassen waren die Erkennungsmerkmale eines westlichen Supermarktes. Das wars aber auch schon mit Gemeinsamkeiten, denn die Kassenbereiche waren zugestellt mit allen möglichen Waren. Auf dem Boden standen verstaubte Kisten mit Konserven, Waschmitteln, Wasserflaschen und allem möglichen Anderen. Das Laufband an der Kasse war kaum zu sehen, alles stand voller Kartons, mit nicht zu definierenden Artikeln, offenbar handelte es sich um Süßigkeiten. Der Clou waren Schachteln mit reduzierten Weihnachtsmännern und Osterhasen (und das im Juni!), die aber seit ihrer Produktion auch schon sehr gelitten hatten.

Wir kauften nur ein Glas mit einem Paprika-Tomatendip, Zucker und 45% igen Slivovic (Slibowitz oder Sliwowitz - ein Obstbrand aus Pflaumen). Den Dip allerdings kauften wir ohne genau zu wissen, wann und wozu wir diesen essen wollten. Er sah einfach lecker aus! Die anderen beide Artikel waren Zutaten für die geplante Schnapsproduktion!

Nachdem wir den Markt verlassen hatten, überlegten wir noch, ob wir in einer der umliegenden Bars frühstücken sollten. Allerdings saßen alle nur bei einem Kaffee zusammen, zu essen gab es offensichtlich nichts. „Hm, frühstücken ist hier wohl nicht so angesagt" meinte Schatzi. Ich schlug vor, dass wir uns etwas außerhalb an einer schönen Stelle einen Frühstücksplatz suchen könnten. Schatzi fand die Idee super und so gingen wir zum Womo zurück.

Unser Polizist war in der zwischen Zeit verschwunden, dafür kam der Mann mit der Bauchtaschen wieder auf uns zu. Er rieb Daumen und Zeigefinger in einer eindeutigen „Bezahl"-Geste, grinste und sagte: „Parking!" „Wieviel?" fragte ich, obgleich ich wußte, dass er es kaum verstehen wird. Als Antwort bekamen wir eine Art Geschichte aber ohne Zahlen. Zumindest hörte es sich für uns so an. Schatzi öffnete ihr Portemonnaie und entnahm ihm einen Geldschein. Was machte Mister Bauchtasche? Na klar, er bedeutete Gabi noch weitere Geldscheine rauszugeben. Noch bevor ich etwas sagen konnte, hatte sie einen weiteren Schein in der Hand. Bauchtasche griff sich beide, bedankte sich freundlich und verschwand in der gegenüber liegenden Bar. „Na toll, das macht man doch nicht so! Wir wollten doch immer erst zeigen oder aufschreiben lassen, wieviel er mein", monierte ich bei Schatzi. „Ich hatte doch keine Zeit, es ging alles so schnell!" entschuldigte sie sich. Dann überlegten wir, was es für Scheine waren und stellten fest, dass wir umgerechnet gerade 1€ Parkgebühr für 20 Minuten bezahlt hatten. „Sehen wir es sportlich", sagte ich „wir haben etwas Gutes getan und ihm einen zusätzlichen Kaffee spendiert!" Schatzi lachte, dann gab es ein

Küsschen und schon rollte das Womo auf bosnischen Landstraßen weiter 'gen Sarajevo!

Keine 20km später machte mich Gabi nachdrücklich auf eine Frühstückspause aufmerksam. Wenig später bog ich rechts von der Hauptstraße ab. Auf dem Navi hatte ich in der Nähe einen kleinen Fluss entdeckt und normaler Weise gibt es in deren Nähe immer ein nettes Plätzchen.

Na ja, so schön war der Platz dann doch nicht, aber da Schatzi kein Freund von Snickers ist und bevor sie zur Diva wurde, hielt ich lieber am Straßenrand kurz vor einer Brücke an.

Während ich Stühle und Tisch aufstellte, stellte Gabi die Frühstückssachen zusammen. Kurze Zeit später saßen wir am Wegesrand in unseren Liegestühlen und frühstückten ausgiebig in der Sonne. Und genau das wurde kurze Zeit später zum Problem. Obwohl es erst gegen zehn Uhr morgens war, knallte der Planet schon mächtig, so dass Gabi sich bald darauf in den Schatten verziehen musste. Ich jedoch stellte mich der Herausforderung, schließlich wollte ich braun werden. Und, damit ich die Sonne noch etwas länger genießen konnte, machte ich mich daran, die am Vorabend in Kroatien gesammelten Walderdbeeren in bosnischen Slivovic und Zucker einzulegen. Das war dann auch der Anfang einer ganzen Reihe von selbst angesetzten Fruchtschnäpsen, die wir in diesem Urlaub herstellen würden.

Nachdem der erste Likör angesetzt war, machte ich noch einen auf Goldbroiler. Doch die zu dieser Tageszeit schon 30°, ließen selbst mich Minuten später kapitulieren. Außerdem hatten wir ein Ziel vor Augen - Sarajevo!

Zurück auf der Landstraße hatte ich endlich wieder etwas zu tun - LKW's überholen! Und ich kann euch sagen, davon gab es mehr als genügend. Schwierig wurde es dann aus zwei Gründen: erstens bekam Schatzi bei jedem Überholvorgang irgendwelche seltsamen Anfälle, dabei versteifte sich ihr ganzer Körper, die Hände krallten sich in die Armlehnen und sie hörte auf zu atmen. Besorgt fragte ich sie: „Hast du etwas? Ist dir nicht gut? Was ist mit dir los? Du wirst immer mal wieder ganz blass?" „Alles gut! Ich bin immer froh, wenn du es vor der nächsten Kurve oder vor dem nächsten Gegenverkehr schaffst, die LKW's zu überholen!" erwiderte sie. „Ich versteh dich nicht. Da sind immer noch Kilometer Platz. Das schaff ich doch locker!" entgegnete ich und strich ihr liebevoll über den linken Schenkel. „Nimm die Hände weg! Und fass das Lenkrad an, nicht mich!" tönte sie. „Aber Schatzi, ich hab doch zwei Hände, eine für's Lenkrad und eine für dich!" gab ich lachend zurück. Gabi seufzte: „Oh mein Gott! Dieser Mann ...!" „Liebt dich!" ergänzte ich den Satz.

Und die zweite Schwierigkeit war, wenn man während des Überholens und Vorwärtskommens seine geliebte Frau neben sich hat, die nach einer Wassertankstelle Ausschau hält. An sich ist dies ja eine gute Sache, doch wenn „Mann" gerade 5 LKW's überholt hat und Schatzi plötzlich ruft: „Da ist eine Wasserstelle!", ich in die Eisen gehe, wende, zurückfahre, dass alle LKW's wieder an mir vorbeifahren. Und wenn ich dann an der Wasserstelle feststellen muss, dass es bei der Fließgeschwindigkeit 24h gedauert hätte, um unseren 100 Liter Tank zu füllen, dann wird es schwierig. Klar konnte sie das im Vorbeifahren nicht sehen, aber trotzdem war es ärgerlich, zumal ich jetzt die LKW´s wieder vor mir hatte.

Als Entschädigung für das viele Überholen und die große Hitze nahmen wir die Dieselpreise. Schon seit einiger Zeit beobachtete ich die an den Tankstellen angezeigten Preise. Für einen Liter Diesel sollte ich 1 Konvertible Mark und 59 Pfennige bezahlen (schon über die Währung amüsierten wir uns täglich), dies entsprach in etwa 0,80€! Da machte das Tanken Spaß und für zwei Eis reichte es auch noch.

Hinter Zenica, etwa 60km vor unserem Ziel, fuhren wir nicht auf die Autobahn und verließen somit die vermeintlich kürzeste Strecke. Wir entschieden uns für die parallel verlaufende Landstraße.

Und das war auch gut so. Bei einer der zahllosen Ortsdurchfahrten entdeckte ich ein Mädchen, welches an einer Wasserstelle seine Schuhe wusch. Ich hielt an, Schatzi sprang raus und begutachtete die Stelle. „Super Wasserhahn und unser Schlauch sollte auch passen. Du musst nur wenden und dich entgegen der Fahrtrichtung hinstellen." Ihr wisst ja, wenn die Frau etwas sagt, soll der Mann hören. Wenig später stand ich neben der Wasserstelle. Das Mädchen wollte uns unbedingt helfen und ließ sich nicht überreden, vom Wasserhahn zu weichen und uns die Arbeit zu über-lassen. Also holte ich unseren

Wasserschlauch aus dem Womo, schloß ihn an den Hahn an und hielt das andere Ende in unseren Wassertank. Das etwa 10jährige Mädchen hielt indessen den Schlauch die ganze Zeit fest an den Wasserhahn gepresst.

Als das Wasser in unseren Tank floß, kamen einige Jugendliche hinzu und suchten das Gespräch mit uns. Dafür ist nun wieder Schatzi zuständig und so unterhielt sie sich. Ja gut, ich auch ein wenig, mit einem der Jungs relativ gut auf Englisch. Dieser fragte natürlich nach unserem Weg und interessierte sich sehr für unsere Tour. So gut es ging, vermittelte Gabi ihm alles, und er staunte und bewunderte uns offenbar. Dann erhielten wir noch einige Tipps, was wir uns unbedingt ansehen sollten und wo es sich lohnt, einen Zwischenstopp ein-zulegen. Nachdem unser Wasservorrat aufgefüllt war, beschenkte Gabi das Mädchen und ihren Bruder mit Süßigkeiten und kleinem Spielzeug. Der große Junge, oder eigentlich war es ja schon ein junger Mann, bekam von mir zwei Flaschen Radeberger Bier. Alle bedankten sich sehr herzlich bei uns. Das Mädchen vergaß glatt, ihre Schuhe zu putzen. Stattdessen wurden die Kaugummis ausgepackt und Seifenblasen ausprobiert. Die ganzen Kleinigkeiten und das Bier hatten wir extra für diesen Zweck mitgenommen und im Laufe des Urlaubs sollte noch Einiges den Besitzer wechseln.

Kaum waren wir weitergefahren, da meldete sich der Kaffeedurst und wir fingen an, nach einem schönen Plätzchen Ausschau zu halten. Doch Kilometer um Kilometer verging und es fand sich nichts Gescheites. Dann plötzlich entdeckte ich einen schattigen Platz neben einem großen Haus. Nun folgte das Übliche: Ich bremste scharf, Schatzi stöhnte und fragte, was los sei, ich wendete das Womo und fuhr zurück zu meiner Entdeckung. Ich parkte im Schatten direkt neben dem Gebäude. Das große Gebäude entpuppte sich als Schule, entsprechend war der schattige Platz nichts weiter als der Schulhof. Der Hof war gesäumt von Bänken, von denen vier im Schatten standen und davon wiederum waren nur zwei mit Kindern belegt. So sollte doch für uns genügend Platz sein.

Wir mischten uns einen Eiskaffee zurecht, dann kramte Gabi noch die letzten Cinnamon Rolls raus und wir setzten uns auf eine der freien Bänke. Von den Kindern bekamen wir einige ungläubige Blicke, aber das war auch schon alles. Wir hatten einen tollen Platz zum Kaffee trinken gefunden.

Nach einer halben Stunde packten wir zusammen, winkten den Kindern zum Abschied zu und amüsierten uns über ihre staunenden Blicke.

Wenige Minuten später erreichten wir Sarajevo. Im Internet hatten wir einen tollen Campingplatz am südlichen Stadtrand ausfindig gemacht. Dort wollten wir bis zu zwei Tagen bleiben und mit den Rädern die Stadt erkunden - soweit die Theorie!

Schon von weitem konnten wir erkennen, dass die Stadt von Bergen umgeben war und ich war gespannt auf die Lage des Platzes. Nachdem wir von Westen her in die Stadt fuhren, wunderte es uns nicht, als das Navi uns befahl, rechts abzubiegen.

Da ging es das erste Mal schon bergauf. Gleich darauf sollten wir wieder links abbiegen. Wir atmeten schon auf, denn wir gewannen nicht mehr an Höhe. Als ich an der nächsten Kreuzung halten musste und einen kurzen Blick auf die verbleibende Fahrtroute warf, kam ich doch leicht ins Schwitzen. Viel Zeit blieb mir aber nicht. Die Ampel sprang auf grün und der Verkehr schoss geradezu voran - ich mittendrin und dabei! Dann sollte ich in 200m rechts abbiegen - kein Problem dachte ich, in der Zeit kann ich die drei Autos vor mir noch locker überholen. An der nächsten Einmündung ging alles ganz schnell. Blinker rechts, noch 50m bis zum Abbiegen, mit Schwung um die Kurve - das Navi gab die Anweisung: „In 50m links halten!" Kein Problem, ging es mir durch den Kopf, als ich rechts abbog. Plötzlich tauchte eine Unterführung mit dem Höhenhinweis - 3m vor uns auf! Gut - das Womo ist bei guter Straßenlage 2,90m hoch also sollte es passen. Was mir mehr Sorgen bereitete, war die fehlende Breitenangabe. Unsere Bergziege ist, ohne Außenspiegel, 2,30m breit und die Durchfahrt erschien mir eher knapp bemessen. Andererseits hatte ich ja gerade mehrere Autos überholt, die, wie ich wusste, nun zügig hinter mir her fuhren. Getreu dem Motte - wer bremst, verliert - bremste ich nicht sondern steuerte siegessicher die Durchfahrt an. Aus den Augenwinkeln heraus sah ich, wie Schatzi ihre Arme ausfuhr, sich nach hinten lehnte, ihren Körper anspannte und hörbar einatmete. Und zack ... hatten wir den Engpass ohne Geräusche passiert. Gerade hatte ich noch gehofft, dass die Straße wieder breiter würde, als ich den weiteren

Straßenverlauf sah. Nun wurde mir heiß, mein Körper spannte sich an und ich holte tief Luft! Ohne Ankündigung stieg die Straße, welche nicht breiter als 3 bis 4m war, steil an. Wie wir später sahen, um ganze 20%!

Rechts und links säumten unzählige eng aneinander gebaute, alte, bucklige Häuser die Straße. Ein Ausweichen, ebenso wie ein erneutes Anfahren, wäre bei diesen Straßenverhältnissen unmöglich gewesen.

Ich schaltete einen Gang runter, gab Gas und hoffte, dass uns niemand entgegen kommt! Mehrere Kilometer schlängelten wir uns so durch die Häuserschluchten, immer bergauf, immer auf überstehende Balkone oder Schilder achtend. Zwischendurch und an einer besonders steilen Stelle endete die Straße und ich musste mich blitzschnell zwischen links und rechts entscheiden. Es blieb keine Zeit, einen Blick auf's Navi zu werfen und Schatzi war mit Festhalten und Atmen beschäftigt. In der Hoffnung, der Gegenverkehr hat gerade Pause, bog ich links ab. Plötzlich vernahm ich ein metallisches Geräusch - kurz und ächzend. Die hintere Blechverkleidung hatte kurz die Straßendecke gestreift. Schatzi hatte Bedenken, dass wir nicht hochkommen, sondern eher 'hinter runterfallen' könnten. Wir beobachteten einige Bewohner, die beim Anblick unserer, für diese Gassen, riesigen Bergziege sofort von der Straße verschwanden und sich Schutz suchend eng an eine der Häuserfronten lehnten, um uns vorbei fahren zu lassen. Endlich erreichten wir ein kleines Stück relativ ebene Straße. Dies nutzte ich, um anzuhalten, auszusteigen und kräftig durchzuatmen. Mit zittrigen Fingern standen wir beide neben dem Womo und konnten den gigantischen Blick über die Stadt nicht recht genießen.

Doch noch waren wir nicht angekommen. Immer noch waren es 3km bis zum Ziel. Sollten wir wirklich weiterfahren? Was erwartet uns noch auf dem Weg zum Campingplatz? Doch schließlich waren wir bis hier her gekommen. Schlimmer kann es wohl doch nicht mehr werden, hofften wir! Zum Glück kam es nicht schlimmer, zwar ging es auf schmaler Straße stetig bergauf, aber wir schafften es.

Endlich sollten wir links auf eine etwas größere Straße einbiegen. Auch dort ging es immer noch bergan, aber der Gegenverkehr war kein Problem mehr, nun war die Straße breit genug.

Kaum waren wir abgebogen, erhaschten wir wieder einen atemberaubenden Blick auf die Stadt und die nette Dame vom Navi verriet uns: „In 100 m haben Sie Ihr Ziel erreicht. Ihr Ziel liegt auf der linken Straßenseite!"

„Kannst du dir hier oben einen Campingplatz vorstellen?" fragte ich Schatzi. „Nie im Leben. Wie sollen die Gäste denn in die Stadt runter kommen?" erwiderte sie. „Genau! Zu Fuß ist der Abstieg doch schon eine Tageswanderung. Und selbst mit unseren Bikes …nee kommt gar nicht in Frage", ergänzte ich.

Sollten wir gleich wirklich einen exorbitant schönen Platz mit einem schattigen, ebenen Stellplatz finden, würden wir am späten

Nachmittag wieder hier hoch kommen, einmal übernachten und am nächsten Morgen weiterfahren.

Plötzlich belehrte uns das Navi, dass wir in 200 m wenden sollen. Gabi und ich sahen uns verdutzt an und ich fragte sie: „Hast du was gesehen? Einen Campingplatz oder ähnliches?" Sie schüttelte den Kopf, ich wendete, fuhr zurück bis zu der Stelle, als wir auf diese Straße eingebogen sind und wendete erneut.

Dann sahen wir die Einfahrt zum Campingplatz! Vor dieser hielten wir und trauten unseren Augen kaum! `Camp` und weiter oben stand `for sale`! Niemals würde ich mit unserem fast 7 m langen Womo diese Einfahrt passieren.

Kurzer Hand wendeten wir wieder, hielten an der nächsten passenden Stelle an und suchten uns auf dem Navi eine neue passende Möglichkeit zum übernachten. Weiter unten in der Stadt sollte diese liegen, vielleicht sogar an dem kleinen Fluss Miljacka, der die Stadt durchzog.

Was nun folgte, war eine spektakuläre Abfahrt auf anderen, aber nicht unbedingt besseren Straßen. Im Tal angekommen, bogen wir auf die Fernverkehrsstraße ab, verließen diese aber nach wenigen hundert Metern wieder, schlängelten uns eine steile Schotterpiste entlang, vorbei an einem Steinbruch und erreichten schließlich eine alte Brücke aus der Römerzeit (siehe Karte Ü-Platz 01).

Zu unserem Erstaunen war von der Straße über uns nichts zu hören, dafür war das Rauschen des Flusses unüberhörbar. Wir stiegen aus und begutachteten den Platz. Schnell waren wir uns einig, dass dieser sehr gut für eine Übernachtung geeignet wäre, aber als Ausgangspunkt für eine Stadterkundung? Da hatte ich so meine Zweifel, schließlich war der Platz sehr abgelegen und irgendwie hatte ich noch kein 100% ig gutes Bauchgefühl. So stiegen wir wieder ein und ich suchte den nächsten möglichen Platz. Mit dem Ü-Platz 02 glaubte ich, diesen gefunden zu haben. Die nicht einmal 3km hatten wir binnen weniger Minuten zurückgelegt.

Dort angekommen, fanden wir einen kleinen Parkplatz, der zum Teil sogar Schatten bot, eine kleine Hütte mit Außensitzplätzen und tolle Sitzgelegenheiten an einem asphaltierten Weg, der offenbar in die Stadt führte.

„Na mein Schatzi, da haben wir doch alles, was wir brauchen oder wie ich immer sage `mgn` - mehr geht nicht!" meinte ich grinsend, als ich das Womo unter einem großen Baum geparkt hatte. Sie musste mir recht geben, denn auch hier war von der nahen, über uns vorbeiführenden Straße kaum etwas zu hören. Auch wenn es etwas lauter war als am ersten Platz, könnte dies ein toller Übernachtungsplatz werden.

Wir holten die Räder vom Womo und machten uns für einen Ausflug in die Stadt zurecht. Nachdem wir alles verstaut hatten, verbanden wir die Fahrer- und Beifahrertür mit einem Spanngurt (somit war das Öffnen von außen unmöglich), verschlossen die Wohnraumtür und fuhren ganz entspannt an dem kleinen Fluss entlang in Richtung Stadtzentrum.

Nach wenigen Kilometern erreichten wir Stari Grad, die Altstadt von Sarajevo. An einem der südlichen Zugänge fanden wir eine gute Möglichkeit, unserer Räder an einen soliden Eisenzaun anzuschließen.

Zu Fuß betraten wir nun eine andere Welt. Eine Welt, wie wir sie hier nie vermutet hätten. Schon nach wenigen Metern fühlten wir uns nach Istanbul oder Marrakesch versetzt. Überall waren kleine Häuschen, in denen diverse Handwerker ihre Waren feil boten. Vor allem die für diese Länder so typischen Tee- und Kaffeegefäße gab es zu hauf.

Da wir bis vor wenigen Stunden nicht ahnten, dass wir in Sarajevo einen Zwischenstopp einlegen würden, hatten wir uns leider nicht auf die Stadt vorbereitet. Also hieß es improvisieren. Wir schlenderten mehr oder weniger ziellos durch die Gassen der Altstadt. Auf unserem Weg versäumten wir es nicht, frischgepressten Granatapfelsaft und Eis zu probieren. Von erstem nahmen wir sogar noch zwei Flaschen mit.

Trotz der vielen bunten Geschäfte und eines emsigen Treibens auf den Wegen, wirkte die Stadt irgendwie verstörend auf uns. Bestimmt lag das an den Häuserfronten. Sobald wir die kleinen engen Gassen verlassen hatten und „richtige" Häuser zu sehen waren, wurden die Wunden des Bosnienkrieges unübersehbar! Fast jede Hausfassade war übersät mit Einschusslöchern. In so manchem Straßenzug spürte man förmlich noch die Gewalt und die Brutalität, mit der die Menschen aufeinander losgegangen sind. Erstaunlich war außerdem, dass in Augenhöhe kaum Spuren

zu sehen waren, aber sobald wir an den Häusern empor sahen, wurde es beängstigend. Irgendwie schaffte ich es nicht, mich auf die Stadt einzulassen, immer wieder hatte ich die Einschüsse vor Augen, spürte die Detonationen und wunderte mich, wie die Menschen so friedlich und selbstverständlich durch die Straßen und Gassen flanierten.

Zum Glück jedoch hatte ich Schatzi dabei. Mit den Worten: „Was wollen wir heute eigentlich zum Abendbrot essen?" wurde ich schlagartig aus den düsteren Gedanken gerissen. Denn dieser Satz bedeutet nichts anderes als - "Ich habe Hunger und wir sollten bald was essen sonst …!" Eine Zeitlang überlegten wir hin und her, ob wir etwas essen gehen sollten oder am Womo essen, zumal wir dort alles hatten. Ein Blick auf das Reisebuget, welches ich in diesem Jahr über eine App auf dem Handy immer im Blick haben musste, traf die Entscheidung.

Im nächsten Supermarkt kauften wir ein Stück Schafskäse und frisches Brot. Natürlich Weißbrot, bisher gab es immer nur Weißbrot und das war nur einen Tag wirklich genießbar. Im allgemeinen alterte es fast so schnell wie ich beim Sport!

Zurück an unseren Rädern fanden wir diese selbstverständlich unbeschadet vor. Wir verstauten unsere Sachen und radelten zum Womo zurück. Auch dieses fanden wir wenig später unberührt am alten Platz.

Ohne dass wir uns lange absprechen mussten, wusste jeder, was zu tun war. Gabi bereitete einen Salat vor und ich verstaute die Räder wieder auf dem Wohnmobil. Dann stellte ich die Stühle an die „Promenade" (wenn man den Weg so nennen will) und half Schatzi, alles zu unserem Platz zu bringen. Kurze Zeit später knallte der erste Korken. Zum gemischten Salat mit Schafskäse und Brot gab es einen trockenen Sekt.

Gerade als wir anstießen, prosteten uns die Leute am Klub hinter uns fröhlich zu. Sie freuten sich offensichtlich, dass wir hier unseren Abendbrotplatz gefunden hatten. Wahrscheinlich kommen an diese Stelle nicht viele deutsche Wohnmobilisten, um zu übernachten. Auch wir prosteten ihnen zu und ließen es uns schmecken.

Später kamen wir mit den Dreien aus dem Klub noch etwas ins Gespräch und sie sagten noch einmal, sie fänden es ganz toll, dass wir hier sind, uns Sarajevo ansehen und hier übernachten wollen.

Bei dieser Gelegenheit verschenkte ich die nächsten Flaschen Radeberger Bier, was zu erneuten Jubel und Dankesreden führte. Später bat uns einer aus der Gruppe, wir mögen doch bitte bis Sonntag bleiben, dann nämlich käme seine Schwester aus den Bergen mit Wein und Käse. Gerne würden sie uns dann einladen, den Abend mit ihnen zu verbringen. Leider waren es noch zwei Tage bis Sonntag und so mussten wir bedauernd ablehnen und zeigten ihm dafür unsere weitere Route.

Als es langsam dunkel wurde und die Gruppe mit lautem Hupen und einem Dauerwinken davon gefahren war, verzogen wir uns in unser Womo. Es begann die Zeit der Mücken und diesen wollten wir gern aus dem Weg gehen. Im Womo tranken wir später noch einen kleinen Absacker und gingen zu Bett.

Gerade waren wir dabei einzuschlafen, als ein Auto ankam und sich direkt uns gegenüber hinstellte. Wir hörten Türen knallen und dann begann eine lautstarke Unterhaltung. Vorsichtig kroch ich aus dem Bett und lugte durch unsere Rollos nach vorne. Was ich sah, wollte ich nicht glauben. Keine zwei Meter von unserer Stoßstange entfernt, stand ein Kleinwagen. Zwei junge Männer lehnten rauchend an unserem Womo, während zwei weitere im Auto saßen. Und es wurde diskutierten wie nichts Gutes, offenbar gab es Probleme zu klären.

Ich schlich mich wieder zu Schatzi ins Bett und wir beratschlagten, was zu tun sei. Wir beschlossen erst einmal abzuwarten, wie lange die noch reden. Nach ein paar Minuten wurde es mir jedoch zu bunt. Ich sagte zu Schatzi: „Fluchtplan

4711 wird aktiviert!" Sie lächelte und wusste genau, was nun folgte. Leise räumten wir alles zusammen, schlossen die Fenster, setzten uns auf unsere Plätze und schnallten uns an. Ich zählte leise bis drei, dann mit einem Ruck schoben wir die Rollos von der Frontscheibe, ich schaltete die Zündung an und startete das Womo. In den letzten Minuten waren die anderen beiden Männer auch ausgestiegen und so standen in diesem Moment alle vier vor unserem Womo. Mit dem plötzlich aufflammenden Scheinwerferlicht und dem startenden Motor erstarrten die jungen Leute förmlich zu Salzsäulen, keiner rührte sich von der Stelle, alle starrten uns an. Wir grinsten sie an, ich legte den Rückwärtsgang ein, fuhr zwei Meter nach hinten, dann wieder den Vorwärtsgang rein und brauste mit durchdrehenden Rädern an ihnen vorbei. Als wir uns genau auf einer Höhe mit ihnen befanden, hupte ich noch einmal kräftig, was sie zusammenzucken ließ. Im Rückspiegel konnte ich ihre Silhouetten sehen, die noch immer wie versteinert an der selben Stelle standen.

Schatzi und ich amüsierten uns noch lange über die verdutzt dreinblickenden Männer, die sich vor Schreck nicht mehr rühren konnten. Unsere Heiterkeit beim Wegfahren war zum Teil auch auf den leichten Alkoholkonsum der letzten Stunden zurück zu führen. Zum Glück hatten wir es nicht weit. Ganze zweieinhalb Kilometer später trafen wir wieder am Ü-Platz 01 ein.

Wir stellten das Womo vor die Brücke unmittelbar an den äußeren linken Fahrbahnrand. Selbst wenn jemand über die Brücke hätte fahren wollen, wäre ausreichend Platz gewesen.

Noch einmal wurde das Womo für die Nacht vorbereitet. Kurz darauf verkrochen wir uns ins Bett und schliefen schnell ein. Einer ruhigen Nacht stand nun nichts mehr im Weg, so dachte ich zumindest.

Im Wohnmobil schlafe ich meist nur mit einem Ohr, das andere achtet immer auf ungewöhnliche Geräusche. Auf diese Art versuche ich Gefahren möglichst früh zu erkennen. So auch in dieser Nacht. Ich schlief, hörte aber mit dem wachen Ohr auf die Geräusche in der Umgebung. Plötzlich vernahm ich einen dumpfen Knall, noch einen und noch einen. Es klang wie Pistolenschüsse, die aus weiter Entfernung und durch das Rauschen des Flusses verfälscht zu mir drangen. Im Halbschlaf lauschte ich weiter und überlegt gleichzeitig, ob die Bewohner von Sarajevo ihre Waffen noch haben. Bestimmt, sinnierte ich im Schlaf weiter. Im Krieg muss doch jeder eine Pistole oder ein Gewehr besessen haben. Wo sollten denn sonst die vielen Einschüsse in den Häusern herkommen? Was wenn weiter unten am Fluss einige Jugendliche damit rum-ballern und dann das Womo entdecken. Ich sah schon ganz deutlich unsere Bergziege einer dieser Hausfassaden ähneln. Und wieder hörte ich die kurzen dumpfen Schüsse. Ich musste unbedingt wach werden, raus-gehen und nachsehen. Da waren sie wieder! Übten sie bloß oder schossen sie auf etwas Bestimmtes? Los Frank, werd endlich munter und sieh nach, ermahnte ich mich im Dämmerschlaf. Langsam wurde mir Angst und ich spürte eine starke innere Erregung, die sich fast zu einem Alptraum ausweitete.

Dann schaffte ich es endlich und wachte schweißgebadet mit klopfendem Herzen auf und lauschte. Doch außer dem Rauschen des Baches hörte ich nichts. Plötzlich war es wieder da, dieses kurze dumpfe pf, pf, pf! Schlagartig wurde mir bewusst, woher das Geräusch kam. Schatzi atmete mal wieder merkwürdig durch den halb geöffneten Mund. Ich konnte es nicht fassen, dass ich auf ihr pf, pf, pf reingefallen bin und das so in meinen Traum eingebaut habe, dass es für mich, wie Schüsse in der Nacht klang.

Kurz und vorsichtig berührte ich sie, mit einem Seufzer und einen langen `pffffff´ drehte sie sich auf die andere Seite und das „Geballer" hatte ein Ende!

Den Rest der Nacht schliefen ich und meine Ohren friedlich!

Samstag - „Schnaps" das war sein erstes Wort

Am Freitag haben wir 310 km zurückgelegt und Tag und Nacht waren mehr als abenteuerlich.

Als wir am Samstag gegen 7 Uhr langsam aufwachten, musste ich Schatzi erst einmal von den nächtlichen Schüssen in Sarajevo erzählen. Sie lachte herzlich und war stolz, wie wachsam und fürsorglich ich bin. Noch während wir erzählten, hörten wir draußen Geräusche. Vorsichtig ging ich zum Fenster und spähte hinaus.

"Hm, das ist sehr merkwürdig," berichtete ich Gabi von meinem Aussichtspunkt. "Da springen welche durch die Gegend und versuchen Schilder aufzustellen, sind sich aber unsicher, wohin sie die stellen sollen. Außerdem haben sie schon eine Linie auf die Straße vor uns gemalt. Alles macht den Eindruck, als fände hier heute eine Veranstaltung statt." Schatzi meinte: "Dann machen wir uns mal auf den Weg und stören hier nicht weiter!" Gesagt getan, frisch machen, zusammen räumen, Womo lüften - das dauerte alles nicht lange. Dann saßen wir abfahrtbereit auf unseren Sitzen. Als die kleine Gruppe dies sah, wurden die Aufsteller vor unserem Auto wieder weggenommen. Sie waren sichtlich froh, dass wir den Platz räumten, denn sie grüßten sehr freundlich und winkten uns beim Wegfahren erleichtert hinterher.

Es ist immer schön, zu solch einer frühen Stunde eine Stadt erwachen zu sehen. Deshalb entschlossen wir uns zu einem kleinen Umweg durch das Zentrum von Sarajevo.

Und der Umweg hat sich wirklich gelohnt, auch wenn das Womo wieder einen Kratzer, oder wie wir sagen - eine Erlebnislinie mehr bekam.

Die kleine Straße, welche von unserem Platz wegführte, war teilweise von einem dichten Buschwerk gesäumt, das über die Fahrbahn hinweg einen regelrechten grünen Himmel bildete. So entstand der Eindruck, dass wir durch einen Tunnel aus Blättern fuhren. Leider waren die Sträucher nicht ganz so hoch wie unser Womo, dadurch gab es die üblichen hässlichen Kratzgeräusche, als wir uns den Weg bahnten.

Schließlich hatten wir den Engpass hinter uns gelassen, die Schotterpiste vor'm Kieswerk erreicht und quälten uns steil bergauf zur Hauptstraße. An dieser angekommen, übersah ich die Kleinigkeit, dass ich nur rechts abbiegen durfte. Aber das Zentrum lag nunmal links von uns. Und zack, schon waren wir auf der Fernverkehrsstraße in Richtung Stadtkern.

Zum Glück war auf der Straße noch nicht so viel los. Wir konnten regelrecht durch Sarajevo schleichen. Auch gab es die eine oder andere Gelegenheit, für ein Foto anzuhalten. Immer nach etwas Besonderem Ausschau haltend, entdeckten wir plötzlich den Markt von Sarajevo und direkt daneben einen Bezahlparkplatz mit Schranke, aber das war uns in diesem Fall völlig egal. Wir schwebten im siebten Himmel und hatten nur noch Augen für den Markt. Vielleicht wäre es hilfreich gewesen, sich den Parkplatz genauer anzusehen. So entging uns leider ein kleines, aber wichtiges Detail.

Doch erst einmal gingen wir voller Begeisterung zum Obst- und Gemüse- Markt Sarajevos. Das heißt, Frank schnappte sich die Kamera und fotografierte aus allen Lagen und Perspektiven, während Gabi schon das Angebot studierte.

Und dann ging es los: wir erstanden Erdbeeren, Birnen, frische Feigen, rosa Zwiebeln, Paprika, Schafskäse, Eier, Essig und als ich schon Affenarme von den vielen Tüten hatte, fragte Schatzi an einem Stand nach selbstgebranntem Raki oder Sliwowitz. Die angesprochene Marktfrau schrie über die Stände hinweg und bekam eine ebenso laute wie eindeutige Antwort. Wort- und gestenreich wurden wir zu einem anderen Stand geleitet. Offenbar amüsierten sich die Leute köstlich über die Touristen, die hier nach Selbstgebrannten verlangten. An dem Stand angekommen, wurden uns mehrere 1/2 Liter Wasser-flaschen präsentiert. Nach einigem Hin und Her fanden wir sogar heraus, dass es sich auf jeden Fall nicht um Raki sondern um diverse Obstbrände handelte. Natürlich mussten wir von allem probieren. Dafür wurden die Plastikverschlüsse abgeschraubt und mit einer kleinen Menge des Flascheninhalts gefüllt. Vier Sorte mussten wir so verkosten und selbstverständ-lich kauften wir alle vier Flaschen - je eine Himbeere, Birne, Apfel und Pflaume (letzter entspricht einem typischen Sliwowitz)! Wir wollten den Markt schon verlassen, als wir an einem Stand noch Blüten entdeckten und zwar einen ganzen Beutel voller frischer Rosenblüten. „Ahhh, die duften herrlich," meinte Schatzi nachdem sie den halben Kopf in der Tüte versenkt hatte. „Was könnte man daraus nicht alles machen?" überlegte ich laut und dann hatte ich eine Idee! Schatzi fragte nach dem Preis und ohne langes Zögern kauften wir für umgerechnet immerhin 10€ einen ganzen Beutel frischer Rosenblätter. „Und was machen wir daraus?" fragte Schatzi, nachdem wir dem Ausgang zustrebten. „Ich hab da so einen Gedanken. Wart´mal noch ein wenig und lass dich überraschen!" meinte ich, nahm sie in den Arm und gab ihr einen Kuss. Sie hingegen sah mich eher misstrauisch an.

Nach über einer Stunde kehrten wie voll bepackt zum Womo zurück und verstauten unsere Schätzchen. Gefühlt hatten wir für eine ganze Kompanie eingekauft, aber ich war mir sicher, dass wir bei nächster Gelegenheit wieder anhalten und etwas kaufen würden. Ich sollte schon bald recht behalten mit meinem Gedanken.

Nachdem wir alles gut verstaut hatten, wollten wir weiter - raus aus Sarajevo und ab in die Natur. Wir bezahlten unsere Parkgebühr, stiegen ein und los ging´s. Allerdings kam ich nicht sehr weit. Einige Meter vor der Ausfahrt stoppte ich und traute meinen Augen nicht. In etwa 3m Höhe ragte das Vordach vom Nachbarhaus in die Ausfahrt! Zu allem Überfluss war die Ausfahrt nicht im 90° Winkel zur Straße und der Fahrbahnbelag verdiente diese Bezeichnung nicht. Ich wußte genau, selbst wenn ich es parallel zur Ausfahrt schaffen sollte, war es fraglich, ob das Womo nicht hin und her schaukeln würde.

Gabi musste aussteigen und mich einweisen. Jetzt erst merkte ich, dass ich niemals parallel zur Ausfahrt fahren konnte. Mir wurde heiß und kalt, als ich langsam auf die Ausfahrt zurollte. Nun zeigte sich, dass sich das Vordach genau in Höhe unserer Markise befand. Schatzi winkte mir, vorsichtig und langsam zu fahren. Sie gab tolle und eindeutige Anweisungen wie: „Langsam! Weiter rum! Stop! Langsam! Noch weiter rum!" na ja und so weiter. Plötzlich schrie sie: „Halt!" und ich sah die Angst um unser Womo in ihren Augen. Dann eilte einer der Parkplatzwächter zu Hilfe und gab mir auf bosnisch Anweisungen und auch er winkte. Aber das einzige, was mir klar war - ich sollte langsam weiter fahren.

Als ich merkte, dass ich mit dem Fahrerhaus schon auf der Straße war, wollte ich aufatmen. Aber nun musste ich auch noch auf den Verkehr achten. Da eilten weitere Helfer herbei und sperrten die gesamte Straße. Dann hörte ich es - das Vordach an unserem Womo. Ich wollte zurück, doch die Bosnier bedeuteten mir, keinesfalls zurück - langsam weiter. Oh Gott, ich sah schon das Vordach im Womo stecken. Auf der Straße staute sich der gesamte Verkehr, aber keiner hupte oder wurde ungeduldig. Als ich langsam weiterfuhr, gab es plötzlich einen Absatz in der Straße. Das Womo wankte nach links, ich gab Gas, ein letztes lautes Krachen und ich stand mitten auf der Straße. Schatzi war kreidebleich, stieg wieder ein und brachte ein Kunststoffteil mit. Es war nur die Verkleidung der Markise. Außer der Verkleidung und einem tiefen Kratzer in einer Zierleiste haben wir keine bleibenden Schäden davon getragen. Wir gaben uns ein Küsschen und wenig später floss der morgendliche Verkehr wieder und mit ihm wir durch Sarajevo.

Wir hatten die Stadt schon seit geraumer Zeit hinter uns gelassen, als ich einen KONZUM entdeckte und zu Schatzi´s Überraschung anhielt. Wie heißt es bei uns oft: „Eigentlich brauchen wir nichts mehr - aber!", aber trotzdem gehen wir laufend einkaufen!

„Was hältst du davon, wenn wir aus den Rosenblüten einen Schnaps machen?" fragte ich Schatzi grinsend, nachdem wir im Supermarkt vor dem Regal mit Schnaps standen. „Ahh, das ist eine super Idee." meinte sie und ihre Augen leuchteten bei dem Gedanken an ein leckeres Schnäps´Chen für uns und unsere Gäste. In unserm Korb landeten somit einige Kilo Zucker und 4 Liter Hochprozentiger!

Kaum waren wir wieder unterwegs durch die bosnischen Berge, als mir einfiel, dass wir noch nicht gefrühstückt hatten und Schatzi jeden Augenblick etwas sagen wird. Da erschien wie auf Bestellung ein kleines Picknick - Häuschen. Ich bremste stark, zog das Womo nach rechts auf den Randstreifen, Schatzi verspannt sich wieder und holte tief Luft, als das Womo unmittelbar neben der Straße zum stehen kam. Gleichzeitig hatte sie den Grund für mein plötzliches Manöver erkannt und lächelte mir zu: „Danke Liebling!" sagte sie nur. Dass der Platz direkt neben der Straße war, fanden wir dann doch nicht so spitze, aber dafür konnten wir einige verdutzte Blicke aus den vorbeifahrenden Autos wahrnehmen und machten uns einen Spaß daraus, den überraschten Fahrern oder Beifahrern von unserm Frühstückstisch aus zuzuwinken.

Auf dem weiteren Weg fanden wir wieder eine Wasserstelle. Allerdings lief es hier nicht so, wie ich es mir gewünscht hätte. Das Befüllen eines 10 l Kanisters dauerte mehr als 10 Minuten und so fuhren wir wenig später weiter, ohne unseren Tank aufgefüllt zu haben. Noch würde das Wasser mindestens 2 Tage reichen.

„Einsteigen bitte! Und Vorsicht bei Abfahrt der Bergziege!" rief ich und schon waren wir wieder auf dem „Highway" 'gen Süd/Ost durch eine liebliche Berglandschaft auf Straßen, die nicht zum schnellen Fahren gebaut wurden, unterwegs.

Gegen Mittag, die Sonne stand bereits hoch am Himmel, mussten wir eine Pause einlegen. Wir fühlten uns, als hätten wir drei Stunden auf einem Rüttelbrett gesessen und müssten jetzt mal 20 min auf festen Boden stehen, gehen oder sitzen.

An einem großen Platz neben der Straße hielt ich an, holte die Stühle raus und machte alles zur Schnapsherstellung fertig. Gabi hingegen schnappte sich die Kamera und zog los, die Tier- und Pflanzenwelt rund um den Parkplatz zu verunsichern. Das ging so weit, dass das Liebesspiel der Schmetterlinge nicht unbeobachtet blieb und für die Ewigkeit festgehalten wurde. Während ich mich um die existenziellen Angelegenheiten, in diesem Fall die Rosenschnaps - Herstellung, kümmerte! So entstand endlich mal eine richtige „Landliebe"!

Zu Hause fanden wir im Reisegepäck dann immerhin 4 Liter feinsten Rosenschnaps wieder!

Als der "Film" und die Flaschen voll waren, wurde es Zeit, aus der Sonne zu verschwinden, sich in das ´wohl temperierte´ Womo zu verziehen und weiter zu fahren!

Nach einigen Kilometern stieg die Straße merklich an. Wir kurvten gerade gemütlich bergauf, kamen um eine scharfe Linkskurve, als ich das Womo unvermittelt weiter nach links zog und kurz hinter einem kleinen Tisch mit Sonnenschirm halb auf dem Seitenstreifen halb auf der linken Fahrbahnseite zum Stehen kam. Diesmal hatte Schatzi den Grund auch gesehen und musste nicht erst ihre lebenserhaltende Sitzposition einnehmen. Auch sie hatte den Tisch mit Gläsern und Flaschen, den Sonnenschirm und die zwei älteren Männer gesehen und gewusst, da gibt es Produkte aus den Bergen.

Kaum waren wir ausgestiegen, da vernahmen wir schon das erste Wort: „Schnaps!" gleich gefolgt von „Miel" und noch einigen, aber für uns unverständlichen Worten.

Am Tisch angekommen, fingen die beiden erst richtig an zu quasseln. Wir verstanden kein Wort, aber bevor wir uns versahen, hielten wir jeder einen Flaschenverschluss voll Schnaps in den Händen. Gleich darauf bekamen wir kleine Plastiklöffel überreicht und sollten damit den Berghonig und die Marmeladen aus eigener Herstellung probieren. Dann folgten die nächsten Flaschenverschlüsse, wieder mit Selbstgebranntem. Ich bekam langsam Angst, dass mit jeder Kostprobe die Kurven enger werden könnten. Schließlich kauften wir je eine Flasche Quitten-, Apfel- und Weintraubenbrand sowie zwei Gläser Berghonig. Ein Glas Marmelade bekamen wir dazu geschenkt.

Zurück im Womo mussten wir erst einmal jeder ein Glas Wasser trinken und so versuchen, den Probealkohol zu verdünnen. Helfen sollte uns auch ein Kaffee, den wir uns gleich zubereiten wollten. Aber zuerst gab ich Gas und wir verließen diesen Schnaps seligen Ort.

Der Zufall ersparte uns dann die Arbeit der Kaffeezubereitung. In Gacko, einer kleinen Stadt in den Bergen, war die Umgehungsstraße gesperrt und wir mussten eine Umleitung fahren. Dadurch gelangten wir direkt in's Zentrum. In diesem wimmelte es nur so von Bars und Cafés. Bei einem Preis von umgerechnet 0,50€ für einen Cappuccino konnten wir uns das Kaffee kochen sparen. Außerdem hatten wir so auch gleich die Möglichkeit, andere menschliche Bedürfnisse zu erledigen.

Etwa 40km nach unserer Pause und wenige Kilometer vor der Grenze zu Montenegro erreichten wir Bileca. Hier, am Rande der Stadt, am Ufer des Bilecko jezeru (See von Bilecko) fanden wir einen einzigartigen Übernachtungsplatz. Neben der Durchgangsstraße M20 oberhalb des Sees erstreckte sich eine weitläufige Wiese mit Teilen einer alten Festungsanlage. Das alles schrie förmlich nach einem Übernachtungsplatz. Ohne Probleme konnten wir von hier aus auch den See erreichen. Einem erfrischenden Bad stand somit nichts im Weg.

Wir probierten diesen und jenen Stellplatz aus, schließlich hatten wir den für uns perfekten gefunden. Weit genug von der Straße und dem nächsten Restaurant entfernt und doch nah genug am See. Das einzige, was uns fehlte, war Schatten - doch dafür hatten wir eine Markise, welche nun ausgefahren wurde, dann noch Tisch und Stühle raus und schon war alles für einen perfekten Aufenthalt vorbereitet.

Schatzi hatte in der Zwischenzeit die Badesachen rausgesucht und sich zum Abmarsch fertig-gemacht. So zogen wir in Bikini bzw. Badehose mit Handtuch und Kamera los.

Es waren nur wenige steinige Meter runter an das Seeufer, aber der Weg hatte sich mehr als gelohnt. Das Baden war einfach nur herrlich und erfrischend. Weit und breit war kein anderer Badegast und so genoss ich auch das ′ohne′ Schwimmen.

Am Abend wollten wir unbedingt wiederkommen und uns hier gleich waschen. Nein, aufregen lohnt sich jetzt nicht. Wir sind selber sehr umweltbewusst, spülen das Geschirr und waschen uns unterwegs ausschließlich mit 100% biologisch abbaubaren Produkten. Auch in unsere Toilette kommt keinerlei Chemie, maximal ein biologischer Geruchsverhinderer.

Wieder zurück am Womo sonnte ich mich vor'm Wohnmobil, während Gabi unsere Tageserlebnisse aufschrieb. Dabei entging ihr, dass sie gerade Teil des nächsten wurde.

Offenbar dienten die nahen Festungsreste als Kuh- und Schafstahl, denn als die Kraft der Sonne langsam nachließ, füllte sich die Wiese um uns mit Schafen. Diese fanden das Womo und

Schatzi so appetitlich, dass sie immer näher kamen. Selbst vor den Landliebe Flaschen voller Rosenschnaps, welche ich in der Sonne aufgestellt hatte, schreckten sie nicht zurück. Rücksichtslos wurden diese umgeschupst, um an das leckere Gras darunter zu gelangen. Schatzi musste dann doch noch ein ernstes Wort mit den Schafen reden, ehe diese es vorzogen, weiter zu ziehen.

Nach dieser tiereschen Einlage begannen wir das Abendessen vorzubereiten. Dabei fiel uns auf, dass wir heute zwar literweise Schnaps gekauft hatten aber keinen Wein. Den ganzen Abend nur Hochprozentigen trinken, das wollten wir dann doch nicht. So zogen wir uns etwas an und spazierten zum nahegelegenen Restaurant.

Dort angekommen, war es nicht so einfach, mit jemandem in's Gespräch zu kommen. Weder englisch noch deutsch sprach einer der Angestellten. Erst nach ein paar Minuten fand sich ein Gast, der gut englisch sprach und so schafften wir es, für 25KM (umgerechnet 12,50€), eine Flasche Roséwein aus dem nahegelegenen Montenegro zu erstehen. Mit unserer Beute unterm Arm schlenderten wir zurück, stellten die Flasche kalt und gingen erst einmal an den See, um zu baden und Haare zu waschen.

Im Licht der langsam untergehenden Sonne bereitete ich später frische Pfifferlinge (vom Markt in Sarajevo) mit Zwiebeln und ungarischem Speck zu. Dazu gab es den Wein aus Montenegro und einen atemberaubenden Blick über den See.

Lange saßen wir noch vorm Womo, tranken einen Verdauer (bei alten Leuten liegen Pilze doch immer so schwer im Magen, da hilft ein Kräuterschnaps oft wahre Wunder) und philosophierten über Gott und die Welt.

So klang der Tag nach knapp 200 Tageskilometern sehr besinnlich aus.

Beenden möchte ich das Kapitel mit einem Zitat, welches Schatzi an diesem Abend aufgeschrieben hat: „Der Wein ist gleich alle - was gibt es nun???"

Sonntag - Das Land der langsamen Straßen

Wir hätten es besser wissen müssen, dass am Rande einer Stadt, an diesem Platz, bei diesem Wetter und noch dazu an einem Samstagabend nicht so schnell Ruhe einkehren wird.

Nachdem wir im Womo verschwunden waren, herrschte um uns herum friedliche Stille und wir freuten uns auf eine angenehme Nacht. Aber kaum waren wir im Bett, fuhr ein Auto auf 'unsere' Wiese, parkte in unmittelbarer Nähe und drehte das Autoradio auf. „Das darf doch nicht war sein!" stöhnte ich und Schatzi meinte: „Doch, ist es!" Ein Weile lagen wir noch im Bett und versuchten zu schlafen - vergebens, die Musik war zu laut.

Ich stieg aus dem Bett, öffnete die Tür, schrie in die Nacht: „Muss das sein?" und knalle die Tür verärgert zu. Im selben Moment fiel mir auf, dass wir nicht im deutschsprachigen Raum sind und es mehr als ein Zufall wäre, wenn irgend jemand meine Worte verstanden hatte. Auch Schatzi lachte herzlich über meine deutsche Frage hier im tiefsten Bosnien. Zu unserem großen Erstaunen wurde die Musik umgehend leiser gedreht! „Wow, deine Stimme hat ja richtig Kraft!" scherzte Gabi und küsste mich anerkennend. Ja, ich war selber überrascht und stolz. So das hätten wir, dachte ich und legte mich wieder schlafen.

Kurze Zeit später vernahmen wir aus einiger Entfernung sich unterhaltende und lachende Nachtschwärmer. Zwar waren die nicht so laut, aber jeder kennt das bestimmt. Nachts wenn die Welt schläft, empfinden man jedes Geräusch viel lauter. Und so schwankten wir immer zwischen schlafen und aufwachen. Gegen Morgen, es muss so gegen 3 Uhr gewesen, kehrte endlich Ruhe ein und wir konnten tatsächlich bis kurz nach 7 Uhr durchschlafen!

Kaum aufgestanden, stellten wir fest, dass heute die Sonne noch nicht mit voller Kraft schien. Im Gegenteil von Norden her schickten sich Wolken an. Um so schneller packten wir unsere Sachen zusammen, denn wenn wir eines nicht wollten, dann war es Regen.

Mit etwas Wehmut verließen wir eine halbe Stunde später diesen Übernachtungsplatz und fuhren in Richtung Montenegro.

Einige Kilometer später erreichten wir die Grenze. Ein kurzer Blick in unsere Pässe, dann ein Lächeln und wir waren in Montenegro. Auf den nächsten Kilometern präsentierte sich uns das Land nicht von seiner besten Seite. Die Straße war absolut übel. Das Womo wankte, schaukelte und klapperte wie verrückt. Fast fühlten wir uns wie in Bulgarien oder gar Albanien. Außerdem war die Straße sehr eng, was den Gegenverkehr allerdings nicht veranlasste, auch nur einen km/h langsamer zu fahren. Bei jedem LKW, der uns entgegenkam, fuhr ich ganz rechts oder hielt vorsichtshalber sogar an. Wenn uns ein PKW begegnete, verhielt es sich schon anders. Jetzt war ich der Große und wie von Zauberhand war der Weg frei für uns.

Dann endlich, es muss ungefähr 10 km nach der Grenze gewesen sein, teilte sich die Straße und unser Weg führte auf einer neuen, breiten und erstklassigen Landstraße weiter in Richtung Küste.

Unser Glück wäre vollkommen gewesen, wenn ... , wenn da nicht diese Geschwindigkeitsbegrenzungen gewesen wären. Aller paar Kilometer ermahnte uns ein Schild, nur 60 km/h zu fahren. Gut - die Straße schlängelte sich nun in unzähligen Kurven in Richtung Küste, aber sie war breit und 80 km/h waren allemal drin. Auch sind wir keinem Einheimischen begegnet, der sich auch nur im mindesten an die Beschränkung hielt. Es dauerte nicht lange, dann war auch ich ein Einheimischer!

Es sollte uns die nächste Tagen immer wieder ein Rätsel bleiben, warum auf den montenegrischen Landstraßen fast durchgängig die 60 km/h vorgeschrieben sind. Einen Vorteil hatte es, ich fuhr sehr aufmerksam und achtete auf eventuelle Blitzer. Doch diese Vorsicht war unbegründet, wir bekamen nicht einen einzigen zu Gesicht!

So rollten wir auf einer gut ausgebauten Landstraße hinab zur Bucht von Kotor.

Pünktlich zum Frühstück erreichten wir das westliche Ufer der Bucht und fanden auf Anhieb einen tollen Platz direkt am Wasser. Leider war auch die Straße keine 10 m entfernt und der Reisebusverkehr war um diese Tageszeit beträchtlich.

Dessen ungeachtet holten wir unsere Stühle raus, Gabi deckte den Tisch, kochte Tee und ich begann, unser Frühstück, welches heute aus Rührei mit Speck bestehen sollte, zuzubereiten!

Kaum hatten wir angefangen zu essen, da rollte ein Toyota Landcruiser mit Luxemburger Kennzeichen auf unseren Platz zu und stoppte keine 2 Meter vor uns. Während wir in aller Ruhe weiter aßen, entstieg ein Mann Ende 60, offenbar altersschwach und mit Hüftschaden, dem Fahrzeug. Ohne Begrüßung wetterte er gleich los: "So geht das aber nicht! Ihr könnt hier nicht stehen!" Schatzi und ich sahen uns erstaunt an, dann auf dem Platz um. Bevor wir uns hier hingestellt hatten, hielten wir selbstverständlich Ausschau nach Verbotsschildern jeglicher Art, konnten aber in der näheren Umgebung nichts entdecken. Entsprechend sagte ich: "Moin! Wo steht das denn?" "Dort drüben auf dem Schild!" antwortete er mir immer noch sehr bärbeissig. Ich sah in die angegebene Richtung, konnte aber kein Schild mit einem Parkverbot erkennen. Lediglich ein größeres Schild, auf dem die Piktogramme für schwimmen, angeln, in's Wasser springen und Boote anlegen durchgestrichen und dies somit verboten war. Bevor ich den Mund für eine Erwiderung öffnen konnte, sprach er schon weiter. Er erzählte nun, dass es ihm egal sei, ob wir hier stehen oder nicht, aber die montenegrische Polizei sei sehr dumm und die Einheimischen ebenfalls. Er lebt nun schon seit mehr als 10 Jahren hier und es sei alles ganz schlimm, nur das Klima sei sehr gut. Schatzi und ich sahen uns an und dachten uns unseren Teil, wussten aber immer noch nicht, was er wollte.

Wir hatten uns so auf eine ruhige Pause gefreut und nun lehnte dieser übergewichtige, ungepflegte Westeuropäer an unserer Bank und klärt uns auf, wie arm die Montenegriner sind. Sein Nachbar sei bereits Rentner und müsse mit 150 € im Monat auskommen und er, der Ex - Beamte aus Luxemburg, muss schon sehen, dass er mit einer Monatsrente hier 3 Monate überleben kann. Aber das geht schon, er müsse sich zwar zusammenreißen, um mit 1.000 € im Monat auszukommen, doch wenn man nach Angeboten Ausschau hält und auf dem Markt verhandelt, dann geht es!

Dann fing er wieder an, über die Einheimischen zu wettern, die ja so dumm seien und sich alles gefallen lassen würden, was der Staat vorgibt. Ich überlegte kurz, wann die Luxemburger das letzte Mal den Aufstand geprobt haben - ich kam nicht drauf. Weiter berichtete er, wie die Polizei ihn von diesem Platz vertrieben hat, weil er hier geangelt hat. Schatzi wandte ein, dass hier angeln tatsächlich verboten sei. Mit einer Handbewegung wischte er die Bemerkung beiseite. Das sei doch blanke Willkür, schließlich stört er doch keinen, wenn er zwei, drei Fische fängt. Nachdem er uns noch erzählen musste, dass er immer Schwierigkeiten mit der Polizei hat, nur weil seine Luxemburger Autonummer mit ZG beginnt - das steht für die Stadt Zagreb und diese ist in einigen Ländern des Balkans nicht gerade beliebt - trollte er sich mit seinem Hund.

Schatzi und ich sahen uns ungläubig an und beobachteten, wie der Gute auf dem ca. 15 mal 15 m großen Plateau Gassi ging. Aus den Augenwinkeln heraus sahen wir, wie der Hund sein Geschäft verrichtete, ohne dass sein Herrchen sich um die Beseitigung des selben bemühte. Wir konnten es nicht fassen und hofften, dass er noch oft Schwierigkeiten mit der hiesigen Polizei haben wird!

Wir wollten weg von dem freundlichen, aber aufdringlichen Zeitgenossen und lieber die Gegend erkunden. Also packten wir zusammen. Anschließend wollten wir zu dem ADAC Campingplatz, den uns der Luxemburger empfohlen hatte. Dieser sollte sich nur wenige hundert Meter entfernt, etwas abseits der Straße befinden.

Schon zweihundert Meter nachdem wir wieder auf die Hauptstraße gefahren waren, verließen wir diese wieder nach rechts. Laut der Beschreibung sollte der Platz gleich hier sein. So folgten wir dem Straßenverlauf weiter ins Landesinnere. Nach einem Kilometer ging die Straße in einen Waldweg über, was für uns zwangsläufig das Ende bedeutete. Mit Müh und Not konnte ich am Ende der Sackgasse wenden und fuhr wieder zurück. Kurz vor der Hauptstraße entdeckten wir einen weiteren Abzweig nach rechts. Also Blinker rechts und rum, vorbei an einem Parkplatz (der uns schon mal sehr geeignet erschien), weiter über eine kleine Brücke, dann wieder rechts und … stop! Wir standen vor einer Durchfahrt von 3 m Höhe - passt - und   2 m Breite - passt nicht! Also stellten wir das Womo ab und erkundeten die Gegend. Doch außer einem edlen Restaurant entdeckten wir nichts für eine Übernachtungsmöglichkeit relevantes. So stiegen wir wieder ein und belegten wenig später einen Teil des zuvor entdeckten Parkplatzes.

Dort angekommen stellten wir fest, dass der Platz ruhig gelegen war und somit bestimmt eine akzeptable Übernachtungsmöglichkeit bot. Bevor es soweit war, wollten wir aber los und die Bucht von Kotor erkunden.

Der Fahrradanhänger wurde ausgepackt, zusammengebaut, die Räder abgenommen, alles zusammengepackt und los ging es zur Fjord - Umrundung!

Kaum waren wir auf der Uferstrasse, als uns eine Gruppe italienischer Radfahrer überholte. Alle waren perfekt in Profi-Klamotten gekleidet und sahen doch nicht ganz so aus wie solche. Das eine oder andere Feinkostgewölbe, welches von den Trikots wie eine Wurstpelle umspannt wurde, verriet die wahre Leidenschaft so manchen Radlers! Dann kam die erste kleine Steigung von 7% und es war unsere Chance, die Gruppe lächelnd zu überholen. Ach, so ein Pedelec ist schon eine geile Sache. Und so saßen wir, einige Kilometer später schon beim Cappuccino, als die Italiener an uns vorbeifuhren. Dann erkannte einer offenbar unsere Räder und die Antriebsart, er rief ganz laut: „Moto, Moto, Moto!" Wir konnten es zwar nicht hören, aber bestimmt atmeten nun Einige auf. Von einem „normalen" Fahrrad mit Anhänger überholt zu werden, ließ vorher bei dem ein oder anderen bestimmt Zweifel am eigenen Können aufkommen.

Nach der kleinen Kaffeepause ging es weiter, immer so nah wie möglich an der Küste entlang. Es war eine herrliche Tour, das Wetter spielte perfekt mit, die Uferstraße war gesäumt von kleinen Häusern und zur Wasserseite hin fanden sich immer wieder kleine Badestellen. Es hatte fast den Eindruck, als gehöre zu jedem Haus ein eigener Wasserzugang. Lange überlegten wir und haderten mit uns, ob wir eine dieser Terrassen betreten dürfen, um ein erfrischendes Bad zu nehmen.

Schließlich fassten wir uns ein Herz und fragten an einer dieser Stellen eine ältere Dame nach einer Möglichkeit zum Schwimmen. Diese freute sich offenbar über unsere Frage und lud uns ein, von ihrer Terrasse aus baden zu gehen. Das Bad in der Bucht von Kotor war herrlich und bei Temperaturen von knapp 30° mehr als erfrischend.

Nachdem wir uns von der Sonne und vom Wind haben trocknen lassen, fuhren wir weiter, kamen aber nicht sehr weit. An einer Bar direkt am Wasser mit schönem Blick auf die Bucht blieben wir für einen kleinen Kaffee hängen.

Wenige Kilometer später erreichten wir das fast 2.000 Jahre alte Kotor und es präsentierte sich uns als absolute Touristenhochburg. Schon von weitem machte sich das erhöhte Verkehrsaufkommen unangenehm bemerkbar. Ein Auto am anderen, dazwischen dutzende von Bussen und wie um uns zu zeigen, dass hier viel los ist, lag im Hafen ein Kreuzfahrtschiff.

Zuerst fiel uns die 4,50 km langen Stadtmauer auf, welche die gesamte Altstadt umspannt. Diese erstreckt sich von der Uferstraße bis zu den umliegenden Bergen. Auf denen war der Weg zur und die Burg von Kotor selbst nicht zu über-sehen. Aber auch die Massen von Menschen, die sich den Berg hinauf quälten, waren unverkennbar.

Wir waren gespannt, was uns innerhalb der Stadtmauern erwarten würde und schlossen die Fahrräder für's Erste seitlich neben dieser an, nahmen unseren Anhänger und gingen auf Entdeckungstour. Nachdem wir das Eingangstor zur Altstadt durchschritten hatten, sahen wir eine wirklich schöne mittelalterliche Stadt mit engen Gassen und unzähligen Kirchen. Natürlich durften auch Geschäfte, Cafés, Bars und Restaurants nicht fehlen und davon hatte es reichlich.

Außerdem strömten unzählige Touristen durch die schmalen Gassen und so kam eins zum anderen - uns oder besser gesagt mir wurde der Trubel schnell zu viel. Wir hatten nur einen Bruchteil der Stadt erkundet, als sich bei Schatzi glücklicherweise der kleine Hunger meldete. Nun galt es, aus der Vielzahl der Einkehr - Möglichkeiten, die für uns beste auszuwählen. In einem Restaurant konnten wir nur drin sitzen, das andere wiederum lag völlig im Schatten und beim nächsten waren die Preise ähnlich einem Sternerestaurant. Schließlich entschieden wir uns für eine Hotelbar direkt am Eingang zur Altstadt. Von dort aus hatten wir einen ungehinderten Blick auf die Touristenströme in und aus der Stadt. Somit sollte neben essen und trinken auch für genügend Unterhaltung gesorgt sein.

Für den kleinen Hunger genügte uns eine einfache Pizza Margarita, die wir uns teilten, dazu eine Flasche Wasser - zusammen 12 €! Da gab es nichts zu meckern. Das Beste an dieser Pause war aber nicht das Essen oder die Bar, nein, das Beobachten der Menschen war erstklassig. Zu sehen, wie sich die „Gästefänger" vor den Bars und Restaurants um jeden einzelnen

Kunden bemühten und jeweils ihre Vorzüge anpriesen, ließ sich herrlich beobachten. Dabei hatte die junge Frau vor unserer Bar eindeutige Vorteile bzw. unübersehbare Vorzüge! Ich meine natürlich ihren Charakter, den Mann an ihrem Gesicht, der Haltung und ihrem ... äh - T-Shirt gut erkennen konnte!

Nach etwa einer Stunde hatten wir genug gesehen, jetzt sehnten wir uns wieder nach Ruhe und verließen die Altstadt.

Als wir uns den Fahrrädern näherten, wurden diese von einer Gruppe Zigeunern (oder wie es politisch korrekt heißt „Eine Gruppe Menschen, deren Äußeres auf die Abstammung aus einer Sinti und Roma Familie schließen lässt") belagert. Eins der Kinder saß bereits auf meinem Rad und die etwas größeren „bestaunten" unsere Fahrradschlösser! Ihren wachsamen Augen entging nicht, dass es sich um gute Schlösser handelte und dass sich nun offenbar die Besitzer näherten. Wiederwillig nahm die Mutter ihr Kind von meinem Fahrradsattel. Dabei erkannte Gabi, dass der Kinderpopo und mein Sattel nass waren. Unter den staunenden Blicken der Umstehenden entnahm Gabi ihrer Tasche ein Sprühflasche Desinfektionsmittel und reinigte meinen Sattel damit. Auch ich staunte nicht schlecht und nickte ihr anerkennend zu. Wir konnten uns des Eindrucks nicht erwehren, dass die Zigeuner enttäuscht wirkten.

Für uns ging es dann weiter durch Kotor. Immer der Uferstraße folgend, umfuhren wir die gesamte Bucht. Ab und zu gönnten wir uns noch eine kleine Fotopause, die unzähligen kleinen

Fischerhäuser und diversen Strände luden immer wieder dazu ein. Am späten Nachmittag erreichten wir die Fähre in Lepetane.

Die Überfahrt nach Kamenari war recht unspektakulär. Während unser unzähligen Reisen haben wir schon aufregendere Überfahrten erlebt, für ganze 2 € war es allerdings eine der günstigsten. Außerdem gab es einen atemberaubenden Blick in die Bucht und auf die umliegenden Berge gratis dazu!

Auf der anderen Seite angekommen, waren es nur noch wenige Kilometer bis zu unserem Womo.

Kurz bevor wir dieses erreichten, entdeckten wir dann noch den ADAC - Campingplatz, der uns von dem Luxemburger empfohlen wurde. Zu unserem Glück hatten wir diesen vorhin nicht gefunden, denn der Platz befand sich unmittelbar neben der Küstenstraße. Der Platz bot ansonsten alle Annehmlichkeiten eines westlichen Campingplatzes, aber unser Ü-Platz lag um einiges ruhiger und etwas abseits.

Dort angekommen, packten wir die Räder und den Anhänger wieder zusammen und die Badesachen aus. Wir wollten die Zeit bis zum Abendessen noch mit einer Runde Schwimmen überbrücken.

Unsere erste Badestelle am heutigen Tag hatte uns von der guten Wasserqualität überzeugt, umso enttäuschter waren wir, als wir am kleinen Stadtstrand, nur wenige hundert Meter entfernt von unserem Platz, ankamen. Sauber sah auf jeden Fall anders aus. Aber wer einmal im Schwarzen Meer bei Istanbul gebadet hat, der badet überall auf der Welt. Und so stiegen wir mutig in das erfrischende Nass. Das Bad währte allerdings nur kurz, es war einfach nicht schön, und außerdem meldete sich der Hunger wieder.

Zurück am Womo setzte ich dieses noch etwas zurück, so dass wir zwischen Womo und Straße unseren Tisch und die Stühle aufstellen konnten.

Während Gabi das Geschirr der letzten Mahlzeit abwusch, bereitete ich einen gemischten Salat zu. Dieser wurde dann auf zwei Schüsseln aufgeteilt, reichlich Schafskäse darüber und dazu gab es eine Flasche Roséwein. Es war eine herrliche Mahlzeit und interessant außerdem. Laufend schlenderten irgendwelche Leute auf der Straße vor uns vorbei, grüßten und wünschten offenbar Guten Appetit. Unser Picknick an der kleinen Straße wurde mit großem Wohlwollen zur Kenntnis genommen.

Dann setzte ein ganz leichter Nieselregen ein und wir mussten in's Womo verschwinden. Um ins Bett zu gehen, war es noch zu zeitig und so schnappten wir uns einen Regenschirm und schlenderten an die „Promenade" des Örtchens.

Eine kleine aber feine Bar direkt am Wasser erschien uns der perfekte Ort für zwei Cappuccini und ein stilles Örtchen, auf dem Gabi alsbald verschwand!

Nach einer Stunde hatten wir ausgetrunken und waren erleichtert, so machten uns auf den Rückweg. Unterm Regenschirm eng aneinander gekuschelt, gingen wir zurück und verkrochen uns im Womo. Gegen 21 Uhr fielen wir müde und geschafft vom Tag in unsere Betten und schliefen bald ein!

Montag - Zurück in der Vergangenheit

Ah, was für eine herrliche, ruhige und entspannte Nacht. Schon kurz nachdem wir im Bett waren, hatte es aufgehört zu regnen und als wir noch vor 7 Uhr munter wurden, schien die Sonne bereits wieder. Es deutete alles auf einen warmen, wenn nicht gar heißen, Sommertag hin.

Noch gestern hatten wir uns vorgenommen, falls wir heute zeitig munter werden, gleich aufzubrechen und nach Kotor zu fahren, um den Burgberg zu besteigen.

Gesagt getan, kurz nach 7 Uhr war Abfahrt. Für die 23 km bis Kotor brauchten wir kaum 20 Minuten. Die Parkplatzsuche gestaltete sich schon schwieriger. Auf den ersten Platz direkt am Hafen durften wir nicht drauf, aber der zweite, etwa 200 m entfernt, war frei. Nur sollte dieser pro Stunde 2 € Gebühr kosten. Eigentlich sparen wir an dieser Stelle immer, zumal uns der Preis für einen Schotterplatz mit riesigen Pfützen recht hoch erschien, aber heute war es uns egal. Wir wollten noch vor der großen Hitze auf den Berg steigen. Also parkten wir das Womo keine 300 m vom Eingang zur Altstadt entfernt unter einem großen Baum, so hatten wir wenigstens Schatten für unser Geld.

Wir packten etwas zu trinken und die Fotoapparate ein und zogen los.

Kaum hatten wir das Auto und den Parkplatz hinter uns gelassen, da fiel uns auf, dass Kotor um diese Zeit schon fast etwas romantisches und verschlafenes hatte. Wie doch unterschiedliche Tageszeiten das Bild einer Stadt verändern!

Dieser Eindruck verstärkte sich, nachdem wir das Stadttor passiert hatten und in der Altstadt standen. Im Gegensatz zu gestern waren die Gassen heute menschenleer und die Sonne schaffte es noch zwischen den Häusern hindurch.

Unzählige Fotomotive schrieen förmlich danach, entdeckt und festgehalten zu werden. Doch unser eigentliches Ziel lag einige hundert Meter entfernt auf dem Burgberg. Notgedrungen beschränkte ich mich auf einige wenige Fotomotive, an denen unser Weg vorbeiführte.

Schnell fanden wir den Ausgang aus der eigentlichen Altstadt und der Aufstieg über die unzähligen Treppen hoch zur Burg von Kotor konnte beginnen.

Für diese Tour hatten wir eine fast optimale Zeit gewählt, noch eine Stunde eher loszugehen, wäre perfekt gewesen. Die Zahl der Touristen, welchen wir auf unserem Weg begegneten, war sehr überschaubar. Und so konnten wir in Ruhe fotografieren und die Landschaft genießen. Hinter jeder Ecke, die wir passierten, bot sich wieder ein neuer, anderer, noch spektakulärere Ausblick auf die Stadt, den Hafen, die Bucht und die Berge.

Oben angekommen, mussten wir feststellen, dass von der Burg an sich nicht mehr viel erhalten war. Mehr als Treppen- und Häuserreste gab es nicht zu sehen. Dafür wurden wir mit einem gigantischen Blick entlohnt.

Wir waren noch dabei, den Ausblick zu genießen, als Gabi feststellen musste, dass es merklich wärmer wurde. Und tatsächlich stand die Sonne schon recht weit oben. Außerdem wurden nun die Wege von unzähligen Wasser- und Schnick/schnack Verkäufern bevölkert. Zum Glück hatten wir vom ersten genügend dabei, denn 1 € für eine 0,5 l Flasche, die im Supermarkt keine 20 Cent kostet, ist schon happig und die anderen Verkäufer ließen wir eh' links liegen. Aber wo keine Nachfrage, da kein Angebot und so scheint es immer noch genügend Touristen zu geben, die gerne unnötig Geld ausgeben.

Schon wurde es wieder Zeit für den Abstieg. Dieser gestaltete sich erfahrungsgemäß schwieriger als der Aufstieg und das spürten wir auch in unserer Beinen. Obwohl ich uns nicht als untrainiert bezeichnen würde, wurden die Muskeln langsam ganz schön schwer und müde.

So machte sich bei Gabi und mir Erleichterung breit, als wir endlich ein kleines Tor in der Stadtmauer, und somit wieder die Altstadt erreicht hatten.

Kaum durch das Tor gegangen, drehten wir uns um und blickten zurück auf den Weg und die Burg, die nun wieder hoch über uns thronte. Unser Blick blieb aber nicht auf dem steinigen Weg oder der jetzt so winzigen Burg hängen, sondern ein Tisch, ein Stuhl, ein Sonnenschirm und ein Schild zogen unsere Aufmerksamkeit magisch an.

Direkt neben dem Tor standen genau diese Utensilien und auf dem Schild stand in diversen Sprachen: Aufstieg zur Burg - 3€!

Es zeigte sich wieder einmal ganz deutlich, dass Montenegro das westlichste der Balkanländer ist (ausgenommen die Adriaküste) und der Euro hier schon seit einiger Zeit sein Unwesen in Punkto Preise treibt. Als wir wenig später auf dem Markt einkauften, bestätigte sich diese Einschätzung.

„Na da hat sich das zeitige Aufstehen aber wirklich gelohnt." scherzte Gabi und ergänzte: „Dann können wir jetzt das gesparte Geld verfressen und frühstücken gehen!" „Oh mein Gott!" stöhnte ich: „Mit dir kann ich nie reich werden!" Schatzi sah mich stirnrunzelnd an, erwiderte aber nichts mehr. Oh oh, da bin ich wohl gerade noch am schiefen Haussegen vorbeigeschrammt!

Auf dem Markplatz vorm Haupttor fiel uns ein Hotel auf. "Sieh mal Liebling, in der Bar vor dem Hotel könnten wir sitzen und frühstücken." sagte Gabi und zeigte auf das angesprochene Hotel. "Ja Schatzi könnten wir! Die Frage ist ja, wollen wir das?" scherzte ich, ging aber schon auf einen Tisch zu.

Natürlich wollten wir und so bestellten wir kurze Zeit später zwei Eiskaffees und ein Bruscetta zum teilen. Alles war super lecker, auch wenn der Preis mit 12€ kein Schnäppchen war.

Frisch gestärkt verließen wir wenig später die Altstadt. Kaum waren wir durch das Stadttor gegangen, schauten wir uns um und erspähten den Markt von Kotor.

Nur einige Schritte entfernt drängten sich unzählige Stände dicht an die Stadtmauer. Wie immer gab es alles was wir zum Überleben benötigen: selbstgebrannten Rakia, Obst, Gemüse,

Käse und Wurst. Alles wurde von den Erzeugern selbst präsentiert und verkauft.

Unser Euphorie wurde aber jäh ausgebremst, als wir die Preise sahen. Ein Kilo Kirschen für 8 € entsprach schon deutschem Marktniveau und 6 € für eine ca. 30 cm lange Knacker konnte sich auch sehen lassen. Für 700g Käse haben wir dann noch 17 € bezahlt, damit hatten wir aber auch genug. Bisher haben wir auf den Märkten in Bosnien und Ungarn weniger als die Hälfte bezahlt. Als wir dann noch nach dem Preis für Selbstgebrannten fragten und 10 € für eine 0,75 l Flasche zahlen sollten, hatten wir endgültig genug gesehen, gehört und gekauft. Wir waren uns einig, so schnell wie möglich aus Montenegro zu verschwinden und uns Albanien zu- zuwenden.

Zurück am Parkplatz zahlten wir 8 € für 3 1/2 Stunden parken und verließen Kotor mit sehr gemischten Gefühlen in Richtung Berge!

Zum einen hat uns die Gegend um Kotor ausgesprochen gut gefallen, sie war landschaftlich sehr reizvoll und es gab es viel zu sehen und zu entdecken. Andererseits sollten wir überall und für alles bezahlen und die Preise kamen den deutschen schon sehr nahe. Obwohl das Umfeld, ich meine die Infrastruktur, der Zustand der Straßen und und und einfach nicht passte. Mit anderen Worten: wir fanden das Preis/Leistungsverhältnis nicht angemessen!

Auf unserem weiteren Weg durch Montenegro, unterhielten wir uns noch lange über Kotor und das drumherum. Auch wenn es nicht sehr viele Kilometer waren, bis wir die Grenze erreichen sollten, zog sich die Fahrt doch wie Kaugummi.

Inzwischen hatten wir wieder die 30° Marke erreicht und der Verkehr lief mehr als schleppend. Erst ging es einige Kilometer durch die Berge, später dann wand sich die Straße hoch über dem Meer immer dicht am Bergrücken Kilometer um Kilometer an der Küste entlang.

Die Ausblicke waren atemberaubend, doch sobald wir einen Blick auf die Strände erhaschen konnten, wussten wir, dass wir weiter wollten. Diese waren gesäumt von Liegestühlen und Sonnenschirmen, alles in Reih und Glied aufgestellt, wie wir es sonst nur von der italienischen Küste kannten. Genau wie dort war hier ebenfalls jeder Quadratzentimeter belegt. An Hand der unterschiedlichen Farben war leicht auszumachen, wie viele Vermieter um die Gunst der Badegäste buhlten. Von der Küstenstraße sah das Ganze aus, als läge ein bunter Flickenteppich am Strand.

Sehnsüchtig erwarteten wir den Abzweig in die Berge. Doch es sollte noch einige Zeit vergehen, bevor wir die Grenze nach Albanien erreichten. In den wenigen Küstenstädten, die wir auf dem Weg dorthin noch passieren mussten, schleppte sich der Verkehr teilweise nur im Schritttempo durch.

Gabi drängelte schon einige Zeit, dass wir dringend noch Trinkwasser brauchen und ich solle doch endlich an einem Supermarkt anhalten. Leider waren bisher alle auf der linken Straßenseite. Ich finde es immer sehr umständlich, ein Geschäft oder eine Tankstelle auf der gegenüberliegenden Straßenseite aufzusuchen. Schließlich musste ich dann später wieder links auf die ursprüngliche Route einbiegen und das konnte echt nervig sein. Plötzlich tauchte wieder ein Markt auf und wieder auf der linken Seite, doch wollte ich noch einen halbwegs vernünftigen Tag mit Schatzi verleben, musste ich nun anhalten. Ich setzte den Blinker, ordnete mich links ein und Schatzi meinte: "Na also, geht doch, dass ich alles immer 10 mal sagen muss!" Ich lächelte und parkte vor einem großen Supermarkt.

Eigentlich wollten wir ja nur Wasser kaufen, was wir dann sahen, brachte selbst uns zum staunen. Und wenn wir staunen, dann will das schon etwas heißen!

Die Auswahl an Wein aus Montenegro war sensationell für diese Marktgröße. Es dauerte eine ganze Weile, bis wir uns von diesem Anblick lösen konnten und das mit nur zwei Flaschen Wein in unserem Korb! Keine Angst, Mineralwasser haben wir auch noch gekauft. Als wir alles bezahlt hatten, half uns eine junge Verkäuferin beim einpacken. Dann wollte ich unseren Wagen aus dem Laden zum Auto schieben, doch die junge Frau ließ dies nicht zu. Sie schob den Wagen bis zum Womo und half uns anschließend noch beim verstauen. Ich überlegte kurz, ob ich wirklich schon alt und gebrechlich aussehe oder ob es sich nur um einen normalen Service des Ladens handelte. Ein Blick über den Parkplatz bestätigte mir, dass ich manchmal doch ziemlich alt aussehe. Vielleicht war es auch nur ein Touristenservice oder sie hatte einfach Lust, uns zu helfen.

Nun hatten wir genügend Trinkwasser für die nächsten Tage und es ging weiter an der Küste entlang. Dann endlich, die Sonne stand schon hoch am Himmel, führte die Straße weg von der Küste hinein in's Landesinnere, hinein in die Berge.

Nun wurden die Temperatur auch erträglicher und der Verkehr nahm spürbar ab. An einer Bushaltestelle stoppte ich und wir blickten noch einmal zurück auf die Küste. Von hier oben sah alles sehr schön, friedlich, ja schon beschaulich aus. Wenn wir es nicht vor wenigen Minuten noch anders gesehen hätten, könnte man meinen, einen wenig erschlossenen Abschnitt der montenegrischen Adriaküste vor sich zu haben. Wir atmeten tief durch, sogen die frische Bergluft tief in unsere Lungen, um so die feuchtwarmen Autoabgase der letzten Stunden zu verdrängen. Noch einen Schluck frisches Wasser, ein Küsschen und schon saßen wir wieder in unserer Bergziege, die uns zurück in die Vergangenheit - nach Albanien - bringen würde.

Mit jedem Kilometer, dem wir uns der Grenze näherten, enfernten wir uns mehr von der Eurozivilisation. Schade, dass wir Montenegro nicht besucht haben, als der Euro hier noch kein offizielles Zahlungsmittel war. Die Erfahrung aus den anderen Balkanstaaten hat gezeigt, dass diese Zeit anders ist, irgendwie authentischer, ursprünglicher. Auch an den Menschen geht der Euro nicht spurlos vorüber, dies haben wir immer wieder festgestellt.

"Da vorn ist die Grenze! Du solltest vielleicht etwas langsamer fahren!" riss mich Schatzi aus meinen Gedanken. "Ach, du weißt doch, die Albaner sehen das locker!" entgegnete ich. "Ja, aber wir sind immer noch in Montenegro!" setze Schatzi nach. Ich sagte nichts mehr, sondern bremste ab und rollte ganz entspannt an die Grenze.

Die Grenzer warfen nur einen kurzen Blick auf unsere Pässe, dann ein Lächeln, irgendein Gruß und mit einer Handbewegung wurden wir aufgefordert, weiterzufahren.

Vom letzten Jahr wussten wir, dass es bei den albanischen Grenzern anders läuft. Und so reichten wir, als wir das kleine Grenzhäuschen erreichten, nicht nur unsere Pässe durchs Fenster, sondern auch gleich die Zulassung und die grüne Versicherungskarte. Dann sahen wir zu, wie unsere Einreise und damit auch wir und das Womo registriert wurden. Bei der Ausreise würde dann wieder ein Datenabgleich erfolgen. So wird sichergestellt, dass wir mit unserem Auto wieder das Land verlassen.

Der Beamte reichte alle Dokumente zurück, nickte freundlich und wünschte etwas für uns unverständliches (hoffentlich hieß es 'Gute Fahrt'), dann bedeutete er uns weiterzufahren.

Mit Passieren der Grenze veränderte sich auch die Umgebung. Was blieb, waren die Berge, aber die Straße wurde gleich wieder schlechter, die Häuser am Straßenrand ärmlicher, aber ich durfte wieder schneller fahren. Wir freuten uns auf Albanien, den Shkodra See und die albanische Küste.

Zuerst benötigten wir noch Geld, Wasser für's Womo und einen Kaffee für uns. Deshalb fuhren wir gleich nach Shkodra.

Auf der breiten 4-spurigen Straße, welche ins Zentrum führt, war es wie in fast allen großen Städten Albaniens - schmutzig, laut, chaotisch, aber irgendwie liebenswert. Uns fiel auf, dass entlang der Straße fast ausnahmslos große Häuser standen, deren Zustand durchweg einer Sanierung bedurften.

Einen Markt entdeckten wir auch, allerdings - ohne Moos nichts los - und so mussten wir vorerst weiterfahren. Endlich tauchte auf der linken Straßenseite eine Bank auf und ich fand tatsächlich einen Parkplatz in Fahrtrichtung.

Die Straße zu überqueren glich einen Slalomlauf, allerdings mit sich bewegenden Hindernissen. Ruhig und gelassen bewegten wir uns zwischen Radfahrern und heran preschenden Autos selbstbewußt auf die andere Seite zu. Der Geldautomat war schon fast zum Greifen nah, als uns ein Bus fast noch erwischt hätte. Zum Glück erkannte der Fahrer in uns verängstigte Touristen und drosselte sein Tempo rechtzeitig, so dass wir das rettende Ufer mit einem beherzten Satz erreichten.

Wärmebedingt hatten wir am Geldautomaten einen kleinen Gehirnausfall. Beim Umrechnen von Euro in Lek haben wir eine kleine Null vergessen und so erhielten wir beim ersten Mal zwar 3.000 Lek, allerdings waren diese umgerechnet nur etwas mehr als 20€. Beim zweiten Mal gaben wir dann die richtige Menge, nämlich 30.000 Lek ein und siehe da, nun waren wir für einige Tage und viele Märkte gerüstet.

Als nächstes galt es, ein schönes Cafe, möglichst abseits der Hauptstraße zu finden. Mit Händen, Füßen, englisch und deutsch fragten wir uns durch. Schließlich erklärte und zeigte man uns den Weg zu einer richtigen westlichen Fußgängerzone. Der einzige Unterschied war, dass es außer Handyläden, Bars, Cafes und Restaurants nicht wirklich viel zu sehen gab. Uns genügte das schöne Eckcafe gleich am Anfang der Flaniermeile.

Weil einst viele Albaner nach Italien ausgewandert sind, hat die italienische Kultur heute großen Einfluss auf das moderne, neue Albanien. Am deutlichsten wird das bei den vielen italienischen Restaurants, Pizzerien und Eiscafes. In einem solchen fanden wir uns wieder. Wie so viele hieß unser Eckcafe "Venecia". Die hübschen kleinen Tische, an denen sehr bequem aussehende Korbsessel standen, luden uns regelrecht zum verweilen ein.

So nahmen wir vor dem Café Platz, bestellten uns zwei Eiskaffee und je zwei Kugeln Eis. Alles schmeckte hervorragend und für gerade einmal 700 Lek (5€) waren wir hier mit dem Preis/Leistungsverhältnis wieder mehr als zufrieden.

Eine Stunde später bummelten wir weiter, aber wie bereits erwähnt, gab es nicht viel zu entdecken und wir fragten uns, wo die Einheimischen wohl einkaufen gehen. Auf diese Frage sollten wir erst Tage später eine überraschende Antwort erhalten.

Langsam wurde es warm und stickig, die Sonne brannte und die Luft war schmutzig und erfüllt von Abgasen. Deshalb zog es uns raus aus der Stadt und dem Meer entgegen.

Bevor wir Shkodra wieder verließen, legten wir noch einen Zwischenstopp an dem zuvor entdeckten Markt ein. Wir erstanden einige Oliven, Schafskäse und Olivenöl.

Nun brauchten wir nur noch Wasser, dieses wollten wir an einer Tankstelle am Ortsausgang auffüllen.

An dieser angekommen, suchten wir vergeblich einen Wasserhahn. Enttäuscht umrundete ich die Tankstelle, da erspähte ich einige Meter entfernt auf einem Feldweg einen Mann in Kellnerkleidung. Ich sah, wie er sein Auto mit einem kräftigen Wasserstrahl absprühte. Das war meine Chance! Ich gab Gas und hielt direkt hinter ihm. Noch bevor er richtig wußte, was los war, war ich bei ihm. Ich zeigte auf den Wasserschlauch, dann auf unsere Bergziege, dann wieder zu mir. Und tatsächlich verstand er und fing an das Womo abzusprühen. Verzweifelt winkte ich ab und deutete auf die Öffnung am Womo zum Befüllen des Wassertanks. Erleichtert stellt ich fest, dass er mich verstanden hatte, denn er folgte mir und steckte den Wasserschlauch in die Öffnung. Anschließend ging er kopfschüttelnd und grinsend davon. Natürlich nicht, ohne uns lächelnd noch irgendetwas zu sagen.

Dann stand ich mit dem Wasserschlauch in der Hand da und wartete, bis unser Tank aufgefüllt war. Schatzi schickte ich in die Spur, das andere Ende des Schlauches ausfindig zu machen. Immerhin wollten wir das Wasser gerne wieder abstellen. Schatzi fand das andere Ende, aber für uns war es unerreichbar, denn der Wasserhahn befand sich auf einem verschlossenen Grundstück.

Plötzlich hatte Schatzi eine Erleuchtung und sie sagte: "Der hat doch vorhin immer mit der flachen Hand auf den Boden gezeigt." "Ja und?" entgegnete ich. "Der meinte bestimmt, wir sollen den Schlauch einfach auf den Boden legen."ergänzte Schatzi. "Hä? Das geht doch nicht! Ich kann doch nicht das Wasser einfach so auf den Boden laufen lassen!" sagte ich und überlegte laut weiter: "Auf der anderen Seite könntest du Recht haben. Die Albaner haben es nicht so mit der Umwelt und um sein Auto herum ist auch alles nass." Dann fiel mir auf, dass der Kellner sein Auto offenbar nicht gewaschen, sondern nur mit dem Wasser gekühlt hatte. Mit anderen Worten - er hatte die albanische Klimaanlage eingeschaltet!

Als unser Wassertank bereits überlief, suchten wir verzweifelt eine Möglichkeit, das Wasser einer halbwegs sinnvollen Verwendung zuzuführen und so warf ich den Schlauch kurzerhand über den Grundstückszaun auf die Wiese. So hatte das Gras wenigstens noch etwas von dem sinnlos weiter aus dem Schlauch strömenden Wasser!

Der Wassertank und die Vorräte waren aufgefüllt, nun konnten es weiter gehen - der Küste entgegen.

Die 30 km lange Fahrt über die Landstraße bis Velipoja war so richtig typisch albanisch. Das Womo schaukelte hin und her und ich bemühte mich immer wieder, mittig zu fahren. So umging man die größten Unebenheiten. Außerdem war genug Luft, um plötzlich auftauchenden Radfahrern auszuweichen. Die Erfahrung hatte uns gelehrt, je schlechter die Straße desto schneller mussten wir darüber hinweg fliegen. Dann hatten wir es schneller hinter uns.

Natürlich fehlten auch nicht die obligatorischen Straßenfallen. Stellt es euch einfach so vor: Ihr fahrt auf einer Landstraße, so schön mit 80 bis 90 km/h, seht aus dem Fenster, genießt die karge Vegetation, achtet auf den unbefestigten Randstreifen und auf Radfahrer, die unsicher über die Fahrbahn eiern. Ihr fahrt extra in der Mitte, um auf alle Eventualitäten vorbereitet zu sein. Dann kommt eine leichte Kurve. Ihr erkennt, dass der Fahrbahnbelag sich verändert. Erleichtert stellt ihr fest, dass weiter vorn die Straße offenbar neu geteert wurde. Als ihr euch dem Übergang von altem zum neuen Belag nähert, seht ihr plötzlich, dass dieser irgendwie merkwürdig aussieht. Ah, der neue Belag ist einige Zentimeter höher als der alte! Oh, das sind ja mehr als "einige Zentimeter"! Ihr versucht noch eine Notbremsung, doch es ist zu spät. Die Vorderräder knallen gegen den Absatz, die Räder und ihr werden nach oben geschleudert. Krampfhaft haltet ihr euch am Lenkrad fest, um nicht aus der Fahrerkabine geschleudert zu werden. Schatzi neben euch schreit auf, erhebt sich aus ihrem Sitz. Noch im Flug suchen ihre Hände halt an den Sitzlehnen. Dann setzt das Womo wieder auf und alle fallen zurück auf ihren Sitzplatz. Ihr wollt gerade aufatmen als die Hinterachse den Absatz erreicht. Nun erhebt sich der Inhalt der Besteckschublade 'gen Himmel, prallt krachend an den darüberliegenden Schrankboden und fällt scheppernd zurück. Die Federn quietschen, das Womo ächzt, euch ist schlecht und der Puls hat eine kritische Marke erreicht.

Dann ist alles vorbei, das Womo wippt noch leicht nach und rollt dahin, als wäre nichts gewesen. Nur die Schafe am Straßenrand scheinen immer noch zu grinsen!

Ja, so oder so ähnlich erging es uns schon sehr oft auf unseren Reisen durch diverse "Ostblock" - Länder. Besonders schlimm war es immer in Bulgarien und Albanien. Zum Glück hatten wir nun schon Erfahrung mit den albanischen Straßen.

Auf unserem Weg an die Küste beobachteten wir weiter vor uns einen PKW, der plötzlich stark abbremste, um dann wippend über die Falle zu holpern. Ein anderer fuhr ganz nach links auf den Randstreifen und umging so das Hindernis. Ich tat es ihm gleich und bei dieser Gelegenheit überholte wir gleich noch den, der in die Falle getappt war! Schatzi fand das gar nicht lustig, ich aber war begeistert!

Nachdem wir zwei von diesen "Stunt - Einlagen" hinter uns hatten, erreichten wir den Ortseingang von Velipoja, einen lang gezogenen kleinen Ort direkt an der albanischen Adriaküste.

Gleich zu Beginn wollten wir direkt an's Meer fahren. So richtig typisch deutsch, wollten auch wir unmittelbar und so nah wie möglich am Wasser stehen.

Ich bog rechts ab und stand der nächsten Herausforderung gegenüber. Es sollte bestimmt mal eine Straße werden, aber dafür reichte das Geld nicht mehr. So blieb es bei einem zwar breiten, aber grottenschlechten Bauweg. Das Womo schaukelte und quälte sich über diesen mit Schlaglöchern übersähten ca. 500 m langen Abschnitt. Dann standen wir vor einem Sandweg, von dem uns eine große, fast die gesamte Breite einnehmende Pfütze angrinste. Noch bevor ich reagieren oder etwas sagen konnte, platze Schatzi schon raus: "Nein! Da fahren wir nicht durch! Wir wollten keine solchen Experimente mehr machen!" Enttäuscht sah ich sie an und versuchte, ihr den weiter vorn gelegenen Strand schmackhaft zu machen und argumentierte, dass die Autos da vorn ja auch irgendwie hingekommen sein mussten. Aber es war zwecklos, Schatzi blieb eisern und beharrte darauf, dass wir wieder umkehren. Ihr wisst ja - ich liebe sie! Also ohne (oder nur eine ganz kleine) Widerrede wendete ich und das Womo wankte den Weg zurück. Auf der Hauptstraße abgekommen, fuhren wir nun bis zum Zentrum.

Dort angekommen, schlug ich vor, die Fahrräder vom Womo zu nehmen, den Ort zu erkunden und bei dieser Gelegenheit nach einem passenden Übernachtungsplatz Ausschau zu halten.

Zu unserem großen Erstaunen entpuppte sich das Städtchen als sehr touristisch und mit allem ausgestattet, was das Urlauberherz begehrt. Nicht, dass ihr mich falsch versteht, man muss das "touristisch" und "mit allem, was das Urlauberherz begehrt" schon relativieren. Mit ´touristisch` meinen wir, dass alles auf einheimischen Tourismus ausgelegt war und dieser ist um Einiges unkomplizierter als unser westliches Bild von Urlaubstourismus. Da war zum Beispiel die Strandpromenade: diese lag ca. 1 bis 2 m über dem normalen Straßenniveau und war nur an einigen

Stellen über Treppen oder eine kleine Rampe zu erreichen, ansonsten hieß es klettern. Zum Strand hin sah es ebenso aus - entweder man sprang aus einem Meter Höhe oder man musste zur nächsten Treppe laufen. Ach und falls sich jetzt besorgte Eltern über ein Geländer Gedanken machen, nein das müsst ihr nicht - es gab keins. In Albanien müssen die Eltern noch selbst aufpassen!

Kaum an der Promenade angekommen, legten wir gleich den ersten Stopp ein. Da saß eine Familie und verkaufte frisches Obst. Ohne Tisch oder sonstige Ablage hatten sie einfach einige Kisten mit Pfirsichen, Kirschen, frischen Feigen, Weintrauben und anderen leckeren Früchten auf dem Boden gestapelt. Außerdem war ein kleiner Turm aus Wassermelonen aufgebaut. Wir entschieden uns für ein Kilo Kirschen. Diese sollten 200 Lek (rund 1,40 €) kosten. Nachdem das Kilo abgewogen war, reichte Gabi ihr einen 500 Lek Schein in der Hoffnung, 300 Lek zurück zu bekommen. Doch das war ein Irrtum. Der Mann begann heftig mit seiner Frau zu diskutieren. Fast schien es, als würden sie sich streiten. Dann fing sie an, uns die Feigen anzubieten. Entweder wollten oder konnten sie nicht wechseln und da wir vorher schon die herrlichen frischen Feigen bestaunt hatten, wurden kurzerhand einige eingepackt und uns der Beutel gereicht. Weil uns diese so prall, frisch und saftig in ihrer grün, blauen Farbe anstrahlten, kauften wir für die restlichen 300 Lek 11 etwa mandarinengroße Feigen. Damit war der Familienfrieden wieder hergestellt, und auch wir waren mit dem Einkauf zufrieden.

Da auch hier am Strand nicht mit Wasser gespart wurde, wuschen wir gleich einige der Früchte und aßen sie noch vor Ort. Es war ein Genuss, zumal es in Deutschland nur frische Zuchtfeigen gibt, diese jedoch waren wilde Feigen, was nicht zu übersehen war.

So gestärkt fuhren wir weiter auf der Promenade entlang in Nord/westlicher Richtung. Nach ca. 1,5 km endete die Promenade abrupt an einer steilen 3 m hohen Treppe. Nun konnte ich wieder einmal zeigen, was für ein geiler Typ ich bin. Ich trug Schatzi´s und mein Fahrrad runter auf Strandniveau! Da konnte ich meine nicht vorhandenen Muskeln mal richtig spielen lassen.

Seit wir mit den Rädern im Zentrum gestartet waren, hat sich die Küste immer weiter von unserem Weg entfernt. Nun wollten wir nochmals nach einer Möglichkeit Ausschau halten, mit dem Womo bis an die Küste vorzudringen.

Da wir uns über den weiteren Weg unsicher waren, sprachen wir zwei Männer in einem Auto an. Diese standen vor der Zufahrt zu einem Ferienkomplex und ließen nur berechtigte Fahrzeuge durch. Ich sprach den Beifahrer an. Als dieser jedoch den Mund öffnete, schreckte ich hoch und zog meinen Kopf vom Autofenster zurück. Der gute Mann stank wie eine ganze Schnapsbrennerei, und was er von sich gab, war nicht zu verstehen, was nicht an seinem albanischen englisch lag. Es klang, als wenn er Unterwasser und mit einer Handvoll Steine im Mund reden würde. Der Gesprächsversuch war zwecklos, aber lustig, seine Augen zuckten genauso unkontrolliert wie sein Mund!

Zum Glück stieg der Fahrer gleich aus und bedeute uns, in gut verständlichem Englisch, dem Sandweg zu folgen, dann würden wir den Strand schon erreichen.

Schatzi blickte den Weg entlang und zweifelte immer noch, ließ sich nach gutem Zureden meinerseits doch auf das Abenteuer: „Fahren auf einem aufgeweichter, schlammigen Sandweg" ein.

Ihr hättet sie hören sollen, kaum dass sie sich mit ihrem Rad der ersten Pfütze näherte. "So eine Scheiße! Oh! Ah! Ne! Mann! Ne mach ich nicht! Huch, ich bleib stecken!" und so weiter. Meine gut gemeinten Ratschläge: "Du musst einfach nur treten, Schatzi! Schalte einfach in einen kleinen Gang, dann geht es ganz leicht!" provozierten nur weitere Schimpftiraden.

Schließlich schafften wir es doch, bis auf 100 m an die Küste vorzudringen, dann hinderte uns ein kleiner, vielleicht 3 m breiter Bach am Weiterkommen. Wir hielten an und ich überlegte noch, ob und wie ich dieses Hindernis mit dem Womo meistern könnte, als uns ein Moped entgegen kam. Er brauste mit Schwung heran, fuhr in den Bach, das Wasser spritzte nur so - dann kurz bevor er diesen passiert hatte, blieb er im Wasser stecken.

Sofort wusste ich, dass ich eine Durchquerung nicht vorschlagen brauchte, denn Schatzi sah erst den Mopedfahrer, dann mich an und schüttelte anschließend ganz langsam, aber sehr bestimmt den Kopf. Ich winkte ab und kapitulierte. Wir fuhren durch Sand und Schlamm zurück zur Promenade, ich hievte die Räder wieder hoch, dann ging es ans andere Ende des Ortes.

Kurz hinter dem Zentrum gab es so etwas wie eine kleine Feriensiedlung aus mehreren 5-geschossigen Häusern. Im Erdgeschoss waren wieder einmal zahlreiche Bars, Restaurants und Cafes untergebracht. Das ganze hatte allerdings den Charme der spanischen Mittelmeerküste um 1990. Wir mussten noch ein ganzes Stück fahren, bevor wir einen tollen Platz entdeckten. Hinter einigen einfachen Strandbars am Rand eines kleinen Pinienwaldes, fanden wir eine Wiese, die als Parkplatz genutzt wurde. Keine 100 m vom Strand entfernt, bot der Platz sogar etwas Schatten. Als wir das Grundstück verlassen hatten und nun über die Straße (wobei der Zustand dieses Weges den Namen nicht verdient hat) zum Wohnmobil zurückfahren wollten, sahen wir noch ein Hinweisschild "Parking 100 Lek". Ich dachte mir noch, dass ich 1 € gerne für's parken auf der Wiese ausgeben würde.

Zurück am Womo wurden die Räder wieder verladen, dann holperten wir zu unserem "Parking" Platz.

Im Vorbeifahren stellten wir fest, dass die Feriensiedlung noch einiges an Bauarbeiten vor sich hatte. Von ungefähr 20 Massenbunkern standen noch drei im Rohbau da. Es schien, als wäre da jemandem das Geld schon in der 2. Bauphase ausgegangen. Außerdem waren lediglich die Fußgängerbereiche zwischen den Häusern fertiggestellt (so konnten wir wenigstens schön flanieren). Für ordentliche Straßen oder wenigstens halbwegs befahrbare Wege für die Feriengäste wurde nicht unnötig viel Geld verwendet.

Gleich nach unserer Ankunft stellten wir unseren Tisch und die Stühle raus. Ehe Schatzi richtig wusste, was los war, saß ich schon im Liegestuhl und ließ mich von der Sonne rösten.

Es dauerte gar nicht lange, da kamen zwei junge Männer auf uns zu. "Ah der Parkplatzwächter und sein Geselle!" sagte ich leise zu Schatzi. Diese zog sich erst einmal ein T-Shirt über, die Jungs sollten sich doch auf ihre Arbeit konzentrieren.

Ich tippte, dass der mit der Bauchtasche das Geld verwaltet, und der andere der Redner war. Und ... der Kandidat hatte 100 Punkte. Ohne Bauchtasche reichte uns die Hand und stellte sich mit seinem Namen vor. Er sprach ein annehmbares Englisch und wir konnten ihn gut verstehen. Erst fragte er ein wenig, woher und wohin, freute sich, dass wir Albanien besuchen, bevor er auf den Punkt kam. Er fragte, ob wir hier über Nacht stehen bleiben wollten. Nachdem wir dies bejahten, fragte er Bauchtasche offenbar nach dem Preis für eine Nacht. Beide berieten sich auf albanisch. Dann wurden 5€ pro Nacht vorgeschlagen, wenn wir möchten, selbstverständlich mit Strom und Wasser. Schatzi und ich sahen uns an und besprachen uns kurz auf deutsch. Beide hatten wir keine Lust mehr, weiter zu fahren und einen anderen Platz zu suchen. Also erklärten wir uns einverstanden, obwohl ich schon der Meinung war, dass 5€ etwas viel war. Aber egal, jeden Tag eine gute Tat! Wir zahlten und Bauchtasche steckte breit grinsend den 5€ Schein ein! Damit hatten wir einen tollen Platz mit Meerblick, ruhig, schattig und mit fußläufiger Anbindung an das Ortszentrum.

Nachdem das erledigt war, packte Gabi die Badesachen zusammen und ab ging´s an Meer! Hier machte das Baden Spaß, das Wasser war sauber und sehr erfrischend. Auch wenn es wieder wie in Italien aussah, nur nicht ganz so sauber und akkurat!

Als wir so im Wasser planschten und uns über den Tag unterhielten, wurden wir plötzlich von der Seite auf deutsch angesprochen. Ich, der immer ohne Brille baden geht und somit fast blind unterwegs war, konnte nicht erkennen, wer uns da fragte, wie es uns geht und woher wir kommen. Ich tat einfach so, als würde mich die Sonne blenden und überließ Schatzi das Reden - kann sie eh besser!

Ein Mann Anfang 40 hatte uns angesprochen und es stellte sich heraus, dass er 13 Monate in Deutschland gelebt hatte. Wie er gestand, hatte er Asyl beantrag und fleißig deutsch gelernt, in der Hoffnung bleiben zu können. Er fand es bedauerlich, dass viele seiner Landsleute wieder gehen mussten, obwohl sie doch binnen kürzester Zeit deutsch lernten, um arbeiten zu können. Im Gegensatz dazu hatte er in den deutschen Unterkünften viele andere getroffen, die weder das eine noch das andere wollten, aber auf Grund ihrer Herkunft oder ihrer Geschichten eine Aufenthaltserlaubnis bekamen.

Es schwang Wehmut in seiner Stimme mit, wenn er von seiner Zeit in Deutschland erzählte. Immer wieder betonte er, wie sehr er sich freue, dass wir nach Albanien gekommen sind, um das Land und die Menschen kennenzulernen. Er bestätigte auch, was wir schon im letzten Urlaub gespürt hatten, dass wir Deutschen auf dem gesamten Balkan sehr gern gesehene Gäste sind und wir sollten doch all unseren Freunden erzählen, wie schön und gastfreundlich sein Land ist. Schatzi versprach es, ich habe es hiermit getan.

Aber Achtung! Eine Einschränkung gibt es, bitte erwartet abseits der slowenischen und kroatischen Adriaküste nicht die selben Standards und Infrastruktur wie bei uns in Deutschland, in Spanien oder Italien. Hier ist alles viel einfacher, teilweise schmutziger und die Straßen schlechter, aber dafür authentischer, die Menschen offener, gastfreundlicher, kurz gesagt anders. Und dieses "anders" ist es, was uns hier gefällt!

Langsam bekam ich Schwimmhäute zwischen den Fingern und ich musste aus dem Wasser. So verabschiedeten wir uns und wünschten uns gegenseitig noch alles Gute!

Zurück am Wohnmobil wurde es Zeit für einen kleinen Appetizer. Es gab Kostproben von den vielen Käsesorten, welche wir in den letzten Tagen gekauft hatten und dazu ein kleines Glas Rotwein. So saßen wir im Halbschatten und freuten uns auf den Abend.

Heute durfte ich mal nichts kochen, Schatzi wollte gerne Essen gehen. Diesem Druck beugte ich mich relativ gerne!

So zogen wir später los und bummelten durch die Feriensiedlung in Richtung Ortszentrum. Wieder fiel uns auf, dass es kaum Geschäfte sondern vorwiegend Bars, Cafes und

Restaurants gab. Ich konnte spüren, wie Schatzi verzweifelt nach einer Boutique oder ähnlichem Ausschau hielt. Aber Fehlanzeige, das Einzige, was wir noch entdeckten, waren Souvenirstände, an denen es auch T-Shirts zu kaufen gab. So wurde es für mich ein sehr preiswerter "Stadtbummel"!

Die Auswahl an Restaurants war sehr groß. Wir hatten uns angewöhnt, immer darauf zu achten, wie viele Gäste an den Tischen saßen. Als Faustregel gilt: je mehr Einheimische, desto authentischer und oft auch preiswerter.

An einem Montagabend war dieses Kriterium nicht wirklich hilfreich. Schließlich entschieden wir uns für eine Art Festzelt, aber mit richtigen Tischen und Stühlen. In einer Kühltheke wurden frisches Fleisch und Gemüse präsentiert. Alles sah sehr appetitlich aus und wir konnten uns das Essen so zusammenstellen, wie wir es wollten. Das gefiel uns und wir bestellten irgendwelche gefüllten Hackfleischteile, verschiedene Gemüse und zwei Gläser Wein (je 0,2 l) dazu.

So schlecht der Wein war, so gut schmeckte das Essen! Letzteres war ausgezeichnet - diese mit Käse gefüllten Fleischfladen und das gebratene Gemüse waren absolut frisch und super zubereitet. Der Wein war alt und minderwertig, eben ganz einfach. Beim nächsten Mal würden wir lieber ein Bier dazu bestellen. Zum Abschluss gab es noch zwei Kaffee. Für alles zusammen inclusive Trinkgeld bezahlten wir umgerechnet 13 €!

Anschließend kamen wir noch mit dem Kellner ins Gespräch. In einem Gemisch aus deutsch und englisch erzählte er uns, dass er aus Shkodra kommt und dort mitten im Zentrum wohnt. Wir nutzten diese Info und fragten ihn gleich nach einem "Einkaufszentrum" oder ähnlichem. Es sollte einfach ein Ort sein, an dem ich mit Schatzi shoppen gehen konnte. Erst verstand er uns nicht so richtig, zeigte uns auf der Karte dann aber ein Gebiet, in dem es alles zu kaufen geben sollte, was das Herz begehrt. Von der Socke bis zum Hut, vom Topf bis zum Löffel und von der Zwiebel bis zur Melone gibt es dort wirklich alles, versicherte er uns. Wir ahnten nicht, wie Recht er hatte, aber es war überhaupt nicht das, was wir nach seiner Beschreibung erwartet hätten!

Als wir über die Strandpromenade zurückgingen, begleitete uns ein herrlicher Sonnenuntergang, der den Strand in ein magisches rosarotes, dann später purpurnes Licht tauchte und für eine perfekte Urlaubsstimmung sorgte! Dazu passend, kauften wir uns noch je eine Kugel Eis für je 50 Lek (ca. 0,38 €). Damit schlenderten wir zurück zu unserer Bergziege. Es war schon dunkel, als wir kurz vor 22 Uhr zu Bett gingen und einer ruhigen Nacht entgegen sahen.

Diese hatten wir uns nach 194 anstrengenden Kilometern auch redlich verdient!

Dienstag - Shopping auf albanisch

Was für eine Nacht! Das Rauschen des Meeres hatte uns nicht nur in den Schlaf geführt, es hat uns die ganze Nacht begleitet.

Aber was zum Kuckuck war da draußen los? Schon seit geraumer Zeit hörte ich immer wieder Stimmen und ein fröhliches Kinderlachen. Sollten wir verschlafen haben und die ersten Urlauber strömten schon an den Strand? Und warum nur war es schon so warm im Womo? Hatte ich gestern Abend vergessen, die Heizung auszuschalten?

Dann dämmerte es mir langsam, die Heizung stand schon wieder am Himmel über uns und wärmte das Wohnmobil wieder gut durch. Langsam öffnete ich die Augen und spähte aus dem Fenster. Ach ja, ich hatte keine Brille auf, deshalb war alles so verschwommen.

Ich fingerte das gute Stück vom Board über uns, dabei wurde Schatzi munter und wollte prompt helfen. "Du könntest mir wirklich helfen." antwortete ich ihr. "Aber nicht beim Brille suchen!" fügte ich grinsend hinzu. Schatzi verdrehte die Augen, stöhnte und drehte sich von mir weg. Dann hatte ich meine Brille gefunden. Nun musste ich nur noch das Handy finden und schon würde ich wissen, wie spät es war.

Ungläubig starrte ich auf das Display: "Das darf doch nicht wahr sein!" sagte ich mit Entsetzen in der Stimme. "Warum sind wir schon munter? Es ist gerade halb sieben! Und wieso gehen hier laufend Leute vorbei zum Strand? Haben die kein zu

Hause?" fragte ich mich selbst. Schatzi drehte sich wieder zu mir und erzählte, dass sie schon seit geraumer Zeit nicht mehr schlafen konnte. Das liege bestimmt an die Wärme im Womo. Das Leute schon seit fast einer Stunde zum Strand gehen, hatte sie auch schon bemerkt, konnte es aber nicht richtig glauben. Wir beschlossen, uns anzuziehen und am Strand nachzusehen.

Dort angekommen, trauten wir unseren Augen kaum. Trotz der Weitläufigkeit des Strandes, waren nur in unserer Nähe bestimmt schon 30 bis 40 Menschen dabei, sich für einen Badetag vorzubereiten.

Gabi und mir stand der Sinn noch nicht nach baden, zumal wir los wollten, das Shoppingcenter in Shkodra lockte.

Schon wenig später umfuhr ich geschickt den Absatz und diverse größere Schlaglöcher auf der Landstraße. Schließlich kannte ich mich aus. Allerdings noch nicht gut genug, denn 3 großen Straßenschäden konnte ich nicht entkommen und rumpelte voll durch.

In Shkodra angekommen, parkten wir das Womo abseits der empfohlenen Einkaufszone, nahmen die Fahrräder ab und schlossen uns den dutzenden Radfahrern der Stadt an. So chaotisch der Verkehr auf Albaniens Straßen auch sein mag, auf Radfahrer wird sehr viel Rücksicht genommen. Und so konnten wir recht entspannt der Shopping - Mall entgegen fahren.

Irgendwann bogen wir links von der Hauptstraße ab, kämpften uns zwischen parkenden und Slalom fahrenden Autos hindurch bis zu einer Art großem Kreisverkehr. Dieser war, sowohl in der

Mitte als auch außen, gesäumt von dutzenden Obst- und Gemüseständen. Sofort stoppten wir, suchten eine Möglichkeit, unsere Räder anschließen, um dann in das Einkaufszentrum zu gehen.

Gegenüber eines Käsestandes entdeckten wir einen Lichtmast. Da konnten wir unsere Räder getrost anschließen. Kaum hatten wir die Räder über die ca. 40 cm hohe Bordsteinkante gewuchtet, als uns der Verkäufer vom Stand bedeutete, die Räder nicht anzuschließen. In Zeichensprache gab er uns zu verstehen, dass er auf die Räder aufpassen würde. Unser deutsches Misstrauen ließ uns so tun, als würden wir ihn nicht verstehen und wir schlossen die Räder zusammen an den Mast.

Kaum hatten wir dies erledigt, als Gabi mich nachdrücklich auf ihren Hunger hinwies und darauf bestand, dass wir erst frühstücken, bevor wir weiter gehen.

So machten wir uns daran, eine Bar oder ähnliches zu finden, in der es etwas zu essen gab. Aus diversen Urlauben hatte ich noch in Erinnerung, dass dies nicht so einfach werden würde. In den wenigsten Ländern gibt es eine derart ausgeprägte Frühstückskultur wie im deutschsprachigen Raum, erst Recht nicht hier auf dem Balkan.

Schatzi schaute in diverse Bars und suchte überall etwas zu essen, aber vergebens. Fast alle Gäste hatten lediglich etwas zu trinken vor sich stehen.

Nachdem sich ihre Laune zusehends verschlechterte, schlug ich vor, dass wir uns bei einem Bäcker Brötchen sowie an einem der vielen Markstände Käse oder Wurst holen, uns dann eine hübsche Bar suchen, etwas zu trinken bestellen und dann frühstücken können. Gabi war begeistert, nur das mit der hübschen Bar wurde nichts. Alle waren mehr oder weniger einfach, gut besucht, schmutzig, hatten den Charme eine Bahnhofstoilette und waren trotzdem skurril liebenswert.

Schließlich fanden wir einen Bäcker und direkt daneben eine Bar, von der aus wir das Treiben im Kreisverkehr gut beobachten konnten.

Schatzi bestellte einen Kaffee für mich und eine heiße Schokolade für sich, dann zog sie los um Käse zu kaufen.

Derweilen saß ich vor der Bar am Tisch und hütete unsere Habseligkeiten. Dann kam ein Fahrrad mit Grillaufbau in mein Blickfeld. Das werden doch nicht etwa Cevapcici sein, die kleinen braunen Dinger auf dem Rost, dachte ich noch, als mir der Duft dieser Balkan - Spezialität bereits in die Nase stieg.

Die muss ich haben, schoss es mir durch den Kopf, aber wie sollte ich das anstellen? Schatzi befand sich im Marktgetümmel und ich musste doch den Tisch besetzen und auf unsere Sachen aufpassen. Ich wägte alle Möglichkeiten ab, dann entschied ich mich für volles Risiko oder anders gesagt für volles Vertrauen.

Am Tisch neben mir saßen vier Männer, dem Anschein nach zwei Redner und zwei Straßenarbeiter. Beamte waren es auf jeden Fall nicht! Ich stand auf und sah die vier an, freundlich lächelten sie zurück. Mit zwei Fingern zeigte ich auf meine Augen, anschließend auf unsere Kamera und Schatzi´s Tasche. Als hätten sie geahnt, was ich vorhabe, nickten einer sofort und bedeute mir, dass ich ruhig gehen kann.

Dankend nickte ich ihnen zu und rannte dem Grillfahrrad hinterher. Als ich dieses erreichte, bereitete er gerade ein Brötchen mit 4 Cevapcici zu. Ich stellte mich daneben und versuchte, unseren Tisch an der Bar zu sehen. Leider vergebens, eine Hauswand war dazwischen. Endlich war ich an der Reihe und bedeutete dem Verkäufer, dass ich gern 6 Stück ohne Brot hätte. Er nickte und fing in aller Seelenruhe an, frische Cevab´s zu grillen. Ich gebe gerne zu, dass ich langsam unruhig wurde, aber mein Vertrauen zu den Albanern war (fast) grenzenlos!

Endlich waren die Dinger fertig und wurden in Alufolie verpackt. Dazu gab es eine Gewürzmischung, die lose in eine Serviette gestreut und dann zusammengerollt wurde. Ich zahlte umgerechnet ca. 1,20 €, nahm das Paket und ging zügig zur Bar zurück.

Als ich unseren Tisch wieder sehen konnte, lag alles noch so da, wie ich es verlassen hatte. Fragend sahen mich die Männer an, daraufhin zeigte ich ihnen meine Errungenschaft. Ein breites Grinsen kam über alle vier Gesichter und sie reckten mir den erhobenen Daumen entgegen. Dann fragten sie noch, woher wir kommen und als sie hörten, dass wir aus Deutschland kamen, redeten sie aufgeregt durcheinander und ihre erhobenen Daumen wanderten mir vielfach erneut entgegen!

In diesem Augenblick kam Gabi zurück und wir konnten endlich Frühstücken.

Mein Kaffee entpuppte sich eher als Milchkaffee. Wie man Schatzi´s heiße Trinkschokolade hingegen nennen sollte ...? Das, was da in der Tasse war, sah nach Schokolade aus, aber trinken konnte sie den Brei noch nicht. Sie musste noch mal los und auf dem Markt eine Flasche Milch kaufen. Geschmacklich war die Substanz erstklassig, hatte aber die Konsistenz von flüssigem Beton. Der Löffel stand in der Tasse und dies im wahrsten Sinne des Wortes. Das Ganze hatte sehr viel Ähnlichkeit mit der spanischen Schokolade, die zu den frittierten Churros gereicht wird - lecker, sehr dickflüssig und mächtig schwer!

Alles in allem hatten wir einen tollen Platz mit großem Unterhaltungswert und ein rustikales, aber sehr schmackhaftes Frückstücksbuffet.

Gestärkt konnten wir anschließend unsere Erkundungstour fortsetzen. Die Sache mit der Shopping - Mall oder einem Einkaufszentrum hatten wir schon fast aufgegeben. In der Umgebung unserer Bar deutete nichts, aber auch wirklich gar nichts auf eine entsprechende Möglichkeit hin.

So lernten wir in den nächsten Stunden eine ganz andere Art von Einkaufsbummel kennen - eben "Shopping auf albanisch"!

Im weiteren Umfeld des Kreisverkehrs gab es hunderte von unterschiedlichen Verkaufsständen. Zum Teil boten die Leute ihre Waren auch einfach so an. Dann wurde eine Decke auf den Fußweg gelegt und die Waren darauf ausgebreitet.

So richtige Geschäfte, wie wir sie kennen, bei denen man durch die Eingangstür in den Laden geht, sich umsehen, etwas aussuchen und dann zur Kasse gehen kann, gab es kaum. Maximal konnten man vor dem Laden stehen, sich umsehen, nach dem Preis fragen - kaufen oder wieder gehen! Kassenbon, Umtausch oder Garantie sind absolute Fremdworte und trotzdem hatten wir immer Spaß. Die Menschen waren immer sehr offen, freundlich und niemals aufdringlich!

Wir staunten über das, was es alles gab und die Albaner staunten über uns, und dass wir staunten! Mit diesem Gefühl schlenderten wir an den Ständen entlang, als wir plötzlich zwischen zwei Obstständen einen Durchgang entdeckten und die dahinter liegende Welt betraten.

Ich glaube, so könnte man es richtig umschreiben, es war wirklich eine andere Welt. Eben noch spürten wir den Verkehr im Nacken, hörten unzählige Stimmen durcheinander, unsere Augen wanderten zwischen Schafskäse, Honig, Rakia, Kartoffeln, Melonen, Zwiebeln, Lampen, Schlössern, Handys und und und hin und her.

Dann gingen wir den Durchgang entlang und fanden uns in der Unterwäscheabteilung, eines mit großen Planen und Stoffen überdachten Marktes, wieder. Zuerst fielen mir dutzende von BH´s auf, die wie Zeichen der Macht groß und mächtig auf einer Leine hingen. Die Damenslips auf dem Tisch unter der Leine hatten mehr Ähnlichkeit mit Einkaufstaschen als mit feiner Unterwäsche. Die Frauen, welche hier einkauften, mussten von Gott oder dem deftigen Essen sehr gut bestückt worden sein!

Nachdem ich mich vom ersten Schock erholt und Schatzi mich entsetzt weiter gezogen hatte, sahen wir uns erst einmal um. Das Sonnenlicht, welches durch die Überdachung aus verschiedensten Materialien fiel, erzeugte ein merkwürdiges Licht. Es schimmerte bunt und trostlos, klar und trüb, hell und dunkel und alles gleichzeitig. Auch die Geräusche wirkten ähnlich verstörend: an einem Stand hörten wir laut krächzende orientalische Musik und nur wenige Meter weiter klang die Musik eher gedämpft und wie aus weiter Ferne. Dann wiederum hatten wir das Gefühl, die Musik würde laufend wechseln, was wahrscheinlich auch der Fall war.

Das „Umsehen" dauerte nicht lange, dann bemerkten wir, dass wir uns immer noch inmitten von Damenunterwäsche befanden. Schnell gingen wir weiter, tiefer hinein in einen wahren Dschungel aus Ständen voller Kleidung. Das also meinte unser Kellner mit „Einkaufszentrum - nur anders"!

Endlich hatten wir die Damenwäsche hinter uns gelassen und befanden uns in der Jeans Abteilung, wiederum dutzende Stände mit Jeans aller Couleur!

Etwa alle drei bis vier Stände trafen wir auf einen Quergang und an jeder „Kreuzung" änderte sich das Angebot. Mal waren es Herrenhemden, mal Schuhe, dann wieder Kleider oder auch Bettwäsche. Irgendwann gelangten wir sogar zur Haushaltswarenabteilung, wo es nur so von Töpfen, Pfannen, Löffeln und allem, was die albanische Frau in der Küche brauchen kann, wimmelte.

Ich habe keine Ahnung, wie groß der Markt war, aber gefühlt riesig und wir entdeckten immer wieder Neues. Doch mit der Zeit wurde es sehr stickig unter den Planen und wir konnten es uns nicht vorstellen, den ganzen Tag hier zu verbringen oder gar zu arbeiten.

Einen Ausgang zu finden, war schwieriger als gedacht, aber schließlich fanden wir einen Durchgang zur Straße.

Kaum hatten wir diese betreten, als Gabi zwei Schritte zurückspringen musste. Von links preschte ein Pferdekarren heran und hätte sie um ein Haar erwischt. Aber es war kein gewöhnlicher Karren. Es handelte sich um einen kleinen

zweirädrigen Pritschenwagen, ungefähr 2 m lang und 1,50 m breit, vor den ein Schimmel gespannt war. Auf dem Wagen stand breitbeinig und braungebraut ein muskelbepackter blonder junger Mann im Muskelshirt. Er hielt die Zügel fest in der Hand und steuerte den Wagen in halsbrecherischem Tempo durch die engen Straßen.

Als der Wagen an uns vorbei brauste, sah Gabi diesem gebannt hinterher. Ich hatte nicht so viel Zeit, sondern riss die Kamera hoch und konnte wenigsten noch 1 Bild von diesem kuriosen Verkehrsmittel schießen.

Nach diesem Zwischenfall konnten wir endlich loslegen, ich meine damit einkaufen. Auf solchen Märkten hatte ich immer das Gefühl, wir brauchen nichts, aber am Ende hängen 3 gefüllte Plastiktüten an jedem Arm. So auch diesmal: wir kauften Käse, Raki, diverses Obst und Gemüse. Dann entdeckten wir eine Frau, die Zucchiniblüten anbot. Abgepackt hatte sie ca. 20 Stück vor sich, diese sollten 50 Lek (0,37 €) kosten. Einige waren nicht mehr taufrisch, aber für den Preis kauften wir alle.

Ein paar Stände weiter gab es frische Brombeeren, und auch diese wieder für einen super Preis, und so kauften wir auch davon 2 kg für 5 €! Ihr fragt euch jetzt, wozu ich so viele Brombeeren benötigte? Die Frage ist berechtigt, aber wir konnten doch den ganze Raki nicht pur trinken. Die Früchte, der Zucker und der Selbstgebrannte würden einen herrlichen Brombeerschnaps ergeben.

Ein Stück weiter wurden wir wieder einmal angesprochen. ein junger Mann mit einem Rad voller Hühner wollte wissen, woher wir kamen. Als wir ihm sagten, dass wir aus Deutschland kommen, wollte er noch wissen, aus welcher Stadt genau.

Wir kommen aus Hamburg, antworteten wir ihm. In relativ gutem deutsch erzählter er uns nun, dass er 9 Monate „Asyl in Deutschland" hatte, aber leider wieder zurück musste. Auch er hatte die Zeit genutzt, um fleißig deutsch zu lernen, damit er schnell eine Arbeit findet. Er durfte nicht arbeiten, sondern musste dann wieder zurück nach Albanien. Weiter berichtete er, dass er diese Zeit in Paderborn verbracht hatte und dies sei die schönste Stadt, welche er je kennengelernt hatte. Von Hamburg hatte er auch schon viel gehört, aber …! Mit Wehmut in der Stimme schwärmte er von seiner Stadt Paderborn. Als wir ihn fragten, wo es ihm zum Leben besser gefiel, sah er uns an, zeigte dann mit einer Handbewegung über den Markt und sagte: „Seht euch um! Willst du hier leben?" In diesem Moment wurde uns deutlich, wie gut es uns geht! Viele die meinen, ihnen würde es in Deutschland schlecht gehen oder sie könnten sich nichts leisten, sollten sich die Handbewegung und die Worte des jungen Albaners vor Augen halten, dann sieht Deutschland und das Leben hier schon viel besser aus!

Und dann kam das, worum wir ihn beneiden sollten: er lächelte, band seine toten Hühner an den Lenker seines Rades, grinste uns freundlich zu und verabschiedete sich lachend von uns.

Schatzi und ich sahen uns einen Moment an, dann lächelten auch wir, winkten ihm hinterher und wünschten ihm alles Gute für sich und sein Land!

Etwas nachdenklich schlenderten wir weiter an den Marktständen entlang. An einigen sahen wir 1,5 l Wasserflaschen, die eine gelbe Substanz enthielten. Auch bei näherer Betrachtung konnten wir nicht erkennen, was sie beinhalteten. Mit Alkohol hatte es offenbar nichts zu tun, dafür war der Inhalt zu dickflüssig. Als wir uns, an einem Stand stehend, wieder über die Flaschen beugten und rätselten, was es nun sei, nahm die Marktfrau kurzerhand die Flasche, öffnete diese und hielt sie Gabi unter die Nase. Diese runzelte noch immer die Stirn. Erst als Gabi einen Löffel bekam und eine Kostprobe des Inhalts zu sich genommen hatte, wußte sie was es war. „Das ist feinstes Butterschmalz!" sagte sie verwundert. „Wieviel?" fragte ich. „Keine Ahnung was es kostet!" antwortete Schatzi. „Nein, ich meine wieviel wir mitnehmen wollen?" entgegnete ich. Eine Weile überlegten wir noch. Gabi war dafür, nur eine Flasche mitzunehmen, da nicht mehr in den Kühlschrank passt. Ich hingegen war für mindestens zwei Flaschen, eine könnten wir doch einfrieren, argumentierte ich. Obwohl Schatzi Bedenken äußerte, wir wollten noch so viel einfrieren, kauften wir 1 große und 4 kleine Flaschen! Ich war begeistert!

Nun wurden die Arme langsam schwer von den vielen Einkäufen und wir gingen zu unserer Rädern zurück. Dort wurden wir von den Männern am Käsestand schon erwartet. Auch diese fragten uns nun, woher wir kamen und waren total begeistert, dass Deutsche hier nach Shkodra gekommen sind und auf ihrem Markt einkauften. Und als wir dann noch eine zweite Flasche Raki bei den Männern kauften und ich ihnen zu verstehen gab, dass Schatzi diesen auch trinkt, war die Begeisterung groß!

Zu guter Letzt wurde Gabi noch auf ein Foto in den Käsestand eingeladen und alle hatten sichtlich Freude daran.

Danach wurde es Zeit, aus der Stadt zu verschwinden. Wir wollten wieder zurück an´s Meer, zurück zu unserem Platz und endlich wieder im Meer baden.

Auf der Rückfahrt hielten wir noch kurz bei einem Melonenhändler und kauften 2 halbe Stücke. Zurück an unserem Platz, stellten wir fest, dass dieser noch frei war. Diesmal hatte ich mir aber vorgenommen, mit Freund Bauchtasche über den Preis für eine Übernachtung zu reden. Dieser ließ sich vorerst aber nicht blicken.

Zuerst gingen wir baden und die Erfrischung tat echt Not und so gut! Auch konnte ich diesmal in Ruhe schwimmen, niemand quatschte uns an. Fast war es zu schön um wahr zu sein!

Danach machte ich mich an unserem Platz daran, die Brombeeren, den Zucker und den Raki zu verarbeiten. Zum Glück hatten wir in Deutschland vorgesorgt und uns zwei Kästen mit jeweils 6 leeren Landliebe Milchflaschen mit-genommen. So standen kurze Zeit später drei solche Flaschen mit dem Beeren-, Zucker-, Raki- Mix in der Sonne und harrten ihrer Reifung!

Nach getaner Arbeit freuten wir uns auf einen schönen kalten Eiskaffee mit Vanilleeis. Den Kaffee hatten wir schon vorbereitet, nun mussten wir nur noch sehen, wo wir gutes Vanilleeis herbekommen würden. Schatzi erinnerte sich, in der Feriensiedlung einige italienische Eiscafés gesehen zu haben.

„Komm Schatzi, jetzt machen wir auf dekadent!" sagte ich zu Gabi. „Wir füllen den kalten Kaffee in unsere großen Becher und nehmen die smarten Strohhalme mit der Deutschlandflagge dran mit. Schließlich können wir jetzt zur Fußball EM getrost Flagge zeigen. Dann gehen wir in die Feriensiedlung und holen uns in einem der zahlreichen Cafés je zwei Kugeln Vanilleeis! Was sagst du?" „Ich zieh mich schon um!" kam die prompte Antwort aus dem Womo.

Fünf Minuten später stand sie dann im Bikini und einem leichten Strandkleid darüber vor mir. „Und dafür hast du nun 5 Minuten gebraucht?" wollte ich fragen, aber ich sah sie nur verliebt an und sagte laut: „Perfekt siehst du aus! Können wir los?" Schatzi nickte, nahm unsere beiden Becher, ich die Deutschlandhalme und los ging's.

In der Siedlung angekommen, entschieden wir uns für ein Café mit Strandblick. Der Mann hinter der Eistheke staunte nicht schlecht, als wir ihm unsere Kaffeebecher reichten und ihm bedeuteten, die Eiskugeln darin zu versenken. Ungläubig sah er uns an, lächelte aber freundlich und tat wie ihm geheißen.

Als ich die Becher zurück bekam, zahlte Gabi, ich entrollte unsere Fahnen, steckte diese in die Becher und betrachtete stolz mein Werk. Beim Anblick der Fahnen hellte sich auch das Gesicht des Eisverkäufers sichtlich auf. Anerkennend nickte er uns zu, grinste und fragte: „Allemal?" Wir hoben nur den Daumen und nickten freundlich zurück. Dann bedeutete er uns noch, dass wir gerne an seinen Tischen Platz nehmen können. Dies taten wir auch und schlürften einen vorzüglichen Eiskaffe nicht weit von der Promenade entfernt mit Blick auf den Strand.

Unsere Becher waren leer, die Fahnen hatten wir unauffällig an einen Papierkorb gesteckt (dort flatterte nun Deutschland fröhlich im Wind und wir waren uns sicher, es würde nicht lange dauern, dann konnte man sie an einem der vielen Souvenirstände kaufen) und wir spazierten am Strand entlang zurück.

Der Kaffee und das Eis mussten noch etwas verdaut werden, deshalb bogen wir noch nicht zu unserem Platz ab, sondern folgten weiter dem Küstenweg. Nach etwa 300 m trauten wir unseren Augen kaum. Unter Pinien hinter einer Strandbar und nur wenige Meter vom Wasser entfernt präsentierte sich uns ein Übernachtungsplatz!

Schatzi und ich sahen uns an - ein Blick, ein Gedanke, hierhin wollten wir. Sofort gingen wir zum Womo zurück und wie sich zeigte, keine Minute zu spät.

Ich war gerade dabei, Tisch und Stühle zu beräumen, als sich vom Strand her unser Freund Bauchtasche näherte. Aus den Augenwinkeln heraus konnte ich sehen, wie er verunsichert stehenblieb und uns beim Einräumen beobachtete. Ich spürte seine Enttäuschung, als wir das Womo starteten und vom Platz rollten. Er sah 5 € von dannen fahren. Wir dagegen zogen zu einem neuen tollen Platz direkt an´s Meer!

Auf der kurzen Fahrt dorthin kamen wir direkt an einem Grillstand vorbei und somit war unser Abendbrot gesichert. Ich war begeistert, heute würde es Cevapcici und einen frischen gemischten Salat, bereitet aus dem Gemüse vom Markt, geben.

An der Grillbude bogen wir links auf einen Sandweg ein und steuerten auf eine mehr als schmale Durchfahrt zu. Zwischen einem Zaun und dem gegenüberstehenden Baum waren gerade einmal 2,50 m Platz. Das Momo war mit 2.30 m kaum schmaler. Ich hoffte, dass der Weg nicht zu uneben ist und das Auto beim Durchfahren nicht schaukeln würde.

Schatzi atmete natürlich gleich wieder schwer, hielt sich fest und meinte, dass wir da niemals durch passen. „Wie wäre es, wenn du aussteigst und die Sache von vorne beobachtetest oder besser noch, du filmst die ganze Aktion!" sagte ich zu ihr. „Na gut, wenn du meinst." antwortete Gabi, blies ihre Wangen auf und stieg mit einem Seufzer und der Kamera aus.

Wie ihr selber sehen könnt, hatte ich noch reichlich Platz - nach oben! Nachdem wir dieses Nadelöhr gemeistert hatten, rangierte ich unsere Bergziege unter die Pinien, wo es etwas im Schatten stand und die Temperaturen erträglich machte.

Inzwischen wurde es auch Zeit etwas zu essen. Gabi bot sich an, zum Grillstand zu gehen und 10 Cevapcici zu holen. Ich bereitete derweilen den Salat zu, und als Gabi einige Zeit später zurückkam, holte ich noch eine Flasche Wein aus dem Kühlschrank und wir konnten essen.

Wie nicht anders zu erwarten, erzählte mir Schatzi die halbe Lebensgeschichte des Grillmeisters. Sie hatte sich, wie auch immer, während die Cevabs auf dem Grill lagen, mit Händen und Füßen und ein wenig deutsch, mit ihm unterhalten. Als sie mir erzählte, dass auch er für 15 Monate in Deutschland „Asyl" hatte, blieb mir fast die Sprache weg. Denn auch er bedauerte sehr, dass er nicht bleiben und arbeiten durfte.

Wir haben uns noch lange über dieses Thema unterhalten, zumal wir letztes Jahr keinen einzigen Albaner getroffen hatten, der in Deutschland für einige Monate Asyl hatte. Nach dem Essen hatten wir Beide noch Lust auf einen Kaffee, doch diesmal hatten wir kein Glück - mit der Qualität!

Zuerst gingen wir in die Strandbar direkt vor uns, bestellten zwei Cappuccino und bekamen zwei „angerührte Krüger-Pulver" Getränke, die mit dem italienischen Nationalgetränk nichts gemein hatten. Wir tranken trotzdem tapfer aus, bezahlten einen (gefühlt) überhöhten Preis und zogen weiter. In der nächste Strandbar fragten wir auf englisch nach einem guten Kaffee. Der Kellner fragte extra noch, ob wir Kaffee oder Cappuccino wollten und wir Deppen bestellten wieder den Italiener. Prompt bekamen wir wieder das deutsche Pulver!

Am Womo angekommen tranken wir noch einen Raki mit Honig, danach ging es uns und unserem Magen um einiges besser.

Mittwoch - Albanische Straßenerfahrung

Die Albaner sind echte Frühaufsteher und um Längen schlimmer als wir. Schon gegen 6 Uhr kamen die ersten Autos mit Strandbesuchern. Noch eine Stunde schafften wir es, im Bett zu bleiben, dann wurde es zu warm.

Als wir uns frisch gemacht hatten und zu einem kleinen Strandspaziergang aufbrachen, grüßte uns der Inhaber der benachbarten Strandbar verdächtig freundlich. Offenbar hatte er gestern mit unseren zwei „Krüger-Getränken" seinen Tagesumsatz gerettet. Heute aber würde er sich neue Opfer suchen müssen.

Wir wollten gleich starten, erst noch einmal nach Shkodra auf den Markt gehen und dann sollte das Tagesziel ein Naturpark in den albanischen Bergen unmittelbar an der Grenze zu Montenegro sein.

So schön es ist, am Meer zu übernachten, so feucht - warm ist es schon am frühen Morgen. Zurück am Womo merkten wir, dass unsere Sachen und die Bettwäsche sich klamm anfühlten und wir freuten uns auf die (hoffentlich) trockene Luft in den Bergen.

Da unser Wasservorrat in den letzten Tagen stark zur Neige gegangen war, hatte Gabi vorgeschlagen, am Grillstand anzuhalten und nach Wasser zu fragen.

Nachdem wir uns durch das Nadelöhr zwischen Strand und Straße gezwängt hatten, sahen wir schon von weitem, dass der Grillmann bereits da war und alles für den Tag vorbereitete.

Als er Gabi aus dem Womo aussteigen sah, kam er sofort auf uns zu und begrüßte uns überschwänglich. Die Herzlichkeit der Albaner überrascht mich immer wieder.

Wie nicht anders zu erwarten, konnten wir bei ihm Wasser auffüllen. Zu unserem Erstaunen kramte er einen Wasserschlauch hervor, aus dem das kostbare Nass bereits lustig sprudelte. Ein Wasser- oder Absperrhahn war hier offenkundig völlig unbekannt.

Ich kämpfte noch mit dem Schlauch, diesen musste ich auf die andere Seite des Womos zerren, da hörte ich schon wieder, wie sich Schatzi mit dem guten Mann unterhielt und lachte. Als sie um das Womo herum zu mir kam, dachte ich schon, sie wollte mir helfen. Aber weit gefehlt, sie fragte mich lediglich: „Möchtest du einen Kaffee? Er lädt uns auf selbigen ein." Ich überlegte kurz, denn immerhin war es noch sehr früh am Tag und eigentlich gibt es erst ab 10 Uhr Kaffee. Heute würde ich eine Ausnahme machen. Auch auf die Gefahr hin, dass mich das schwarze Gebräu danach zerreißt, stimmte ich einem Becher Kaffee zu. Schatzi lehnte natürlich ab. Sie hätte es aus den Latschen gerissen und ihr Blutdruck wär durch die Decke gegangen, wenn sie um diese Tageszeit einen Kaffee getrunken hätte.

Mit dem Wort Gebräu hatte ich nicht ganz Unrecht. Das was ich dann vorgesetzt bekam, erinnerte mich an meine Zeit als Kellner auf dem Schiff, als ich beim Kaffeeverkauf immer rief: "Kaffee, Kaffee! Stark wie Herkules, schwarz wie meine Füße!" und glaubt mir - genau so war er!

Während ich das edle Getränk versuchte, zu mir zu nehmen und das Wasser in den Tank lief, erzählte der Grillmann von seiner Zeit in Deutschland. Und auch seine Schilderungen deckten sich mit denen der anderen, nur sprach er nicht ganz so gut Deutsch. Auf Grund seines doch etwas fortgeschrittenen Alters fiel ihm das Lernen offensichtlich um einiges schwerer, als den jungen Leuten. Dessen ungeachtet schwärmte auch er mir gegenüber nochmals von Deutschland und betonte wieder, dass er gerne zum Arbeiten dort geblieben wäre. Aber nun ist er wieder hier und macht das Beste daraus.

Wie er weiter erzählte, konnten seine Frau und er ganz gut von dem kleinen Grillstand leben und er ist uns Deutschen immer noch dankbar, denn mit dem Geld aus seinem Aufenthalt, konnte er sich all das hier leisten.

Gut, wenn man „Das alles hier" genau betrachtete, war es ein Bretterverschlag mit einem Dach aus einer alten LKW - Plane und zwei große, selbstgebaute Holzkohlegrills. Für uns war es nichts, aber für ihn bedeutete es ein bescheidenes, sicheres Auskommen. Das nenn´ ich mal Hilfe zur Selbsthilfe!

Nachdem alles aufgefüllt und ausgetrunken war, verabschiedeten wir uns auf´s Herzlichste, wünschten ihm weiterhin alles Gute und viele Gäste an seinem Grillstand!

Auf dem Navi hatte ich eine kleine Straße entdeckt, die an einem Wald entlang aus dem Ort heraus führte. So wendete ich das Womo und holperte weiter in Richtung des kleinen Wäldchens. Tatsächlich fanden wir die …, nein Straße konnte ich dazu nicht sagen. Es war ein Feldweg, der auf einem Deich entlangführte. Rechts erstreckte sich der Wald, links befand sich so etwas wie ein Flutrinne, allerdings voller Dreck und Müll. Wasser war kaum zu sehen, dafür konnten wir es riechen.

Naja schön war es nicht, aber immerhin lag ein neuer abenteuerlicher Weg vor uns! Leider oder zum Glück endete dieser für uns nach nur einem Kilometer.

Die Fahrspuren auf dem Deich wurden immer schmaler, so dass die Räder des Womo's kaum noch auf der Deichkrone Halt fanden, außerdem klaffte in der linken "Spur" ein riesiges Loch. Ich war mir nicht sicher, ob diese Stelle das Gewicht von 3,5 t aushalten oder wir abrutschen würden. Deshalb musste ich zurück. Doch wenden war unmöglich, auf dem Deich war kaum Platz zum Fahren, geschweige denn zum Wenden. Also musste ich über einen Kilometer im Rückwärtsgang auf der Deichkrone zurück fahren.

Schließlich schafften wir es ohne weitere Probleme und fuhren unsere Holperstraße wieder zurück - am Grillstand vorbei, durch die Feriensiedlung bis ins Zentrum von Volipoja, dann auf die Landstraße nach Shkodra.

Dort angekommen, parkten wir das Womo am Rand des großen Marktes und gingen noch einmal frühstücken und einkaufen. Heute fanden wir uns schon ganz gut zurecht auf dem Markt und gingen zielsicher zu den gesuchten Ständen.

Wir deckten uns nochmals mit allem Nötigen ein - Obst, Gemüse, nein heute gab es keinen Raki, dafür aber Käse und

Brot. Schließlich wussten wir nicht, wo wir heute Abend übernachten würden und so handelten wir getreu dem Motto: Bessere man hat, als man hätte!

"He Aleman!" rief plötzlich jemand. Wir drehten uns um und sahen die Männer am Käsestand, die sich gestern mit Gabi ablichten ließen. Fröhlich, wort- und gestenreich begrüßten sie uns schon von weitem. Irgend etwas wollten sie uns noch erzählen, wir aber verstanden kein Wort.

Als wir weitergingen, sahen wir immer wieder Menschen, die uns erst erstaunt, dann freundlich lächelnd zunickten oder versuchten uns ansprechen. Offenbar erkannten uns viele von unserem Marktbesuch vom Vortag und freuten sich sichtlich, uns wiederzusehen.

Die Zahl deutscher Touristen, die auf diesem Straßenmarkt in Shkodra einkauften, hielt sich sehr in Grenzen. Somit fielen wir in der Masse Einheimischer schon auf.

So erkannte uns auch der fahrende Cevapcici-Griller, der heute mit seinem Sohn unterwegs war und uns schon von weitem zulächelte.

Als ich die Beiden wahrnahm, konnte ich nicht anders, als zu ihnen zu gehen und sie zu fragen, ob ich sie fotografieren dürfte. Vater und Sohn waren sichtlich stolz, dass ich mich für sie interessierte und zeigten dies auch.

Mit vielen Fotos und noch mehr guten Erinnerungen verließen wir Shkodra, die größte Stadt am gleichnamigen See, in Richtung Vermosh inmitten der albanischen Berge.

Dieser Bergort wurde in einem Campingführer als sehr schön und naturnah gelegen beschrieben. Allerdings waren wir uns wegen der Zufahrt sehr unsicher. Auf unserer Karte war nur eine Art Wanderweg eingezeichnet. Dem entgegen wurde uns an einer Tankstelle versichert, dass eine Straße nach Vermosh existiert.

Da wir im vergangenen Jahr sehr schlechte Erfahrung mit albanischen Bergstraßen gemacht haben, waren wir sehr skeptisch. Damals hatte nicht viel gefehlt und wir wären abseits jeglicher Zivilisation auf einer steilen Schotterpiste liegen geblieben. Zum Glück haben wir nur unser vorderes Nummernschild eingebüßt, was wiederum zu unzähligen kuriosen und unterhaltsamen Erlebnissen führte. Doch dies ist eine andere Geschichte!

Unser Weg aus der Stadt führte über eine passable Straße, an leuchtenden Lavendelfeldern vorbei entlang des Shkodra - Sees, in die Berge.

Bevor wir diese erreichten, kamen wir an eine Weggabelung. Hier mussten wir uns entscheiden. Links waren es nur 23 km bis zur Grenze nach Montenegro und die Straße sah top aus! Rechts hingegen stand nur ein Wegweiser nach Koplik, doch da waren wir ja schon. Aber von der Richtung her sollte es rechts in die Berge gehen und die Straße sah ebenfalls sehr gut aus, so entschieden wir uns für diese Richtung!

Schon nach wenigen Kilometern stieg die Straße steil an. Ähnlich einem Lindwurm wand sie sich durch die kahle

Berglandschaft und in unzähligen Kehren mehrere hundert Meter hoch.

In diesem Gelände fühlte sich unsere Bergziege wohl, hier machte sie ihrem Namen alle Ehre. Auch wenn die Temperaturanzeige schon langsam in den bedenklichen Bereich vor-drang, so dass wir einen Zwischenstopp einlegen mussten.

Wie auf's Stichwort tauchte plötzlich ein kleiner Wasserfall auf der rechten Seite auf. Zu unserer Überraschung und großen Freude waren die herab-stürzenden Wassermassen durch Menschenhand gezähmt und in einen hölzernen Auffangbehälter geleitet worden, um dann aus drei Auslässen auf die darunter befindlichen Steine zu stürzen. Sogar eine kleine Bucht war vorhanden, in der wir das Womo sicher parken konnten.

Selbstverständlich nutzten wir die Quelle, um sowohl uns zu erfrischen, als auch unsere gesamten Wasservorräte aufzufüllen. Nicht nur unser Tank im Womo, nein auch unsere gesamten Trinkwasserflaschen füllten wir mit dem herrlich frischen Bergwasser auf!

Abgekühlt und vollgesaugt zog es uns wenig später wieder zurück auf die Straße. Aber wie so oft, kurz nachdem wir den vorerst höchsten Punkt erklommen hatten, bot sich uns ein überwältigender Ausblick auf die Bergwelt und die sich nun weiter nach unten windende Straße. Die Straßenbauer hatten einen ausreichend großen Parkplatz an dieser Stelle vorgesehen. Auf diesem stand bereits ein weißer, wie sollte es anders sein, Mercedes mit albanischem Kennzeichen. Vier Männer im höheren Alter hielten sich auf der Plattform auf. Sie gingen umher, redeten und gestikulierten angeregt miteinander.

Kaum hatten wir angehalten und waren ausgestiegen, als einer der Männer auf uns zukam. In gutem englisch sprach er uns an und wollte das Übliche, woher und wohin, von uns wissen.

Wir erzählten von unserer Balkantour, wo wir bisher schon waren und wohin wir noch wollten. Er übersetzte es den anderen und sofort machte sich Begeisterung bei allen breit. Weiter berichtete er uns, dass er vor über 40 Jahren gemeinsam mit seinen Eltern von Albanien nach England ausgewandert sei und nun seine Familie besuchte. Alle wollten uns etwas über die Gegend und Albanien erzählen, aber wir verstanden nun kein Wort mehr. Alle redeten durcheinander und albanisch. Zum Abschied reichten sie uns die Hände und der "Engländer" bedankte sich bei uns für den Besuch in seinem Land und wünschte uns weiterhin alles Gute!

Noch eine ganze Zeit beobachteten wir das Auto, wie es sich die Straße hinunter schlängelte und spekulierten über die Möglichkeit, dass Deutsche sich bei Albanern, Serben oder Rumänen für den Besuch in Deutschland bedanken würden, wenn sie diese an einer einsamen Bergstraße in den Alpen treffen.

"Schade eigentlich, dass Vorurteile gegen Menschen aus dem Balkan oder andern Ostblockstaaten bei uns Deutschen so tief verwurzelt sind!" sagte Schatzi. Ich entgegnete: "Ich habe ein Spezialrezept dagegen!" "Und das wäre?" "Viel mehr Deutsche sollten als Reisende in diesen Ländern unterwegs sein. Dann würden sie Land und Leute bestimmt besser kennenlernen. Vielleicht hört es dann auf mit: Rumäne ist gleich Einbrecherbande und Albaner ist gleich Betrüger! Vor allem erstreckt sich die Adriaküste nicht nur über Italien, Slowenien und Kroatien!" Schatzi sah mich zweifelnd an: "Meinst du wirklich, dass das mal so kommt?" Ich zuckte mit den Schultern, küsste sie, dann stiegen wir ins Womo ein und fuhren weiter. In Gedanken war ich bei einem Buchtitel von Peter Ustinov "Achtung Vorurteile!" welches viel mehr Leute lesen sollten.

Die Fahrt ins Tal und die uns umgebende spektakuläre Landschaft , brachte uns schnell auf andere Gedanken.

Zu unserem großen Erstaunen blieb die Straße in bestem Zustand, fast hatten wir das Gefühl, dass sie immer besser wurde.

Später begleitete ein Fluss den weiteren Straßenverlauf. Wir entdeckten immer wieder mögliche Übernachtungs-, Picknick-, und Badeplätze. Doch noch wollten wir weiter, wir wollten erst an unser Ziel und dann ...!

Noch bevor die Straße den Fluss verließ, bemerkten wir erste Anzeichen, dass sich der Straßenzustand veränderte. Es gab keinen befestigten Randstreifen mehr und ab und an standen Straßenbaumaschinen am Rand. Dann wurde es Gewissheit, die Asphaltstraße war zu Ende. Im weiteren Verlauf wurde mit schwerem Gerät am weiteren Ausbau gearbeitet.

Zum Glück war die Straße bereits verbreitert und planiert, so konnten wir diese noch relativ gut befahren.

Doch je weiter das Gelände anstieg, um so schlechter wurde der Untergrund. In der Zwischenzeit fuhren wir auf einer Schotterpiste und wurden immer unruhiger. Als wir wieder auf einige Arbeiter trafen, hielt ich an und wir fragten (natürlich mit Händen und Füßen) ob wir diese "Straße" weiter bis Vermosh fahren können. Diese blickten erst uns, dann das Womo ungläubig an, sahen dann auf die Straße und winkten uns mit einer Geste weiter. "Ich glaube, das hieß gerade "Scheiß egal, fahrt weiter" sagte Gabi zu mir und ich musste ihr zustimmen.

Der Zustand der Straße wurde zusehends schlechter und sie stieg immer weiter an. Immer öfter kamen wir an Engpässen vorbei. Dort wo später vielleicht eine Brücke gebaut werden sollte, drückte sich eine Fahrspur dicht an den Felsen, während die andere Seite nicht existierte.

Dann begann die "Straße" steil anzusteigen und wand sich wieder in steilen Kurven nach oben. Nun war es auch keine Schotterpiste mehr sondern grobes Felsgestein, was den Untergrund locker und sehr rutschig machte.

Vor einer nicht einsehbaren Kurve musste ich stark abbremsen und beim Anfahren hatten die Räder größte Not, auf dem losen Untergrund halt zu finden.

Schatzi und ich sahen uns an, sie nickte mir kurz zu und meinte: "Schluß! Wir wollten keine Experimente mehr. Keine Ahnung, wie und ob die Straße weitergeht, nicht dass wir endgültig stecken bleiben!" Sie hatte Recht, vorsichtig ließ ich das Wohnmobil rückwärts rollen, wobei wir mehrfach dem

Abgrund sehr nahe kamen, dann endlich erreichte ich eine günstige Stelle zum Wenden.

Trotz Geröll, Kurven und fehlender Fahrbahnstücken ging es zügig bergab. Ich sehnte mich nach der schönen Asphaltstraße. Als wir diese wieder erreicht hatten, atmeten wir tief durch.

Dann wurde es Zeit für eine Kaffeepause. An einer günstigen Stelle, direkt am Fluss, hielten wir. Während Schatzi einen Eiskaffee zubereitete, erkundete ich den Weg zum Fluss.

Ich balancierte gerade über große Felsbrocken am Flussufer entlang, als Schatzi oben an der Straße erschien und mich um Hilfe beim Kaffeetransport bat. Da passierte es, eine kleine Unaufmerksamkeit, ich rutschte auf einem der feuchten Steine aus, verlor das Gleichgewicht und um nicht zwischen die Felsen zu stürzen, stolperte ich über diese dem Fluss entgegen. Auf dem letzten Stein vor'm Wasser glitt ich erneut aus und fiel kopfüber in den Bergfluss. Die Kälte des Wassers traf mich zuerst wie eine Keule, dann ruderte ich verzweifelt wie ein ertrinkender Hund gegen die Strömung an. Diese drohte mich weiter in die Flussmitte zu ziehen. Endlich fanden meine Füße etwas Halt. Zum Glück hatte ich meine Brille noch auf und so konnte ich Schatzi nach wie vor am oberen Rand sehen. Sie hielt die Kaffeebecher in den Händen und lachte mit entsetztem Gesicht.

Ich konnte es verstehen, es muss zu lustig ausgesehen haben, als ich hilflos über die Steine in´s Wasser stolperte. Auf der anderen Seite hoffte sie, dass ich mich nicht verletzt hatte. Aber bis auf zwei kleine Schnittwunden am rechten Fuß blieb ich unverletzt.

Als ich mich von dem Schreck erholt hatte, spürte ich die herrliche Erfrischung des kalten Wassers. Dann sprang ich erneut hinein und schwamm an das sichere Ufer zurück.

Schatzi war mir in der Zwischenzeit entgegen gekommen und tröstete mich mit einem Kuss und einem erfrischenden Eiskaffee.

Anschließend stürzten wir Beide uns nochmals in die kühlen, nein kalten Fluten. Raus aus dem Wasser, sorgten die Außentemperaturen von fast 30° schnell wieder für die nötige Wärme.

Erfrischt und voller neuem Tatendrang fuhren wir anschließend weiter oder anders gesagt, weiter zurück bis zu der erwähnten Weggabelung. Dort bogen wir rechts ab und erreichten die Grenze zu Monntenegro nach wenigen Kilometern.

An der albanischen Grenze lief alles reibungslos. Die Beamten erfassten wieder unsere Daten, stempelten unsere Ausweise, dann durften wir ohne weitere Fragen weiter fahren. Auch die Montenegriner machten keinerlei Aufhebens um uns. Ein Blick in unsere Pässe, ein freundliches Nicken und schon waren wir zurück im Land der langsamen Landstraßen.

Wir folgten der E762 weiter bis Podgurica. Dort hielten wir in einem kleinen Einkaufszentrum etwas außerhalb der Hauptstadt. Wir mussten unbedingt mal etwas Klimatisiertes betreten. Die Temperaturen waren hier im flachen Land um einiges höher als noch vor wenigen Kilometern in den Bergen. Und Schatzi deutete vorsichtig an, dass sie Lust auf einen schönen Klima-Shopping-Bummel hatte.

Zuerst setzten wir uns aber in ein Café und bestellten zwei Eiskaffees und noch jeweils eine Kugel Eis zusätzlich. Das Eis und der Kaffee waren bestens. Auch konnten wir endlich mal wieder ein richtiges WC aufsuchen.

Im angrenzenden Supermarkt erstanden wir zwei Flaschen Wein und eine Flasche Nusslikör für Gabi. Dieser wurde allerdings sofort verpackt und steht nun zu Hause in unserer Schnapssammlung!

Nach Verlassen des Marktes wechselten wir auf die andere Seite des Centers, zur Klamottenseite! Dafür mussten wir über einige Parkplätze hinweg auf die gegenüberliegende Seite des Gebäudes. In diesem Moment wurde uns erneut bewusst, wie heiß es geworden war.

Doch noch ehe der Bummel durch diverse Läden begann, war er schon wieder zu Ende! Es gab nur drei Geschäfte, deren Angebot eher bescheiden war. Außerdem konnte von klimatisiert auch keine Rede sein. Bei 35° im Schatten hielt sich Schatzi´s Kauflaune in Grenzen und unsere Kreditkarte blieb zum Glück kalt!

So machten wir uns wieder auf den Weg, weiter in Richtung Norden, quer durch Montenegro. Die weitere Landstraße war relativ gut ausgebaut, wenn auch manchmal recht schmal und von vielen Brummi's bevölkert. Für meine Unterhaltung war somit gesorgt und Gabi? Ja sie hatte auch zu tun mit Luft holen, mit

Festhalten, mit Jammern und Stöhnen. Nicht was ihr denkt. Immer wenn ich zum schnittigen überholen eines LKW's ansetzte, bekam sie, natürlich völlig unbegründet, Angstschweiß auf der Stirn und das dringende Bedürfnis, ihre Sitzlehnen fest an sich zu pressen.

Später hatte ich dann eine Idee, um sie abzulenken. "Schatzi, kannst du bitte mal auf der Karte oder im Navi nach einem Skilift Ausschau halten?" Verwundert sah sie mich an und ich erinnerte sie an die gute Möglichkeit, dort einen ruhigen Übernachtungsplatz zu finden.

Kurz vor Breza an der E65 meinte Schatzi dann, dass es gleich rechts abgeht zu einem Skigebiet. Offenbar war sie ganz froh, dass wir endlich die vielbefahrene Landstraße verließen und bald zur Ruhe kommen würden.

Wir durchquerten den Ort und folgten der Hauptstraße 'gen Osten. Nachdem wir Breza hinter uns gelassen hatten, führte die schmale Straße durch einen dichten Laubwald. Die langsam untergehende Sonne tauchte die umliegenden Berge, Wälder, ja selbst die Straße in ein mystisches Licht. Es wurde sehr einsam und wir waren seit über 10 km niemandem mehr begegnet. Dies ließ uns schon an unserem Plan zweifeln, als sich die Straße in einer großen Lichtung öffnete. Für uns endete die Fahrt hier auf einem riesigen Parkplatz, der verlassen und einsam am Fuß dreier Skilifte lag.

Wir drehten noch eine Runde über den Platz, bevor wir die optimale Parkposition gefunden hatten.

Als wir ausstiegen, um Tisch und Stühle vor's Womo zu stellen, wurde uns die Ruhe und Einsamkeit erst richtig bewusst. Im Winter musste hier auf 1.400 m Höhe die Hölle los sein, aber jetzt im Frühjahr befand sich außer uns keine Menschenseele hier oben.

Bevor wir das Abendessen zubereiteten, setzten wir uns mit einem Glas Sekt in unsere Stühle, genossen die letzten Sonnenstrahlen und freuten uns über diesen ausgezeichneten einsamen Übernachtungsplatz in den motenegrischen Bergen!

Nach 270 Tageskilometern, von denen mehr als 70 km auf die abenteuerliche Fahrt durch die albanischen Berge entfielen, freuten wir uns auf eine kühle, entspannte und vor allem etwas längere Nachtruhe!

Donnerstag - Haris und die Deutschen

"6:30 Uhr, was ist denn nun los?" stöhnte Gabi am Morgen. "Es ist absolut ruhig draußen und trotzdem sind wir schon wieder munter. Ich glaube, wir werden wirklich alt!" "Aber Schatzi!" raunte ich verschlafen unter der Bettdecke hervor: „Erstens werden wir nicht alt, wir sind alt und zweitens: wer abends um 9 ins Bett geht, darf nach 9 1/2 Stunden Schlaf auch aufstehen."

Gabi meinte, dass ich mit dem "Schlaf" recht hatte, aber mit dem "alt" sein, dies müsste sie nochmal überprüfen!

Eine Stunde später saßen wir im Womo und rollten langsam von unserem Parkplatz zurück zur Straße.

Irgendwie hatte ich an diesem Tag keine Lust zum Autofahren oder Schatzi hatte sich zu kritisch über meinen Fahrstil geäußert, auf jeden Fall saß ich an diesem Morgen ganz entspannt auf dem Beifahrersitz. In den letzten Tagen hatte ich genug Kilometer auf schlechten Straßen zurückgelegt und Gabi hatte sich zu oft beklagt, jetzt war sie dran! Ich genoss die Fahrt vom Parkplatz durch die erwachende Bergwelt bis ins Tal nach Kolasin.

Genau wie ich, verließ auch Gabi sich auf's Navi. Als sie kurz nach dem Ortseingang einen Abzweig verpasste, berechnete das Navi sofort eine neue Route. Ich hatte heute Zeit, kümmerte mich mal nicht um die Strecke, sondern beobachtet die Umgebung. Dabei stellte ich fest, dass wir anders fuhren als gestern, dachte mir aber nichts dabei. Schließlich würde uns das Navi schon sicher durch den Ort führen.

Dann wurde die Straße immer enger. Auf der linken Seite, unmittelbar an der Straße (einen Fußweg gab es nicht) standen Haus an Haus und am rechten Fahrbahnrand parkten Autos. Schatzi gab sich echt Mühe, aber ich merkte deutlich ihre Anspannung. Gerade als sie das Womo, an einer besonders engen Stelle zwischen einem parkenden Auto und einem Dachüberstand durchzwängen wollte, kamen ihr mehrere Fahrzeuge entgegen. Zu allem Überfluss befand sich links zwischen Haus und Straße ein ca. 30 cm und ebenso breiter Entwässerungsgraben. Unser Womo stand nun so ungünstig, dass es jeden Augenblick drohte in den Graben abzurutschen. Dazu der Gegenverkehr und der Dachüberstand des Hauses links von uns, das alles war zu viel für Schatzi. Hilfesuchend sah sie mich an.

Ich kenne Schatzi und sah, dass in ihrem Blick mehr als Verzweiflung lag. Außerdem bedeutete mir ein Fußgänger, dass wir uns in einer Einbahnstraße befanden, allerdings entgegen der erlaubten Fahrtrichtung!

"Komm wir tauschen, ich fahr' weiter!" sagte ich kurz entschlossen. Dankbar rutschte Gabi nach rechts, während ich ausstieg und den Entgegenkommenden bedeutete, dass es gleich weiter geht! Ich legte den Rückwärtsgang ein und fuhr ca. 300 m zurück bis zur nächsten Querstraße. Dort bog ich rechts ab, auch wenn ich dies im selben Moment bereute. Die Straße war dermaßen schlecht, dass jedes unser vier Räder in einem anderen Schlagloch versank.

Glücklicherweise war der Weg keine 500 m lang, dann konnte ich wieder links auf die Dorfstraße abbiegen und einige Kilometer weiter trafen wir auf die Landstraße in Richtung Tara National Park.

Schatzi kritisierte meinen Fahrstil nicht mehr und ich gab mir Mühe, den Gegenverkehr beim Überholen nicht zum ausweichen zu veranlassen. Beim nächsten Zwischenstopp gab es noch ein Küsschen und alles war wieder in Ordnung.

Bis Mojkovac fuhren wir auf der E65. Kurz vor dem Ort bogen wir links ab und folgten weiter dem Fluss Tara.

Danach änderte sich das Straßen- und Landschaftsbild fast schlagartig. Von einer großzügigen, teilweise sogar vierspurig ausgebauten Landstraße waren wir auf eine zweispurige schmale Straße gewechselt. Diese führte uns auf den nächsten Kilometern durch eine spektakuläre Berglandschaft. Der Straßenverlauf folgte dabei immer der Tara, wobei das Ufer steil zum Fluss abfiel. Leider gab es so auch keine Möglichkeit, in der Tara zu baden, obwohl das Wasser sehr einladend blau und grün schimmerte.

Wenn unser Weg durch Ortschaften führte, dann bestanden diese nur aus wenigen Häusern. Menschen bekamen wir nur sehr selten zu Gesicht, dafür um so mehr beeindruckende Ausblicke auf die Tara, welche sich hier ihren Weg tief in's Tal geschnitten hatte.

Knapp 50 km nach dem Abzweig erreichten wir die berühmte Tara- Brücke, welche den gleichnamigen Fluss und die Schlucht in fast 1.000 m Höhe überspannt.

Schon lange vorher fielen uns unzählige Raftingstationen auf. Zu unserm großen Erstaunen sahen wir aber überwiegend ältere Männer mit grauen Schläfen, die sich um die Boote drängten und aufmerksam den Anweisungen der Guides lauschten. Erwartet hätten wir eigentlich jüngere Leute, doch von denen waren kaum welche zu sehen. Vielleicht ist Rafting in Montenegro eher was für Midlife-Crisis-Männer.

Die Tara - Brücke selbst ist schon ein beeindruckendes Bauwerk, auch wenn ich sie mir irgendwie anders vorgestellt hatte. Zurückblickend muss ich aber auch zugeben, dass wir der Brücke und der Gegend mehr Zeit und Aufmerksamkeit hätten widmen sollen. So hielten wir nur kurz an der Ostseite an, dann fuhr Schatzi einmal über die Brücke und zurück, damit ich Filmaufnahmen machen konnte und das wars. Schade, aber wir kommen bestimmt noch einmal zur Tara Brücke.

Gerade als ich weiterfahren wollte, erinnerte mich Schatzi an eine ganz wichtige Sache. "Frühstück am Morgen vertreibt Kummer und Sorgen!" sagte sie. Ich verdrehte die Augen und antwortete: "Schatzi´s Frühstück am Morgen macht mir große Sorgen!" Aber was soll´s, dachte ich. Neben unserem Parkplatz befand sich eine Bar mit schöner Terrasse. Der Blick von dieser über das Tal und die Brücke war spektakulär. Wahrscheinlich wurde Schatzi´s Hunger von der Bar inspiriert.

Wie nicht anders zu erwarten, gab es jedoch nichts zu essen. So holte Gabi Wurst, Käse und Brot aus dem Womo und ich bestellte für sie einen Tee und für mich einen Kaffee.

Ich gebe ja gerne zu, dass es richtig schön war, auf der Terrasse zu sitzen, das Hin und Her auf der Brücke zu beobachten und dazu die leckere Paprikawurst und den Schafskäse aus Kotor zu genießen.

Nach dieser Stärkung hatten wir Lust auf eine kleine Wanderung, aber außer einmal über die Brücke und zurück, gab es in der näheren Umgebung leider keine Möglichkeit dazu. Lediglich diverse Fun - Sportmöglichkeiten wie Rafting, Bungee Jumping oder an einer Seilrutsche über die Schlucht zu gleiten und einige Souvenirbuden entdeckten wir, sonst nichts. Unverrichteter Dinge stiegen wir in unsere Bergziege und fuhren weiter durch Montenegros Bergwelt, der Grenze nach Bosnien - Herzegowina entgegen.

Zwei Kurven weiter, die Straße begann gerade steil anzusteigen, kamen wir an einer Quelle vorbei und so hielten wir gleich wieder an und füllten unsere gesamten Wasservorräte auf.

Anschließend folgten wir weiter der Fernverkehrsstraße P4. Die Landschaft blieb atemberaubend und immer wieder legten wir einen kleinen Zwischenstopp ein, um einen neuen Ausblick zu genießen.

Die Stadt Pljevlja hatten wir schon fast hinter uns gelassen, der Ortsausgang war schon in Sicht und ich dabei, drei Bummis vor mir zu überholen, als ich auf der linken Straßenseite eine Art

Regal voll mit Flaschen und Gläsern entdeckte. Unauffällig leitete ich eine Vollbremsung ein, scherte kurz vor einem LKW wieder rechts ein, dieser wiederum zeigte mit einem ohrenbetäubenden Hupen, dass er dies nicht so gut fand. Dann stoppte ich kurz hinter einem Hinweisschild zu dem Regal auf der gegenüberliegenden Seite.

Schatzi hatte ihre Gesichtsfarbe bereits gewechselt und wollte gerade etwas zu meiner Aktion sagen. Als der letzte Brummi, ebenfalls mit einem kräftigen Hupen an uns vorbei donnerte. Kaum war dieser vorüber, hatte sie freie Sicht auf das Angebotsregal gegenüber. Schon begannen ihre Augen zu leuchten und der Schreck der letzten Sekunden war vergessen.

Wenig später stand sie vor diversen Flaschen und Gläsern voll mit unterschiedlichen Sirups, Wein, Essig, eingelegtem Obst und Gemüse, sowie Honig und Marmeladen.

Kaum hatte Gabi das Regal erreicht, kam auch schon die Besitzerin der Köstlichkeiten aus dem dahinter liegenden Haus gerannt.

Was dann kam, war für mich nicht nachvollziehbar und sorgte dafür, dass ich unauffällig zum Womo ging und darin verschwand.

Die Gute Frau fing an, uns alles anzubieten. Am Anfang half ich Schatzi noch bei der Übersetzung und probierte auch das Eine oder Andere. Als die Löffel jedoch zu viel und der Mund zu klebrig wurden, kapitulierte ich und haute ab. Schatzi kostete und probierte. Flaschen und Gläser wurden geöffnet und wenn ich nicht gewußt hätte, dass Gabi kein Wort montenegrisch spricht, hätte ich geglaubt, die beiden Frauen würden sich angeregt über die Früchteverarbeitung unterhalten.

Schließlich kauften wir vier verschiedene Sirups, ein Glas mit etwas Eingelegtem (was „sooo herrlich schmeckte" o-Ton Gabi, aber keiner wusste so richtig, was es war), eine Plastikflasche voll Wein und ein Glas Honig.

Natürlich half ich Gabi, die Schätzchen im Womo zu verstauen. Weiter ging es erst, als Schatzi mir einen Kuss gab, sich für das Entdecken des Standes und die schnelle Reaktion bedankte, auch wenn die Bremsaktion nicht hätte sein müssen, wie sie betonte.

Die Zeit bis zur knapp 40 km entfernten Grenze verging wie im Flug und dies im wörtlichen Sinne, denn die Straße wurde immer schlechter und die Schnell-über-die-Löcher-fahren-Methode brachte uns zwar zügig, aber auch sehr geräuschvoll zum Grenzübergang. Alles was klappern oder scheppern konnte, tat dies auch ohne Unterlass.

Als endlich die montenegrische Grenzstation in Sicht kam, wurde die Straße kurzzeitig besser.

Die Beamten hielten sich nicht lange mit uns auf. Wieder einmal genügte ihnen ein kurzer Blick in unsere Pässe und in's Womo. Doch als ich mit einem Beamten um das Wohnmobil ging, interessierte er sich offensichtlich für unsere Räder. Auf englisch fragte er mich, was es für welche sind. Als ich ihm sagte, dass es sich um Pedelecs handelte, wollte noch mehr wissen. So gab es von mir noch einen kleinen Vortrag über Vor- und Nachteile von Pedelecs, über Reichweite und Fahrkomfort. Weiter wollte er gern noch wissen, was ein solches Rad kostet. Nachdem ich den Taschenrechner geholt und ihm die Summe gezeigt hatte, winkte er resigniert ab. Offenbar gefiel es dem Beamten, sich mit uns zu unterhalten und so fragte er noch, wie es uns in Montenegro gefallen hat. Wir erzählten etwas von „Very nice", welche Orte wir besucht hatten und immer wieder „Very nice!" Er war von unseren Worten so begeistert, dass er uns zum Abschied die Hand reichte und sich wortreich bedankte, erst dann durften wir weiter fahren.

Langsam rollte ich an dem Häuschen vorbei und wartete auf die bosnische Grenze. Wir fuhren weiter und weiter und weiter! Die Straße führte nun bergab. In steilen und unübersichtlichen Kurven bahnte sie sich den Weg ins Tal. In Erwartung der nächsten Grenzkontrolle fuhr ich immer noch langsam weiter.

Dann tauchten rechts und links Häuser auf. Verwundert sahen Gabi und ich uns an. "Was ist das denn?" fragte sie. "Keine Ahnung, vielleicht gibt es keine weitere Grenze!" entgegnete ich. "Wir sind ja hier wirklich am Arsch der Heide. Das kann schon durchaus sein." fügte Gabi noch hinzu.

Im Schritttempo und begleitet von den neugierigen Blicken der Bewohner bahnten wir uns unseren Weg durch den Ort. An der Dorfkreuzung erblickten wir ein Schild, welches uns anzeigte, dass wir Montenegro nunmehr verlassen. Noch immer befanden wir uns aber im Dorf und von einer Grenze war weit und breit nichts zu sehen . Die Sonne schien, die Straße war wieder besser geworden, was wollten wir mehr, vorsichtig gab ich wieder Gas.

Als sich der Wald lichtete, hätte ich fast einen diplomatischen Zwischenfall provoziert. Ich war relativ sportlich unterwegs, als plötzlich eine Schranke, welche in einiger Entfernung vor uns quer über die Straße reichte, in mein Blickfeld kam. Entsprechend hatte ich zu kämpfen, ohne Notbremsung vor Selbiger zum stehen zu kommen, aber ich schaffte es.

Überrascht blickten wir uns um, konnten aber nichts erkennen, was einem Grenzübergang ähnlich war, außer dieser Schranke. Rechts von uns stand zwar ein Häuschen, dies hätte aber auch ein umgebautes Dixi - Klo sein können und links unterhalb der Straße sahen wir eine Bar, vor der einige Männer saßen und es sich gut gehen ließen. Beim genaueren Hinsehen entpuppten sich zwei der Männer als Beamte in Uniform, von denen nun einer auf uns zu kam. An seinem Schritt konnten wir erkennen, dass er es auf jeden Fall nicht eilig hatte.

Sollte wirklich erst 10 km nach der einen Grenzkontrolle die nächste stattfinden? Ja fand sie. Es war tatsächlich ein bosnischer Grenzbeamter, der uns freundlich, aber etwas verschlafen in schlechtem englisch begrüßte. Ein kurzer Blick in die Pässe, dann wollte er sich gerne im Womo umsehen. Gabi öffnete ihm die Tür und er ließ sich von der Küche über die Schränke bis zum Bad alles zeigen. Anerkennend nickte er uns zu. Damit stand fest, er wollte nicht kontrollieren, er wollte nur mal sehen, wie ein Womo von innen aussieht.

Gerade an kleinen Grenzübergängen wie diesem passiert uns das oft. Wir bevorzugen sehr gerne kleine oder sogar kleinste Übergänge. Bisher waren die Beamten an diesen immer viel freundlicher, ja sie wollten sich zum Teil sogar mit uns unterhalten. Was allerdings jetzt an dem Grenzübergang nach Bosnien Herzegowina passierte, überraschte und überforderte selbst uns.

Der Beamte gab uns die Pässe zurück, hob die Schranke, dann zeigte er auf die Bar, von der aus die Anderen uns beobachteten und sagte: „You come please in the Bar and drinking." Gabi und ich sahen uns verwundert an: „Äh hat der uns jetzt wirklich eingeladen, in der Bar etwas mit ihnen zu trinken?" fragte ich erstaunt. Schatzi entgegnete: „Wir haben aber keine Mark mehr und einen Geldautomat scheint es hier auch nicht zu geben!" Scheiße dachte ich, wir können doch unmöglich ohne Geld in der Bar etwas trinken und dann vielleicht noch auf deren Kosten. Nein, das war für uns ausgeschlossen. Und so bedankte ich mich herzlich für die Einladung, entgegnete aber, dass wir weiter müssen. „We have friends in Sarajevo!" entgegnete ich. Das gefiel ihm sichtlich und war Entschuldigung genug. So verabschiedete er sich überschwänglich freundlich von uns und winkte uns sogar noch hinterher.

Noch heute unterhalten Schatzi und ich uns oft über diese Situation und bereuen es fast ein wenig, dass wir nicht angehalten und in der Bar etwas mit den Leuten getrunken haben. Bestimmt hätten wir auch in Euro bezahlen können und der Wirt wäre darüber richtig begeistert gewesen. Es wäre doch wieder eine Chance gewesen, Land und Leute besser kennenzulernen. Zu diesem Zeitpunkt wussten wir aber noch nicht, dass das Schicksal nur wenige Kilometer später eine zweite Möglichkeit für uns bereithielt und diese sprach sogar deutsch!

Vorerst jedoch passierten wir die Grenze und schlängelten uns weiter talwärts, bis wir Cajnice erreichten. Noch bevor wir den Ort erreichten, machte mir Schatzi deutlich, dass sie innerhalb kürzester Zeit etwas zu essen brauchte. Ich hingegen wies sie eindringlich auf das derzeit fehlende Bargeld hin!

Zum Glück war Cajnice etwas größer als ein Dorf und vieles deutete auf einen Geldautomaten und somit auch auf etwas Essbares hin. *(An dieser Stelle eine kleine Anmerkung: Nicht, dass ihr denkt, wir hätten nichts Essbares im Womo! Wir hatten genügend dabei, aber aus meiner Sicht handelte es dabei größtenteils um Lebensmittel und Getränke, die wir mit nach Deutschland nehmen wollten. Ungern würde ich unterwegs etwas davon an Schatzi verfüttern. Mir, und ich glaube Gabi auch, war es immer lieber, frische Sachen vor Ort zu kaufen, als die bereits gekauften guten Sachen zu verzehren.)*

Wir waren bereits einmal den kompletten Rundweg durch die Stadt gefahren, als wir zwei Mädchen sahen und ich diese kurzentschlossen nach einem Geldautomaten fragte. In schwer verständlichem englisch und durch Handzeichen gaben sie uns zu verstehen, dass sich in der Ortsmitte ein solcher befinden sollte.

Beide konnten wir etwas frische Luft gebrauchen und so parkte ich das Womo gegenüber des Rathauses. Die Parkplätze waren offenbar nicht für Wohnmobile ausgelegt, denn unseres ragte fast zwei Meter auf die Durchgangsstraße. Aber es war immer noch genügend Platz und hier störte das sowieso niemanden.

Nur ein paar Schritte entfernt entdeckte Schatzi eine Bar und zwei Häuser weiter noch eine. Ihre Vorfreude auf etwas zu essen stieg. Dann fanden wir sogar noch einen Supermarkt, doch wo versteckte sich nur der Geldautomat? Endlich sahen wir ihn, unauffällig in eine Hauswand eingelassen, machte er fast den Eindruck, als wollte er sich verstecken.

Mit frischer konvertibler Mark versorgt gingen wir zurück zu den Bars. Bewusst hatte ich mich mit Weissagungen zurückgehalten, doch dort angekommen, musste auch Gabi feststellen, dass es derzeit nichts zu essen gab! Ich hatte schon so etwas geahnt, schließlich war es früher Nachmittag und bei der Mittagshitze waren nur wenige Menschen unterwegs.

Schnell gingen wir weiter zum Supermarkt, nur um wenige Minuten später immer noch hungrig und enttäuscht wieder auf der Straße zu stehen. Das Angebot war mehr als mager und es wäre egal gewesen, ob der Markt geöffnet oder geschlossen gehabt hätte!

Schatzi resignierte und schlich niedergeschlagen neben mir her zum Womo zurück. Dann hatte ich eine zündende Idee: „Was hältst du von Nüssen?" Stirnrunzelnd und nichts Gutes ahnend sah sie mich fragend an und sagte schwach: „Später vielleicht!" „Das wäre toll!" grinste ich und fügte hinzu: „Ich dachte aber, du hast Hunger und wir haben im Womo noch eine Tüte Nussmix aus Deutschland." Bei diesen Worten hellte sich ihr Gesicht auf. Kaum am Wohnmobil angekommen, kramte sie die Nüsse raus. Wenig später hatte sich der schlimmste Hunger gelegt und wir konnten weiterfahren.

Eine enge und kurvenreiche Straße führte aus dem Ort. Das Womo musste sich regelrecht in die Kurven legen, damit wir mit dem Verkehrsfluss mitkamen. Wie von Geisterhand waren plötzlich alle Autos vor mir verschwunden, dessen ungeachtet behielt ich den schwungvollen Fahrstil bei. Kurve rechts, Kurve links und wieder rechts und … plötzlich stand ein LKW fast quer auf der Straße, und blockierte diese. Ich sah eine rote Polizeikelle aufleuchten und durfte rechts ranfahren. Na toll dachte ich, auch das noch. Natürlich fing Schatzi gleich an, von wegen „Siehst du …", „… hab ich dir gleich gesagt …!" und so weiter.

Dann kam der Beamte auch schon an mein Fenster und … tja was wollte er eigentlich? Wir verstanden kein Wort. Offenbar stand mir dies ins Gesicht geschrieben, denn er versuchte es nun auf englisch. Auch, wenn er nichts gesagt hätte, ich wusste ja schon, was er wollte - Zulassung, Führerschein und ganz wichtig die grüne Versicherungs-karte! Ich reichte ihm alles. Prüfend sah er die Unterlagen durch, sagte etwas zu seinem Kollegen, der winkte ab, wir bekamen die Papiere zurück und durften weiterfahren. Puh, Glück gehabt oder doch nicht? Als ich in den

Rückspiegel sah, bemerkte ich, dass alle Autos angehalten wurden. Gabi meinte noch, dass auch die entgegen-kommenden alle angehalten werden. Wahrscheinlich stand der LKW deshalb so schräg auf der Straße. Offenbar handelte es sich um eine allgemeine Verkehrskontrolle!

Keine 20 km weiter erreichten wir Gorazde. Mit ihren gut 22.000 Einwohnern war dies schon eine richtige Stadt. Wir hofften, dass es hier alles geben sollte, was das Reiseherz begehrt, vor allem aber etwas zu essen für Schatzi.

'Bingo`, nein kein Spiel sondern der Name es großen Supermarktes kurz vor'm Stadtzentrum. Hier wurden wir fündig und zwar in vielerlei Hinsicht. Für Schatzi gab es endlich etwas zu essen. Alle größeren Supermärkte verfügen hier über eine „Warme Theke", dass heißt, es gibt frisch zubereitete und warme Gerichte zum Mitnehmen, teilweise auch warme, gefüllte Brötchen. Und genau solch ein, mit Käse gefülltes Teilchen, holte sich Gabi. Zum Abendessen wollten wir nichts einkaufen, heute musste ich Schatzi mal ausführen. Das hatte sie sich schon lange gewünscht. Trotzdem wanderten noch drei Flaschen Sekt und eine Flasche Likör in unseren Korb.

Nachdem wir den Markt verlassen hatten, fuhren wir nur ein paar Meter weiter zur gegenüberliegenden Tankstelle. Auch hier machte das Tanken wieder richtig Spaß, 90 Eurocent für einen Liter Diesel!

Bisher gefiel uns die Stadt und wir beschlossen, einen Übernachtungsplatz zu suchen. Zuerst fanden wir eine kleine

Straße direkt am Fluss, der Drina, die mitten durch die Stadt fließt.

Von da aus erkundeten wir einen Teil des Stadtzentrums. Den Rundgang nutzten wir auch für eine ausgiebige Kaffeepause. Es gab wieder einmal Eiskaffee und nochmals 3 Kugeln extra. Ähnlich wie das Benzin war auch dies sehr günstig. Für zwei Eiskaffee und 6 sechs Kugeln Eis bezahlten wir umgerechnet 4 €! Das gefiel nicht nur uns, auch die Urlaubskasse war hoch erfreut.

Nach dem Stopp bummelten wir weiter durch die Stadt, entdeckten dabei den einen oder anderen möglichen Platz. Schließlich gelangten wir wieder an die Drina. Kaum hatten wir die Uferstraße erreicht, als uns die „Pansion Drinska basta" ins Auge sprang.

Aus vielerlei Hinsicht muss dieses Haus erwähnt werden. Ersten kann hier wunderbar und recht günstig übernachtet werden, noch dazu direkt an der Drina, mit Blick auf selbige und in absoluter ruhiger Lage. Zweitens, das Essen war sehr, sehr gut, und wie nicht anders zu erwarten, sehr günstig. Außerdem war das gesamte Personal sehr freundlich und hier haben wir eine Lektion über uns Deutsche gelernt! Doch der Reihe nach.

An die `Pansion` war selbstverständlich ein Restaurant angeschlossen. Auf Grund der tollen Lage schlug ich Schatzi gleich vor, hier heute Abend essen zu gehen. Ihr gefiel mein Vorschlag zwar, aber erst wollte sie noch einen Ü-Platz finden.

Ich allerdings bestand darauf, gleich einen Tisch für den Abend zu reservieren. Man konnte ja nie wissen und ich wollte den perfekten Platz für Schatzi und mich, unmittelbar an der Uferstraße mit freiem Blick über die Drina. Also gingen wir ins Restaurant hinein. Von den 10 Tischen waren zu dieser Nachmittagsstunde immerhin drei besetzt.

Schnell hatten wir unseren bevorzugten Tisch entdeckt. An diesem saß ein einzelner Herr beim Essen. Der Kellner erschien und begrüßte uns auf bosnisch. Als wir den Gruß erwiderten, nahm dieser an, wir seien Einheimische und erzählte irgend etwas, was wir natürlich nicht verstanden. Ich unterbrach ihn auf englisch, um gleichzeitig nach einem Tisch für den Abend zu fragen. Leider verstand er mich nicht, obwohl er ebenfalls englisch sprach. Aber sein bosnisches englisch und mein sächsisches passten offenbar nicht recht zusammen. Nachdem wir eine Weile gegenseitig auf uns eingeredet hatten ohne uns zu verstehen, schaltete sich der einzelne Herr ein. „Kann ich ihnen helfen?" fragte er fast ohne Akzent. „Oh sie sprechen ja deutsch!" antworteten wir ihm wie aus einem Munde und sahen ihn überrascht an. „Ja, ein bisschen." lächelte er zurück. Wir sagten ihm nun, dass wir gerne seinen Tisch für den Abend reservieren würden. Er übersetzte das Ganze dem Kellner. Dieser wiederum schlug sich mit der Hand an den Kopf. Offenbar hatte er nun verstanden, was wir ihm sagen wollten.

Der Herr am Tisch fragte natürlich, woher wir kamen und was wir hier in dieser Stadt machten, die doch so weit weg von allen bekannten Touristenwegen liegt. Wir erzählten ihm kurz unseren bisherigen Weg und wohin es noch gehen sollte. Dies fand Haris, so hieß der etwa 55 jährige Herr, so interessant, dass er uns bat, Platz zu nehmen und mit ihm etwas zu trinken. Er bestellte ein Wasser für Gabi und ich entschied mich für eine Cola.

Es entspann sich ein sehr unterhaltsames Gespräch zwischen uns, in dessen Verlauf wir ihn fragten, wo in der Stadt der Markt stattfindet. Zu unserem großen Erstaunen wussten weder er noch der Kellner von einem Markt. Im Gegenteil - der Kellner erzählte, dass es zwei Supermärkte gibt, aber solch einen „Frische Markt", wie wir suchten, nein, so etwas gab es nicht mehr in Gorazde. Wir fanden es sehr schade, bedankten uns für die Übersetzung und die Getränke. Nun sollte Haris in Ruhe weiter essen können, deshalb verabschiedeten wir uns von ihm. Er seinerseits bedankte sich bei uns für den Besuch in Bosnien und wir sollten doch mehr deutsche Urlauber hier her schicken. Wir versprachen es, zumal es das Land und die Menschen auf jeden Fall verdient haben.

Nachdem wir Haris und die Pension verlassen hatten, unterhielten wir uns noch lange über diese überaus freundliche und offene Begegnung mit Haris, gleichzeitig freuten wir uns auf das Abendessen im Restaurant. Ein Blick in die Menükarte hatte genügt um zu sehen, dass alles sehr lecker und günstig sein würde.

Vom Hotel aus führte eine Art Promenade am Fluss entlang wieder in die Stadt. Diese konnte bis kurz vor´s Zentrum befahren werden, endete dort aber als Sackgasse.

Schnell waren Schatzi und ich uns einig, dass hier unser Übernachtungsplatz sein sollte. Direkt am Fluss, nicht weit von der Pension, und nur wenige Meter vom Zentrum entfernt, in absolut ruhiger Lage, schien dieser, der perfekte Platz zu sein! Unter den wenigen Bäumen würden wir sogar Schutz vor der erbarmungslosen Sonne finden!

Keine 10 min später standen wir am Ufer der Drina, räumten unsere Stühle raus, sonnten und faulenzten die nächsten Stunden, bis es Zeit wurde, uns zum Abendessen fertigzumachen.

Mit deutscher Pünktlichkeit fanden wir uns 18:30 Uhr im Restaurant ein und trafen auf einen überraschten Kellner. Entweder hatte er gar nicht oder nicht so pünktlich mit uns gerechnet, denn er war noch in „Zivilkleidung". Wir bestellten schon mal zwei kleine Flaschen Wein, eine Flasche Wasser und studierten nun ausführlich die Speisekarte.

Offensichtlich war das mit unserer Pünktlichkeit wirklich ein Problem, denn eine halbe Stunde später kam eine Frau mittleren Alters aufgeregt und außer Atem ins Restaurant. Eine Zeit sprach sie mit dem Kellner, dann sagte sie an uns gewandt in gebrochenem deutsch, dass sie die Köchin sei, und sich nun um das Essen kümmern würde.

Gabi und ich sahen uns an und hatten schon fast ein schlechtes Gewissen. Wir fragten uns, ob sie extra für uns eine Köchin hatten kommen lassen, verdrängten den Gedanken aber wieder, nachdem weitere Gäste eintrafen.

Von der Karte wählte Schatzi Kalbsleber und ich ein mit Käse gefülltes Hackstück. Als Beilage entschieden wir uns beide für Bratkartoffeln.

20 Minuten später stand das Essen dampfend auf unserem Tisch. Es sah nicht nur sehr appetitlich aus, es war auch sehr lecker, obwohl Gabi Pech hatte. Zwischen Bestellung und Zubereitung war ein kleines, aber wichtiges Detail verloren gegangen. Schatzi hatte Kalbsleber bestellt und Kalbfleisch bekommen, aber sie sagte nichts, denn auch dieses sah ausgezeichnet aus.

Wir waren gerade dabei, die letzten Krümel von unseren Teller zu vertilgen, als Haris das Restaurant betrat, uns von Weitem begrüßte und sich zu einem Bekannten setzte. Derweil überlegten wir, was es als Verdauungsgetränk geben sollten. „Wie wäre es, wenn wir uns einen Kaffee bestellen und danach Haris auf einen Sliwowitz zu uns einladen?" meinte Gabi. Ich fand die Idee super und so bestellten wir zwei Kaffee.

Dann wie auf's Stichwort sprach uns Haris quer durch das Restaurant an, als wir die Kaffee's gerade ausgetrunken hatten. Er wollte wissen, wie es uns in Gorazde gefällt. Nun war es an uns, ihn an unseren Tisch einzuladen. Die Einladung nahm er gerne an und setzte sich gleich zu uns.

Ich fragte Haris, ob er einen Sliwowitz mit uns trinken würde, selbstverständlich wollte er! Beim Kellner wollte ich drei bestellen, doch wieder einmal verstanden wir uns nicht. Er sagte immer etwas von zwei. Dann übersetzte Haris, dass ich für ihn und für mich je einen Schnaps möchte. Als Gabi das hörte, legte sie lautstark Protest ein und sagte: „Und ich?" Daraufhin sahen sie der Kellner und Haris überrascht an. Haris fragte zweimal:

„Du willst einen Sliwowitz?" „Wirklich Du?" und Schatzi antwortete ziemlich trocken „Ja, ich!" Haris übersetzte und der Kellner bekam ganz große Augen. Dann grinsten Beide und sagten etwas ganz laut. Nun sahen alle männlichen Gäste zu uns und nickten erstaunt aber wohlwollend.

Als der Schnaps kam, konnten sie es offenbar immer noch nicht fassen, dass Schatzi wirklich einen mittrinkt. Doch sie tat es wirklich!

Haris erklärte uns, dass das Geheimnis von ´viel Schnaps trinken können` im Wasser liegt. Man muss einfach viel Wasser zwischen den Schnäpsen trinken, dann legen sich diese nicht so schnell auf den Magen oder in den Kopf.

Durch Haris erfuhren wir an diesem Abend noch viel über die Menschen aus dem Ort. Nachdem wir uns erstaunt darüber geäußert hatten, dass sehr wenige Menschen in der Stadt unterwegs sind, klärte er uns auf. Wir erfuhren, dass fast 70% der Einwohner slawische Muslime sind und derzeit Ramadan ist. Nach Sonnenuntergang würden sich die Straßen und Plätze füllen. Er selbst sei auch Muslime, aber er sehe das eher liberal. So trinkt er durchaus Alkohol und isst auch Schweinefleisch und das auch schon vor Sonnenuntergang.

Weiter berichtete er über sein Leben. Er hatte bereits einige Jahre unter anderem in Deutschland, der Schweiz und Kroatien gearbeitet und sich in jedem Land eine kleine Rente verdient, von der er zusammengerechnet nun gut leben könne. Auf unser Frage hin, in welchem Land es ihm am besten gefallen hat, meinte er:

„Deutschland! Deutschland ist wirklich schön und die Menschen sehr freundlich. Aber leben möchte ich dort nicht für immer. Deutschland ist wirklich ein tolles Land, aber die Deutschen haben nur Arbeit im Kopf. Immer nur arbeiten, arbeiten, arbeiten - sie vergessen dabei das Leben! Hier bei uns wird dafür manchmal zu viel gelebt!" Wir lachten herzlich über diese Sätze und mussten ihm voll und ganz zustimmen. Dann mussten wir ihm aber auch sagen, dass Deutschland durch die Arbeit der Menschen das ist was es ist! Und wie so oft im Leben, passt auch hier meine Lebensmotto zu hundert Prozent - „Die Mischung macht´s!"

Mit einem lauten „Hallo" brachte der Kellner plötzlich noch 3 Schnäpse! Haris übersetzte, dass der Chef diese ausgibt, weil er von Gabi so beeindruckt war. Jetzt machte diese schon dicke Backen, war aber tapfer und stieß mit uns auf das Leben und die Gesundheit an!

Dann wurde es Zeit, wir zahlten, verabschiedeten uns herzlich von Haris, dem Kellner und den Gästen und machten uns auf den Weg zu einem ausführlichen Verdauungsspaziergang durch die Stadt.

Weit kamen wir vorerst allerdings nicht. Am nächsten Eiskaffee war Schluß. Wir setzten uns hin, bestellten zwei Kaffees, je zwei Kugeln Eis und beobachteten, wie sich tatsächlich die Straßen langsam mit Menschen füllten.

Danach setzten wir unseren abendlichen Stadtbummel über eine Brücke auf die andere Seite der Stadt fort. Wir erkundeten noch ein wenig die Gegend, bevor wir uns auf den Rückweg zum Womo begaben.

Auf der Brücke fiel uns ein Junge von etwa 12 Jahren auf. Dieser saß auf dem Fußweg und sang vor sich hin. Was und wie er sang, war herzerweichend und so gaben wir ihm etwas Geld. Darüber wiederum waren er und weitere Passanten so erstaunt, dass sie uns verwundert ansahen. Der Kleine aber freute sich riesig und sang um so intensiver weiter.

Es war gerade dunkel geworden, als wir wieder am Womo eintrafen. Wir holten nochmals unsere Stühle raus, schauten eine Zeit lang übers Wasser ans andere Ufer und ließen den Tag Revue passieren.

Nachdem wir gegen 22:30 ins Bett gingen, stellte sich die Frage: Wie gut war der Übernachtungsplatz gewählt? Auf der Promenade war inzwischen reger Fußgängerverkehr. Laufend gingen Leute an unserem Womo vorbei, lachten und unterhielten sich.

Glücklicherweise half uns der Sliwowitz aus der „Pansion Dranska basta", zur Ruhe zu kommen, aber es dauerte noch eine ganze Weile bis wir einschliefen und die 200 Tageskilometer und vielen Erlebnisse hinter uns lassen konnten!

Freitag - Das Ischgl von Serbien

Was für eine Nacht! Warum mussten wir ausgerechnet während des Ramadan an der Promenade stehen! Gegen 3 Uhr morgens ließen der Lärm und die Unruhe nach, und wir konnten endlich ohne Zwischenfälle schlafen. Bis dahin wurden wir laufend munter, weil die Leute gefühlt nur Zentimeter an unseren Köpfen vorbei spazierten. Erstaunlich war allerdings, dass wir für diese offenbar unsichtbar waren. Keiner klopfte ans Womo oder belästigte uns in sonst einer Art. Für uns war dies wieder eine neue und faszinierende Erfahrung. In Deutschland haben wir da ganz andere und keine guten Erfahrungen gemacht!

Warum waren wir dann trotz der unruhigen Nacht schon halb sieben wieder wach? Keine Ahnung was dieses Jahr los ist, denn wir fühlten uns ausgeschlafen und fit für die Fahrt nach Zlatibor!

Wie immer dauerte es nicht lange und wir waren bereit zur Abreise. Allerdings musste ich heute unbedingt noch einige Fotos schießen. Auf der Drina lag ein dichter Nebelschleier und bei jedem Lüftchen flatterte dieser über der Wasseroberfläche. Mit anderen Worten - es war eine Stimmung zum Gedichte schreiben.

Als wir Gorazde verließen, lichtete sich der Nebel schon langsam und gab den Blick auf den Fluss und die umliegenden Berge wieder frei.

Die Drina begleitete uns noch bis Višegrad. Die Stadt hat nur halb so viele Einwohner wie Gorazde, hinterließ bei unserer Durchfahrt aber einen ähnlich guten Eindruck, wie ihre große

Schwester weiter flußaufwärts. Bei Višegrad öffnet sich das enge schluchtenreiche Tal der Drina in einen weiten Talkessel. Von diesem sahen wir allerdings nicht viel. Denn wir verließen nun den Flusslauf der Drina und folgten dem der Rzav, einem Nebenarm der Drina, in Richtung Serbien.

Bis zur serbischen Grenze führte die Straße nicht nur wieder durch ein enges Tal und eine mehr als spektakuläre Landschaft, nein es erwartete uns auch so mancher gruselige Moment.

Nur wenige Kilometer, nachdem wir Višegrad verlassen hatten, ich fuhr gerade schön geschmeidig durch die Kurven, tat sich vor uns plötzlich ein riesiges schwarzes Loch auf. Erschrocken trat ich auf die Bremse, schaffte es aber nicht mehr, stehen zu bleiben und so verschwanden wir samt Bergziege in dem Tunnel. Denn als solcher entpuppte es sich. "Mein Gott!" stöhnte Schatzi, "Was ist das denn? Hier drin ist es ja finster wie im Bärenarsch!" "Aber Schatzi, aus dir wird nie eine feine Dame!" rügte ich sie, wegen des Ausdrucks. "Aber du hast Recht. Im ersten Moment dachte ich echt, wir verschwinden jetzt von der Bildfläche."

In dem Tunnel selbst leuchtete keine Licht, geschweige denn es hätte eine Lüftung oder gar Notausgänge gegeben. Außerdem hofften wir inständig, dass uns kein Fahrzeug entgegenkommen möge. Dann hätten wir bestimmt Bekanntschaft mit den grob behauenen Wänden des Tunnels gemacht. Nach wenigen hundert Metern hatten wir diesen hinter uns gelassen, aber nur, um gleich in den nächsten einzutauchen.

Zu unserem Erstaunen leuchteten hier aber einzelne Lampen an der Tunneldecke. Sogar die Wände waren verputzt und zwei Lüftungsanlagen entdeckten wir auch. Die Funktionsfähigkeit der selbigen bezweifelten wir stark. Auch nachdem wir aus diesem Tunnel raus waren, hatten unsere Augen kaum Zeit, sich an das Tageslicht zu gewöhnen, schon waren wir wieder im nächsten verschwunden. Dieser hatte aber mehr Ähnlichkeit mit einem Abwasserrohr, als mit einem Straßentunnel. Entsprechend froh waren wir, auch jenen endlich hinter uns zu haben. Auf den nächsten Kilometern folgte ein Tunnel nach dem anderen und jeder war irgendwie einzigartig. Es gab sogar einige darunter, die durchaus das Potenzial zum "deutschen Tunnel" hatten.

Nach den 25 oder 30 Tunneln, gefühlt waren es mindestens 247, waren wir erleichtert, endlich die bosnisch/serbische Grenze erreicht zu haben.

Zuerst erwartete uns ein etwas in die Jahre gekommener Übergang. Entsprechend motiviert waren die Beamten. Gemächlich kam einer von ihnen angeschlendert, nachdem wir schon einige Minuten vor der geschlossenen Schranke gewartet hatten. Erst sah er sich das Womo von hinten an, dann kam er an der rechten Seite entlang an das Fahrerfenster. Freundlich lächelnd bat er auf englisch, ihm unsere Papiere zu zeigen. Dann fragte er nach Alkohol und Zigaretten. Wahrheitsgemäß antwortete ich, dass wir Nichtraucher sind. Ein wenig merkwürdig sah er mich schon an, reichte mir die Papiere zurück, öffnete die Schranke und wir verließen ein tolles, erlebnisreiches und sehr freundliches Bosnien- Herzegowina.

Der serbische Grenzübergang, den wir 200 m weiter erreichten, war offenbar erst vor kurzer Zeit komplett neu gestaltet und renoviert worden. Und das Beste war, als ich neben dem Kontrollhäuschen zum stehen kam, sah ich in das Gesicht einer hübschen, jungen Frau mit einem sympathischen Lächeln. Nachdem ich ihr unsere Pässe und Fahrzeugpapiere gereicht hatte, wollte sie von uns wissen, woher wir kommen und wohin wir in Serbien wollen. Kurz schilderte ich ihr unsere bisherige Runde und sagte ihr dann, dass wir nach Zlatibor und Belgrad weiter fahren. Sie quittierte dies mit einem anerkennenden Lächeln und reichte unsere Unterlagen zurück. Mit einem freundlichen "Gute Reise" verabschiedete sie uns.

Es zahlt sich immer wieder aus, wenn man sich in dem zu besuchenden Land etwas auskennt, und dies auch sagen kann!

Kaum hatten wir die Grenze und den nächsten Tunnel, es sollte der vorerst letzte auf dieser Strecke sein, hinter uns gelassen, da wartete schon die nächste Überraschung auf uns.

Die Landstraße in Serbien war um einiges breiter und vom Zustand her ebenfalls besser als vor der Grenze, so machte das Fahren wieder richtig Spaß. Es machte so viel Spaß, dass ich kurz nach dem erwähnten Tunnel beinahe den großen Schotterplatz auf der rechten Seite, die Wasserstelle und drei Verkaufsstände auf der anderen Seite, fast übersehen hätte. Sofort bremste ich das Womo ab und steuerte den Platz an.

Kaum waren wir zum stehen gekommen, als die drei älteren Frauen, die sich am mittleren Stand aufhielten und schwatzten, auseinander gingen und zügig ihren jeweiligen Stand betraten.

Während Schatzi sich gleich zu den Verkaufsständen begab, kümmerte ich mich erst einmal ums Wasser Nachfüllen. Doch kaum war ich mit dem Kanister an der Wasserstelle, als Gabi schon nach mir rief.

Eine der Damen war gerade dabei, ihr alle möglichen Lebensmittel zu erklären und Schatzi sah dabei nicht so recht glücklich aus, denn sie verstand kein Wort von dem Redeschwall, der auf sie niederprasselte. Es war dringend nötig, dass ich dazwischen ging und die Angebote der Reihe nach abfragte. Gut nur, dass es Smartphones gibt, sie sind Fluch und Segen gleichzeitig. Hier aber half uns die "Übersetzer" App schon ganz gut weiter. Mit Hilfe dieser konnten wir viele der Sachen identifizieren. Und für den Rest, na gut eigentlich nicht nur dafür, gab es einen Löffel und dann begann das große Probieren am mittleren Stand.

Honig, Sirups von unterschiedlichsten Früchten, Kräuterlikör und viel eingelegtes Obst und Gemüse. Wir waren gerade so richtig in Fahrt und stellten bereits die ersten Sachen zusammen, welche wir kaufen wollten, als die Frauen rechts und links von uns anfingen zu zetern.

Schnell wurde uns klar, dass es ihnen nicht gefiel, dass wir bisher nur an einen Stand probierten. "Bleib du hier, Schatzi, ich gehe nach links und sehe mich mal um. Vielleicht geben sie dann

Ruhe." sagte ich und wechselte zur Nachbarin. Auch hier bekam ich umgehend einen kleinen Spatel in die Hand gedrückt. Dann musste ich Honig kosten. Schon als ich die Farbe des selben sah, war ich überrascht und gespannt, wie dieser wohl schmeckt. Und ich war mehr als begeistert. Es handelte sich um Waldhonig der feinsten Art. Dunkel, fast schon schwarz, leicht zitronig im Geschmack, cremig und trotzdem irgendwie fluffig. Es war einer der besten Honige, die ich je probiert hatte. Das Kilo sollte umgerechnet 4 € kosten. Ich ließ mich nicht lange bitten und ohne Schatzi zu fragen, kaufte ich 5 Kilo! Somit war der Verkaufsfrieden zwischen diesen beiden Damen wieder hergestellt. Nun fehlte nur noch der Stand rechts außen. Die Gute schimpfte um so mehr, da Gabi jetzt 10 Gläser Walderdbeerkonfitüre kaufte, und bei ihr waren wir noch nicht einmal etwas probieren.

Und so gingen wir nun zum letzten Stand. Dort war die Auswahl aber bei weitem nicht so reichhaltig, wie bei dem Mittleren und so fiel es uns schwer, etwas Verlockendes zu finden. Doch Schatzis Adlerauge entgingen nicht die Flaschen mit irgendwelchem Grünzeug drin. Als die Frau unsere Neugier auf die Flaschen bemerkte, wurde sofort eine Kostprobe gereicht. "Heidiwitzka Herr Kapitän!" stieß Gabi hervor, als sie einen Schluck des Gebräus getrunken hatte. "Das nenn ich mal einen Kräuterschnaps!" Ein Blick auf das Etikett, ja richtig die Flasche hatte eins, verriet uns, dass der Inhalt 50% Vol. hatte und mit diversen, von uns nicht erkennbaren, Kräutern angereichert war.

Schatzi und ich wechselten einen Blick, dann kauften wir eine Flasche für unsere Sammlung.

Zum Leidwesen der beiden Anderen kauften wir am mittleren Stand noch zwei Flaschen Sirup, vier Fläschchen Propolis und einen weiteren Kräuterschnaps.

Nachdem wir alles im Womo verstaut hatten, füllten wir gemeinsam noch den Wasservorrat auf, bevor es weiter ging.

Zurück auf der Straße, führte diese, stetig ansteigend, durch eine eher liebliche Mittelgebirgslandschaft nach Zlatibor.

Der erste Abzweig in die Stadt kam näher und nachdem wir von der Hauptstraße abgebogen waren, zeigte Zlatibor gleich sein touristisches Gesicht. Im Abstand von wenigen hundert Metern standen immer wieder Leute mit kleinen, selbstgemalten oder geschriebenen Schildern und priesen ihre Apartments und "Rooms" ,wie warme Semmeln an. Außerdem fielen uns, völlig ungewöhnlich für Serbien oder die anderen Balkanländer, Parkautomaten auf. Auch sahen wir überall Hotels, Restaurants und diverse Freizeiteinrichtungen.

Dann erreichten wir einen großen Parkplatz, auf dem nur wenige Autos standen. Skeptisch sahen wir uns die Gebührenübersicht an, doch an dieser konnte es nicht liegen. Ah, ein Blick auf die Uhr und der Grund war klar, es war noch nicht einmal 10 Uhr.

Das war wohl auch der Grund, warum ich nicht weiter fahren und einen kostenlosen Platz suchen durfte, Schatzi hatte Hunger und zeigte mir das auch.

Also rauf auf den Parkplatz, Auto verschließen und was zu essen suchen. Erst musste Schatzi zufrieden gestellt werden. Das ging in Zlatibor ziemlich schnell und einfach. An jeder Ecke gab es ein kleines Bistro mit einer sehr guten Auswahl an kleinen Gerichten. Wir entschieden uns für einen Eckladen mit Blick auf den Markt.

Nach kurzem Überlegen bestellten wir uns je 3 Spiegeleier mit Tomaten und Schafskäse, dazu zwei Milchkaffee. Als das Essen kam, trauten wir unseren Augen nicht. Wir bekamen einen großen Mittagsteller voll, sahen vor Käse und Tomaten kaum das Ei. Schatzi stellte trocken fest, dass eine Portion auch locker für uns beide gereicht hätte. Doch getreu dem Motto: „Nimm ein Ei mehr!" aßen wir alles schön auf und waren für ganze 5 € satt und zufrieden.

Frisch gestärkt nahmen wir nun die Marktbesichtigung in Angriff. Schon durch Arbeitskollegen wurde mir dieser Markt wärmstens empfohlen. Und wir wurden nicht enttäuscht. Er war nicht nur riesig, nein es gab auch alles, was wir nicht brauchten und doch wollten.

Schatzi hatte zuerst ihre Freude an den vielen Buden mit Kinderspielzeug, das meistens aus Holz und nicht Made in China war! Deshalb durften auch zwei Kleinigkeiten für Max in meinen Rucksack wandern. Das war aber bei weitem noch nicht alles, wofür sie sich interessierte. Verlockend fand sie vor allem die unzähligen Naturteesorten, da gab es doch für jedes Wehwehchen den passenden Tee. Wenn ihr mich fragt, könnten wir jetzt eine

Naturteepraxis eröffnen und von Haarausfall über Erkältungen bis zu Herzfehlern alles behandeln, aber auch heilen? Naja, der Glaube versetzt ja bekanntlich Berge. Außerdem ist es ein gutes Gefühl, für die Krankheiten im Alter gerüstet zu sein.

Nicht, dass ihr denkt, für mich hätte es nichts gegeben, so war es nicht. Aber ich musste mich zurückhalten. Unsere heimische Schnapssammlung umfasst so schon etwas mehr als 300 verschiedene Schnäpse, Liköre, Rums, Brandys und Selbstgebrannte. Also kaufte ich, obwohl es mir sehr schwer fiel, nur eine Flasche selbstangesetzten Waldbeerenlikör! Ansonsten verlegte ich mich mehr auf's Fotografieren. Von den vielen tausend Fotos dieser Reise kann ich in diesem Buch leider nur einen Bruchteil zeigen, die Druckkosten für farbige Seiten sind einfach zu hoch.

Nachdem wir den Markt zweimal durchforstet hatten, und mehrere volle Tüten an mir hingen wie Kugeln am Weihnachtsbaum, bat ich um eine Kaffeepause.

Wir verließen vorerst den Markt und schlenderten auf gut Glück durch so was wie die Altstadt. Es war aber eher ein Gewirr aus kleinen Gassen, die von der engen und nutzbringenden Bebauung der letzten Jahre herrührte. So stellten wir uns Ischgl vor. Ein Touristen-Schnick-Schnack-Laden am anderen, dazwischen immer wieder Restaurants, Bars und Cafés, die mit lauter und bunter Werbung um die Gunst der Besucher buhlten. Ein bisschen war es wie in einem Freizeitpark, alles irgendwie künstlich, unauthentisch, aber nicht ohne Unterhaltungswert. Das

Ganze fand sogar noch eine Steigerung, als der See von Zlatibor vor uns lag. Auch dieser war gesäumt von diversen Markständen, Cafés und Möglichkeiten zur Kinderanimation. Von fahrbaren Plüschtieren über Roller, eine Hüpfburg, bis hin zu Minicars war alles vertreten. Ein Luftballon -Verkäufer und Künstler, die ihre gemalten Bilder verkauften, machten das Bild einer Touristenstadt komplett.

Wir nutzten eine der unzähligen Möglichkeiten, nein ich kaufte Schatzi kein Luftballon, sondern wir setzten uns in ein Café am See, bestellten zwei Eiskaffee und beobachteten das wuselige Treiben um uns herum. Später spazierten wir noch eine Runde um den See. Auf dem Rückweg zum Womo kehrten wir nochmals auf dem Markt ein. Beinahe hätten wir das Wichtigste überhaupt vergessen - Kaymak!

Laut Wikipedia ist Kaymak eine Schichtsahne, da der beim Erhitzen von Kuhmilch entstehende Rahm abgeschöpft und schichtweise verarbeitet wird. Für uns ist es eine Art Butter und sehr, sehr köstlich. Allerdings gibt es auch sehr große Unterschiede in Geschmack und Konsistenz. Zum ersten Mal kennengelernt haben wir Kaymak letztes Jahr auf dem Markt in Smederevo (eine größere Stadt in der Nähe von Belgrad) und waren gleich begeistert. Seitdem haben wir uns immer mal wieder ein Kilo mitbringen lassen. Nun wollten wir die beste Kaymak Serbiens kaufen. Wenn ich meinen Arbeitskollegen trauen kann, kommt diese nämlich aus den Bergen um Zlatibor.

Auf dem Markt war es gar nicht so einfach, ein entsprechendes Geschäft zu finden. Aber uns bleibt kein Laden lange verborgen. Wir fanden tatsächlich eine Hütte der hiesigen Molkereigenossenschaft. Für uns ein kleines aber feines Paradies. So kauften wir außer Kaymak noch verschiedene Käse, Milch und Maismehl, alles „Made in Zlatibor"!

„Liebling wir müssen aufhören!" raunte mir Gabi noch im „Milchladen" zu. „Wir wissen nicht mehr, wohin damit." „Das kann ja sein, dass DU nicht mehr weißt, wohin damit, ich kenn da noch ein kaltes Plätzchen im Wohnmobil!" erwiderte ich. „Du schaffst mich!" stöhnte sie. „Und das noch in meinem Alter!" gab ich grinsend zurück. Sie winkte ab und gab es auf. Ich verstand die ganze Aufregung nicht, im Kühlschrank war doch noch genügend Platz. Natürlich nur, wenn Schatzi alles ein bisschen zusammen rückt, stapelt, drückt und quetscht!

Wie vermutet, passte alles „locker" rein und nachdem wir 2 € Parkgebühr bezahlt hatten, rollten wir aus der Touristenhochburg Zlatibor zurück in die Natur. Ich wollte nun gerne einen Übernachtungsplatz im Tara National Park suchen und hoffentlich auch finden.

Als Ziel schlug Gabi einen abgelegenen Stausee vor, den sie auf der Karte gefunden hatte. Die Idee war im Prinzip nicht schlecht, aber!Der Weg dorthin war, sowohl für mich als auch für die kleine Bergziege, eine echte Herausforderung. Nach schier endlosen Kilometern auf einer kaum 3 Meter breiten und sauschlechten Dorfstraße erreichten wir die Staumauer und den

See. Gut, die Landschaft um den Stausee war sehr schön, aber damit waren die Vorzüge auch schon erschöpft. Weder gab es einen Zufahrt zum Wasser, noch eine Bademöglichkeit. Einen Ü-Platz gab es, aber ... genau das war das Problem. Es gab keine Chance zum Sonnen oder wenigstens einen schönen Ausblick. Bevor wir enttäuscht weiter fuhren, durchforsteten wir auf dem Navi die Umgebung ein weiteres Mal auf der Suche nach einem geeigneten Ü-Platz, doch vergebens.

Dann erinnerte ich mich an einen Wegweiser zum Hotel „Omorika" und an einem Hotel, sollte es auch Parkplätze geben. Dieses lag ebenfalls im Tara Nationalpark und nur wenige Kilometer vom Stausee entfernt, auf einem Berg. So fuhr ich auf die Hauptstraße zurück und suchte den Abzweig.

Auf dem Weg zum Hotel kamen wir an einer kleinen Lichtung, abseits der Straße, vorbei. Schatzi hatte diese nicht weiter registriert, doch ich speicherte den Platz als gute Möglichkeit, einen entspannten, sonnigen Nachmittag und eventuell sogar eine ruhige Nacht zu verbringen.

Noch bevor wir das Hotel sahen, lachten uns ein Dutzend Markstände an. Würden wir denn keine Ruhe mehr finden vor den serbischen Verlockungen? Vorerst fanden wir Ruhe, denn wir hielten nicht an, sondern bogen rechts ab, parkten in Sichtweite der Buden und gingen zum Hotel „Omorika".

Schon von außen fiel uns auf, dass das Haus seine besten Jahre bereits hinter sich hatte. Erbaut wurde es schätzungsweise in den 70er Jahren und sah aus wie eine übergroße Skihütte mit steil abfallenden Dächern nach beiden Seiten. In die Dachflächen waren unzählige Fenster eingebaut, die zu den Hotelzimmern gehörten. Vor Jahren bestimmt ein sehr attraktiver Bau, heute verbreitete das ganze eher den Charme eines FDGB - Erholungsheims aus DDR Zeiten.

Als wir den Eingang erreichten, setzte sich der Eindruck fort. Doch als wir die „Lobby" oder besser die Höhle betraten, änderte sich alles! Ein unbeschreiblich intensiver Chlorgeruch schlug uns entgegen und ließ uns einige Sekunden nach Atem ringen. Als wir uns daran gewöhnt hatten, sahen wir uns weiter um. Bei genauerer Betrachtung sah alles einer riesigen Tropfsteinhöhle sehr ähnlich. Die Halle war mit dunklem Holz verkleidet, die Tische und Sessel waren ebenfalls dunkelbraun. Von der Decke hing so etwas wie ein Kronleuchter, aber durch den durchdringenden feuchten Schwimmbadgeruch hatten wir Angst, es würde gleich von der Decke tropfen. Eigentlich ein Wunder, dass sich noch keine Stalagmiten und Stalaktiten gebildet hatten.

Aber wir sind ja Vieles gewohnt und schrecken vor ganz wenig zurück. So erkundeten wir das Hotel unerschrocken weiter - zuerst die Toiletten, ganz wichtig und durchaus zu gebrauchen, danach die Terrasse. Diese war ganz hübsch und wir hatten einen tollen Blick über den Nationalpark. Allen Widrigkeiten zum Trotz beschlossen wir, hier einen Kaffee zu trinken.

Wir stellten uns also an der Eistheke an und warteten. Die Kellner sahen dies aber eher als Herausforderung zum Wegsehen und nicht als Zeichen, dass Gäste da sind, die etwas bestellen möchten. Nun gut, das Personal hatte in diesem Fall den längeren Atem und wir zogen nach 10 min ohne Kaffee und Eis wieder ab.

Kurz bevor wir das Hotel verließen, wollte ich mal testen, wie es mit Wlan aussieht. Na also, das dachte ich mir doch fast. Es funktionierte einwandfrei und kostenlos. Sofort gingen wir zurück, setzten uns in die altersschwachen Sessel und jeder schrieb Nachrichten in die Heimat.

Nachdem das erledigt war, brauchten wir dringend frische Luft. Wir verließen das Haus und schlenderten zum Womo zurück. Mit diesem fuhren wir ganze 100 m, bevor die Neugier uns doch überkam und wir an den Marktständen neben der Hauptstraße anhielten. Zuerst gingen wir zur Kaymak- und Käse-Hütte, die am oberen Ende der Budenallee stand. Leider hatte diese schon geschlossen, so mussten wir heute mit dem bereits Gekauften Vorlieb nehmen. Die folgenden Stände hatten so etwa alle das gleiche Angebot. Eine Ausnahme bildete die Hütte am Ende des Marktes.

Die Verkäuferin bot neben den üblichen Likören, Schnäpsen und Honig auch verschiedene Seifen, Tee und Gesundheitsessig an. Dies wiederum begeisterte Schatzi, unerbittlich schlug sie zu. Ganz oben stand Seife aus Ziegenbutter. Als ich sah, wieviel sie kaufen wollte, fragte ich Gabi, ob es nicht besser und günstiger sei, eine Ziege zu kaufen, zu schlachten, zuzubereiten, zu essen und die Reste zu Seife zu verarbeiten! Kopfschüttelnd klärte mich Schatzi auf, dass die Seife nicht aus den Knochen, sondern aus der Milch der Ziegen hergestellt wird. Dann eben nicht schlachten, sondern auf dem Balkon halten, revidierte ich meinen Vorschlag, erntete aber nur eine liebevolle Kopfnuss und ein herzliches Lachen.

Neben der Seife wechselten auch noch Tee und eine Flasche selbstgebrannter Kräuterlikör den Besitzer. Die Inhaberin der Bude war sichtlich zufrieden mit uns. Was sie noch nicht wußte, es würde nicht unser letzter Einkauf bei ihr gewesen sein.

Wieder im Womo überlegten wir, wo wir die Nacht verbringen sollten. Nur wenige Meter vom Markt entfernt auf einer kleinen Anhöhe präsentierte sich uns ein schöner asphaltierter Parkplatz. Das Beste, er lag etwas abseits der Durchgangsstraße, war umstanden von einigen Bäumen und niemand nutzte ihn. Ich berichtete Schatzi nun von dem anderen abgelegenen Platz abseits der Straße. Ich schwärmte ihr vor, dass sie auf der dortigen Wiese gut diverse Blumen, Schmetterlinge und anderes Viehzeug fotografieren kann, außerdem ist die Stelle so abgelegen, dass wir uns sogar FKK sonnen könnten. Ihr gefiel die Vorstellung eines ruhigen und abgelegenen Platzes und so brachten wir die paar hundert Meter bis zur Lichtung schnell hinter uns.

Gabi war überrascht von dem schönen Platz, zumal sie ihn vorher nicht bemerkt hatte. Es wurde noch beratschlagt, was zu tun sei, falls sich ein Gewitter oder Starkregen einstellen sollte. Immerhin konnte es sein, dass der Platz aufweicht und wir eventuell nicht mehr wegkommen. Wir beschlossen in diesem Fall, auf den Parkplatz zwischen Hotel und Markt auszuweichen, waren uns aber einig, dass es bei dem Sonnenschein wohl sehr unwahrscheinlich sein würde. Ach, wie man sich doch täuschen kann. Nicht mal mehr auf die Sonne war Verlass!

Doch erst einmal richteten wir uns häuslich ein und gingen davon aus, hier die Nacht zu verbringen. Wie vermutet, schnappte sich Schatzi die Kamera und zog los, den Viechern das Fürchten zu lehren. Ich hingegen, ließ es um einiges ruhiger angehen. Der Liegestuhl sollte für die nächste Zeit mein bester Freund werden.

Vor dem Sonnenbad bereitete ich noch einen Eiskaffee aus unserem Darbo - Kaffeekonzentrat zu. Ich weiß, es klingt nicht so toll, ist aber einfach in der Zubereitung und mit kalter Milch angesetzt sehr lecker.

Mit dem Sonnen hielt es sich auch in Grenzen, denn Schatzi rief mir vom Waldrand her zu: „Wollen wir dann Abendbrot vorbereiten?" Ihr wisst ja, was das heißt, Gabi hat Hunger und ich bereite schon mal alles vor. Kein Problem für mich - Essen, die Zubereitung, ja selbst das Einkaufen der Zutaten ist für mich Entspannung!

Als ich einen gemischten Salat soweit vorbereitet hatte, kam Gabi zurück. Dann noch den Rotwein, die Kaymak und das Brot auf den Tisch, dazu frisch gebratene Cevapcici und einem perfekten Camping Diner, stand nichts im Wege.

Wie so oft, gab es nur zu viel, also musste noch was zur Verdauung her. Was wäre besser geeignet, als ein Fruchtbrand vom eigenen Einkauf in Sarajevo - ich glaube nichts! Der war so lecker und voller Erinnerungen.

Anschließend gingen wir noch duschen, bei den Temperaturen einfach nur herrlich. Als wir danach wieder zu unseren Getränken zurückkamen, mussten wir entsetzt feststellen, dass sich diverse Insekten von unserem montenegrischen Rotwein unwiderstehlich angezogen fühlten. Zwei halb volle Gläser Wein wurden wegen zu viel Eiweißeinlage entsorgt.

Zum Glück ließen uns die Damen und Herren Mücken halbwegs in Ruhe, so konnten wir noch eine Weile auf dem Weg vorm Womo sitzen, auf einen vorbeikommenden Bären hoffen, davon soll es im Tara Nationalpark einige geben und einen letzten, selbst gemischten Absacker genießen. Dieser war der heimischen Tierwelt zum Glück zu kräftig, deshalb hielten sich die Tierchen fern.

Als es Zeit wurde, ins Bett zu gehen, hörten wir in der Ferne bereits bedrohliches Donnergrollen und erste Blitze erhellten den Himmel. Bevor wir Gefahr liefen, auf der Wiese abzusaufen, entschlossen wir uns, gleich umzuziehen. In Windeseile packten wir zusammen und wenige Minuten später stand das Womo gut und sicher auf dem asphaltierten Platz.

Es war auch keine Minute zu zeitig, da frischte der Wind zu einem Sturm auf, Blitze zuckten in rascher Folge am Himmel, nur Regen gab es kaum. „Na toll Schatzi, da hätten wir auch bleiben können!" sagte ich später zu Gabi. Als Antwort bekam ich nur ein gedämpftes: „pf, pf, pf ...!" Typisch, dachte ich, kaum ist draußen Ruhe, kann sie schon schlafen.

Vorsichtig küsste ich sie, wodurch sie sich umdrehte. Dann war es still, ich hatte meinen Frieden, und nach läppischen 165 Kilometern konnte ich ebenfalls einschlafen.

Samstag - Von schwimmenden Wohnwagen

Verschlafen! Irgendwann musste es ja mal passieren. Nachdem wir heute erst kurz vor 7 Uhr munter geworden sind, muss ich ernsthaft in Erwägung ziehen, dass ab morgen ein Wecker gestellt wird. Ich schreibe lieber nicht, was Schatzi mir entgegnete, als ich dies vorschlug.

Für mich war es eine ruhige und erholsame Nacht. Gabi hingegen stöhnte, dass die ganze Nacht sämtliche Hunde in der Umgebung wie verrückt gebellt haben. Sie vermutete, dass sich ein Bär dem Hotel genähert hat. Solche Situationen kennen wir noch aus unserem Rumänien Urlaub, da war es genau so. Nur haben wir dort tatsächlich einen Bären, keinen Meter vom Womo entfernt, beim Fressen beobachten können. Hier im Tara National Park hofften wir auf ein ähnliches Erlebnis.

Als mir Schatzi von der nächtlichen Ruhestörung erzählte, fragte ich sie, was sie eigentlich nachts macht, denn ich für meinen Teil schlafe nachts! Das wiederum fand sie nicht so lustig und kramte die alte Geschichte mit dem Wohnungsbrand wieder aus. Die gehört aber jetzt wirklich nicht hierher!

Trotz der liebevollen Diskussion, wer nachts was macht oder nicht, waren wir eine halbe Stunde später bereits abfahrtbereit. Zuerst wollten wir zum Frühstücken nach Bajina Basta und anschließend an einen Stausee mit möglichem Badeplatz fahren. Naja, ich verrate noch nicht zu viel, nur dass Schatzi unbedingt auf einen Berg wollte, ich sie dafür hätte killen können, und dass ich aus versehen etwas Geniales entdeckte.

Doch der Reihe nach: Bajina Basta hatten wir uns wegen der tollen Lage und dem nahen Stausee ausgesucht. Die Stadt liegt am Ufer der Drina, die wiederum, an dieser Stelle, die natürliche Grenze zwischen Serbien und Bosnien Herzegowina bildet.

Auf der Karte schien uns die Stadt groß genug, als dass es eine Frühstücksmöglichkeit geben sollte.

Der Weg dorthin führte von unserem Übernachtungsplatz immer talwärts durch die Berge bis hinunter zum Fluss. Das Gewitter der letzten Nacht hatte kaum Spuren hinterlassen und so gestaltete sich die Fahrt in die Stadt problemlos. Im Gegenteil, an der einen oder anderen Stelle bot sich uns ein schöner Ausblick ins Tara Gebirge.

Nach unzähligen Kurven erreichten wir den Ortseingang von Bajina Basta. Über schlaglochreiche Straßen fanden wir das Stadtzentrum und am Krankenhaus auch einen schattigen Parkplatz. Zu Fuß spazierten wir die Hauptstraße entlang und suchten ein Café oder eine Bar zum Frühstücken. Vor dem Tourismusbüro fanden wir einen Plan der Stadt und auf diesem entdeckten wir tatsächlich einen Markt. Wir überlegten noch, welchen Weg wir nun einschlagen sollten, als uns jemand (vermutlich) auf serbisch ansprach. Mit Händen, Füßen und zeigen auf den Markt, gaben wir der Dame zu verstehen, wohin wir wollten. Zu unserer großen Enttäuschung sagte sie "Niet, niet" was zusammen mit ihrem Kopfschütteln auf jeden Fall bedeutete, dass der Markt entweder heute geschlossen war oder (dies erschien uns wahrscheinlicher), dass es diesen nicht mehr gab. Den weiteren Weg ins Zentrum brauchten wir uns nicht mehr erklären zulassen, denn in einiger Entfernung hatte Gabi bereits eine Fußgängerzone entdeckt.

Noch bevor wir diese erreichten, beobachteten wir bei einem Bäcker auf der anderen Straßenseite ein reges Kommen und Gehen. Ich schlußfolgerte, dass dieser gut sein muss, und fragte Schatzi, ob wir uns dort nicht gleich mit etwas Essbarem eindecken wollten. Natürlich gefiel ihr die Idee, und wenig später stellten wir uns in der Schlange vor dem Laden an.

Endlich an der Reihe, hatten wir uns kaum einen Überblick über das Angebot verschaffen können, doch stachen uns einige offenbar gefüllte Teilchen entgegen. Ohne langes Nachfragen, uns hätte ja eh keiner verstanden, kauften wir ein Teilchen, aus dem etwas weißes hervorlugte, und eins, welches mit einer rötlich - braunen Masse gefüllt war. Später stellte sich heraus, dass wir goldrichtig lagen. Ein Stück war mit Schafskäse und eins mit Hackfleisch gefüllt.

Jetzt brauchten wir nur noch eine schöne Sitzmöglichkeit, sowie Tee und Kaffee dazu. Möglichkeiten hatte es auf dem Weg ins Zentrum und dort genügend gegeben, wir hatten die Qual der Wahl! Diese fiel schließlich auf eine Hotelbar, in der einiges los war. Außerdem waren wir sicher, hier gute Toiletten zu finden.

Und wieder landeten wir einen Volltreffer! Gabis Tee und mein Milchkaffee waren gut und günstig. Dazu die zwei Teilchen vom

Bäcker, schon hatten wir ein tolles Frühstück. Nun fehlte nur noch eine saubere Toilette. Gabi ging zuerst die Lage erkunden. Als sie wenig später zurück kehrte, lächelte sie schon von Weitem und hob den Daumen. Super, dann konnte ich ja mit ruhigem Gewissen gehen. Und ich muss sagen, es war alles blitz blank sauber, es gab sogar Papiersitze zum Abdecken der WC Sitze, und die Räumlichkeiten waren mehr als großzügig ausgelegt.

Schon aus diesem Grund würden wir Bajina Basta in guter Erinnerung behalten.

Nachdem wir bezahlt hatten, schlenderten wir weiter durch die Stadt auf der Suche nach etwas Besonderem. Doch wie so viele Städte Serbiens und des Balkans war auch Bajina Basta keine Schönheit, außer man kann dem Charme der alten Sozialistischen Welt etwas abgewinnen. Und das konnten wir spätestens wieder im hiesigen Kaufhaus.

Ich weiß nicht, ob ihr es wusstet, aber Schatzi hat ein Gespür für bestimmte Geschäfte. Ich wäre in dieses niemals reingegangen. Von außen absolut unscheinbar, ohne Schaufenster, ohne Hinweis auf ein Bekleidungsgeschäft, hatte ich angenommen, es wäre ein An- und Verkauf, aber nein - Gabi hatte das Zentralkaufhaus des Ortes entdeckt.

Schon beim Betreten des selbigen schlug uns ein Geruch nach Plastik, Mottenkugeln, billigem Parfum und altem Teppichboden entgegen. Es war es wie bei einem Unfall, eigentlich sieht man nicht hin, aber man muss einfach! Das schlimmste war, dass Schatzi sich die Sachen auch noch ansehen wollte. Dabei sind einige nette Filmaufnahmen entstanden, die wiederum im iTunes Buch zu sehen sein werden.

Im Laden selbst entdeckte sie zum Glück nichts Brauchbares, aber hinter dem Kassentresen hingen dutzende verschiedene, buntbedruckte Geschenktüten aus Papier, in denen Frau so Manches gut verpacken kann. Da diese auch noch günstig waren, schlug sie wieder unerbittlich zu. Ich muss an dieser Stelle aber gestehen, dass ich ihr bei der Auswahl diverser Tüten sogar noch behilflich war. Bestimmt war es besser, sonst hätten wir, wer weiß was noch für Dinger gekauft. So wurden einige mit Autos, mit … oh ich darf ja nicht zu viel verraten, Weihnachten kommt erst noch.

Mit einem guten Dutzend Tüten beladen, verließen wir den Laden und schlenderten über die Fußgängerzone zurück zu unserer Bergziege.

Gegen zehn Uhr waren unsere wenigen Einkäufe verstaut und es konnte weiter gehen. Die Straße führte direkt zur Drina und zum Grenzübergang nach Bosnien. Doch wir bogen nur wenige Meter vorm Übergang links ab und folgten dem Flusslauf stadtauswärts.

Keine 10 Kilometer später erspähte ich auf der linken Seite einen größeren Platz, der als Rast- oder sogar Übernachtungsplatz in Frage kam. Da ich mir diesen näher ansehen wollte, zog ich das Womo kurzerhand nach links und kam in einer Staubwolke vor einer Wasserstelle zum Stehen. Schatzi´s Reaktion brauche ich an dieser Stelle nicht mehr schildern, die habt ihr bestimmt vor Augen.

„So mein Schatz extra für dich. Hier können wir die Räder waschen und Wasser auffüllen!" sagte ich grinsend. Gabi sah mich entsetzt an und nachdem sie wieder Luft bekam, antwortete sie: „Puhhh! Bist du verrückt? Ohne was zu sagen nach links abzubiegen und wie ein Bekloppter dann zu bremsen?" Mit meinem unschuldigsten Gesichtsausdruck entgegnete ich: „Ach so, hätte ich nicht bremsen sollen?" Dann entwaffnete ich sie mit einem Kuss und dem Dackelblick, und schon lächelte sie wieder. Wir stiegen aus und sahen uns um.

„Das ist ein perfekter Übernachtungsplatz!" sagte ich spontan. Wir standen auf einem großen Sandplatz. Links von uns floss ein Bach träge dahin. An seinem Ufer standen mehrere große Eichen, die den wenigen parkenden Autos Schatten spendeten. Vor uns führte ein Weg am Bach entlang durch einen Park, offenbar in den Ortskern. Direkt neben uns befand sich eine Wasserstelle mit einer steinernen Sitzbank und 3 Wasserhähnen. Rechts hinter uns war eine Gaststätte mit einem Verkaufsfenster zum Platz und schließlich direkt hinter uns, in etwa 50 Meter Entfernung, die Straße.

Ich schlug Gabi vor, dass wir unser Womo unter den Eichen im Schatten abstellen, die Räder abnehmen, reinigen und mit diesen dann die Gegend und den Stausee erkunden. Später könnten wir zurück kommen, in der Gaststätte etwas essen und hätten gleichzeitig einen tollen Ü-Platz.

Aber Schatzi hatte andere Pläne! Aus irgendeinem Grund hatte sie sich heute vorgenommen, weiter zum Stausee oder besser noch in die Berge zu fahren. Naja, Schatzi´s Wunsch, ... und so habe ich nur die Räder vom Womo genommen, damit diese abgespült werden können.

Nachdem dies erledigt war, stieg ich etwas missmutig ein und wir fuhren weiter.

Als wir wenig später die Sohle der Staumauer passiert und uns einige Höhenmeter bis zum See emporgearbeitet hatten, fanden wir dort tatsächlich eine Badestelle vor. Doch diese gefiel uns nicht so recht, und so fuhren wir am Stausee entlang weiter. Wir passierten ein Infohaus der Nationalparkverwaltung, dann einen Tunnel. „Na das kann ja heiter werden!" dachte ich mir, nachdem wir diesen passiert und auf der Uferstraße, ähh nein - Uferweg mit Asphaltstückchen und riesigen Schlaglöchern wäre treffender gewesen, weiterfuhren.

Nach den ersten Schlaglöchern und Pfützen, entdeckten wir einfache Hausboote, die idyllisch auf dem See vor sich hin schaukelten. Nach Badebucht oder auch nur halbwegs brauchbarer Badestelle sah es zunächst nicht aus. Dann, als wir einmal anhielten, um uns den Stausee und die ihn umgebenden Berge näher anzusehen, entdeckten wir den Müll, der auf dem Wasser trieb und sich am Ufer sammelte. Hier wollte Schatzi natürlich nicht baden gehen. Wir waren wirklich schockiert, wie die Menschen mit ihrer herrlichen Natur umgehen und diesen sonst so romantischen und einzigartigen See verschandeln.

Einige Meter weiter trauten wir dann unseren Augen kaum. Als ich das Womo mal wieder durch wannengroße Löcher bugsiert hatte und um eine Biegung kam, schwamm da ein Wohnwagen auf dem Wasser. Bei genauerem Hinsehen konnten wir erkennen dass es sich um mehrere handelt. Natürlich schwammen diese nicht direkt auf dem Wasser, sondern waren auf eine Art Ponton aus Holz gestellt und mit Gurten befestigt. Wir überlegten noch, wo das Abwasser aus den Wagen und aus den Häusern entsorgt wird, als sich die Erkenntnis schlagartig einstellte und sich das „Badethema" vorerst erledigt hatte.

Kopfschüttelnd fuhren wir weiter und dies bezog sich nicht nur auf die Abwasserentsorgung, nein die Wegverhältnisse ließen es nicht zu, dass ich meinen Kopf länger als 2 Sekunden ruhig halten konnte.

Als dann die Straße vom See weg in die Berge führte, wurde es richtig ätzend. Ich brauchte die ganze Straße, die eh' nicht sehr breit war, um das Womo halbwegs unbeschadet den Berg hinauf zu bekommen. Ich haderte mit meinem Schicksal und verfluchte Schatzi, die unbedingt hier hoch wollte. Irgendwie konnte sie meine Gedanken lesen, denn sie sagte: „Ganz schön anstrengend, hier hoch zu fahren oder?" Ich sah sie nur grimmig an, zumal ich auch ahnte, dass der ganze Weg umsonst sein würde. Dann fügte sie hinzu: „Wollen wir lieber umkehren?" „Ich glaube, WIR wollen nicht umkehren. Und außerdem, wo bitte soll ich die Kiste hier wenden?" gab ich angestrengt lächelnd zurück. Sie wusste und hörte, dass es jetzt besser war, mich in Ruhe den Berg erklimmen zu lassen und sich mit mir nur über die tolle Landschaft zu unterhalten.

Zum Glück war diese wirklich faszinierend und abwechslungsreich. Alles sah so aus, als würde jeden Augenblick ein Bär aus dem Dickicht kommen und sich uns in den Weg stellen. Aber leider ließ sich keiner blicken. Dafür hatte ich mich fast schon an die Straße gewöhnt und genoss das Hin und Her auf der selbigen, als wir einen kleinen Ort erreichten, und die Straße für uns zu Ende war.

Ich hielt am Wegesrand, stellte den Motor ab und sah Schatzi erwartungsvoll an. „Und nun?" fragte ich, nachdem sie ausgestiegen war und sich enttäuscht umgesehen hatte. „Wollen wir uns das Haus da ansehen oder zu der Scheune dort drüben wandern?" Manchmal kann ich aber auch sarkastisch sein." Schatzi sah mich mit einem Blick an ..., gleich würde ich tot umfallen.

Wie ich vermutet hatte, war hier oben auf dem Berg nichts, außer das Ende der Straße! Es ist eben nicht wie bei uns, dass es an markanten Zielen immer etwas zu sehen gibt. Ich nahm Schatzi in den Arm küsste sie und sagte, dass wir wieder runter fahren. Klar was sollten wir auch hier oben, wenn wir gleich an der offiziellen Badestelle in's Wasser springen und uns erfrischen könnten. Sie war begeistert und lachte wieder!

Entsprechend locker fuhren wir bergab, diesmal war ich mit den Schlaglöchern großzügig, schließlich konnte ich eh' nicht jedem ausweichen. Vielleicht war das auch ein Grund für ein späteres Malheur.

Während der Talfahrt fielen uns die vielen einzeln, ja einsam stehenden Häuser auf. Diese waren offensichtlich auch alle bewohnt und wir fragten uns wieder, was mit dem Müll und Abwasser wurde. „Die nehmen das doch wohl hoffentlich nicht mit ins Tal und entsorgen es im Stausee." sagte Gabi. „Das glaube ich nicht. Bestimmt nehmen sie nur den Müll mit, alles andere bleibt hier oben!" Dies sollte zwar wie ein Scherz klingen, lag aber bestimmt nah an der Wahrheit.

Unten an der Badestelle angekommen, erwischten wir gerade noch einen Parkplatz, der für uns geeignet war. Wir zogen uns im Womo gleich die Badesachen an, stiegen aus, sahen ins Wasser und stiegen wieder ein. Der ganze Uferstreifen war voller Plastikmüll und anderem Unrat. Zwar sprangen die Badegäste erst weiter draußen von einem hölzernen Ponton in's Wasser, aber selbst in dessen Nähe sahen wir Müll im Wasser treiben. Deshalb gingen wir nicht ins Wasser, sondern räumten den Parkplatz für hartgesottene Schwimmer, und fuhren ein Stück weiter.

Schatzi war am Ende. Alles was sie sich für heute vorgenommen hatte, ging schief. Also war ich gefordert, für bessere Laune und Glücksgefühle zu sorgen.

Um wieder runter zukommen, schlug ich vor, dass wir am Fuß der Talsperre einen Stopp einlegen, und einen heute gekauften Saft genießen. Gesagt getan, mit einem schönen Blick nach Bosnien über die Drina und die umliegenden Berge tranken wir ganz entspannt einen Orangen/Rote Beete Saft. Schön gekühlt war er einfach herrlich.

Als nächstes sah ich auf dem Navi nach schönen Aussichtspunkten in der Nähe und tatsächlich fand ich am anderen Ende von Bajina Basta eine entsprechenden Hinweis. Ohne langes Überlegen, was es sein könnte, beschlossen wir, einfach nachzusehen.

An dem angegebenen Ort sollte eine kleine Straße zur Drina führen. Doch an deren Stelle fanden wir nur eine Baufirma. Das Gelände wurde offensichtlich als Lagerplatz für Sand und Kies genutzt.

Jetzt war ich ein wenig enttäuscht. Doch so schnell wollte ich nicht aufgeben. Wir parkten nur wenige Meter von dem Gelände entfernt auf dem Parkplatz eines größeren Restaurants.

Als ich auf diesen fuhr, sahen wir es - „Das Haus in der Drina"! Gehört hatten wir schon von der einmaligen Sehenswürdigkeit, wußten aber bisheriger nicht, wo es zu finden war.

Der Serbe Milija Mandic hat vor über 40 Jahren mit ein paar Freunden beschlossen, auf dem Felsen ein Holzhaus zu bauen. Zwar wurde es in den Jahren 9 mal weggespült, doch der Serbe baute es immer wieder auf. Einmal musste er das Haus sogar 50 Kilometer entfernt aus der Drina fischen und an seinen Platz zurück bringen.

Die Jahre sind vergangen, doch das Haus steht immer noch, und Milija verbringt jede freie Minute mit seiner Frau und den beiden Kindern in dem Haus im Fluss.

Selbstverständlich schnappten wir uns sofort die gesamte Fotoausrüstung und gingen ans Flussufer. Leider stand die Sonne nicht gut und so sind die Fotos nicht sooo besonders geworden. Aber Sonne und Zeit sollten mir zu einem späteren Zeitpunkt nochmal Gelegenheit für ein Foto geben, und dafür ist schon jetzt eine ganze Seite in diesem Buch vorgesehen!

Nachdem genügend Fotos im Kasten waren, wollte ich aber noch wissen, was es mit dem Aussichtspunkt auf dem Geländes des Kieslagerplatzes auf sich hatte.

Die paar Meter dort hinzukommen, war gar nicht so einfach. Es gab weder einen Fußweg noch Grünstreifen, und die vorbei brausenden Autos sahen nicht ein, mehr als nötig auszuweichen. Entsprechend beschwerte sich Schatzi bei mir, warum wir unbedingt nochmal auf den Platz müssen. Durch den Straßenlärm konnte ich sie leider nicht verstehen und ging weiter. Zu guter Letzt gelangten wir doch unbeschadet auf das Gelände.

Schon von Weitem beäugte man uns misstrauisch, doch als die Bauarbeiter sahen, dass wir Touristen waren und eine Kamera in den Händen hielten, winkten sie uns zu sich. Ganz offensichtlich waren wir nicht die ersten, auf der Suche nach dem Aussichtspunkt. Einer der Arbeiter wies uns einen Weg durch Brennessel- und Brombeergestrüpp, in Richtung des Flussufers. Schon nach wenigen Metern wurde es sehr unwegsam. Unentschlossen blieben wir stehen. Daraufhin winkte der Bauarbeiter uns aus sicherer Entfernung zu und bedeute uns weiter zugehen. Widerwillig stiegen wir weiter durch das dichte

Buschwerk und es lohnte sich. Nachdem wir auf halber Höhe eine zeitlang am Ufer entlang und unter der Abwasserleitung eines, über uns befindlichen Hauses hindurchgingen, kamen wir an ein altes verlassenen Haus. Von dessen Terrasse aus hatten wir einen atemberaubenden Blick über das Haus und die Drina. Gabi und ich waren froh, das kleine Stück beschwerlichen Weges auf uns genommen zu haben.

Zurück am Womo wurde es Zeit für einen Kaffee. Nur hatte keiner Lust, bei der Wärme einen zu kochen. So schlug ich vor, unsere großen Henkelbecher zu nehmen, uns im Restaurant je zwei Espresso, dazu noch zwei Kugeln Vanilleeis für jeden zu bestellen, alles in die Becher füllen zu lassen und uns anschließend auf die Picknickbank unterhalb des Restaurants zu setzen. Dort könnten wir noch einmal den Blick zum Haus bei einem preiswerten Eiskaffee genießen.

Von Schatzi gab es für die Idee einen Kuss und der Ärger vom Mittag war verflogen. Wir waren beide glücklich, diese Attraktion zufällig entdeckt zu haben. Innerlich überlegte ich aber schon, welche Überraschung ich als nächstes aus dem Hut zaubern könnte.

Gabi hatte schon am Morgen von einem Kloster in der Nähe berichtet, allerdings hatte ich bei den angekündigten Temperaturen keine Lust auf eine Klosterbesichtigung. Jetzt sah die Sache aber schon anders aus. Nicht, dass es kühler geworden wäre, nein ich war gerade dabei, Schatzi in einen Glücksrausch zu versetzen und ich wusste, wenn ich jetzt vorschlagen würde, das

Kloster zu besichtigen, dann wird das für uns beide ein perfekter Tag, Abend und mehr.

Ganz unschuldig fragte ich: „Und was machen wir jetzt?" „Hm, weiß nicht. Ist auch ganz schön warm. Wollen wir wieder zum Platz zurück und uns noch sonnen?" Mit dieser Antwort hatte ich fast gerechnet, und so konnte ich nun mein Ass aus dem Ärmel zaubern: „Was hältst du davon, wenn wir zu dem Kloster fahren? Wir haben doch vorhin den Abzweig gesehen, also sollten wir es auch finden." Überrascht und erstaunt lächelte sie mich an und meinte: „Du willst nun doch zum Kloster?" „Ja ich will!" bestätigte ich grinsend. Ich hatte wirklich Lust darauf oder ahnte ich, was uns dort erwarten würde?

Wir fuhren wieder zurück durch die Stadt und verließen diese in südwestlicher Richtung, dem Wegweiser zum Kloster Raća folgend. Die Straße war für serbische Verhältnisse schon fast zum niederknien gut. Sie war eng, hatte dafür aber fast keine Schlaglöcher und führte an einem kleinen Bach entlang, tief in ein Tal hinein.

Am Ende der Straße gab das enge Tal den Blick auf die kleine Klosteranlage frei.

Die Sonne brannte heiß, die Luft flimmerte und ließ das Kloster auf den ersten Blick mittelalterlich und karg erscheinen. Wir stellten das Womo auf der Wiese neben dem Weg, unter dichten Baumkronen, im Schatten ab und machten uns zu Fuß auf den Weg, das Anwesen zu erkunden.

Noch bevor wir es betraten, fiel uns die schöne Lage auf. Nicht weit von Bajina Basta entfernt, am Ende einer Sackgasse gelegen, floss vor den Toren des Klosters ein kleiner Bach in mehreren Stufen vorbei. Die Klosteranlage selbst war von einer hohen Steinmauer umgeben. Nur die Kapelle und ein Glockenturm lugten hervor. Die ganze Anlage machte einen sehr gepflegten Eindruck auf uns und wir waren auf das Innere sehr gespannt.

Nachdem wir die Klostermauern passiert hatten, setzte sich der erste Eindruck fort. Überall waren Blumen gepflanzt, die Anlagen und Wege akkurat angelegt, und in Ordnung gehalten.

Ehrfurchtsvoll raunte ich Gabi zu: "Man sieht ganz klar, dass es sich um ein Männerkloster handelt!" Zack, und schon hatte ich wieder eine liebevolle Kopfnuss gefangen. Dabei sollte meine Aussage nicht heißen, dass ein Frauenkloster nicht auch so schön sein könnte. Nur ..., nein ich schreib mich sonst um Kopf und Kragen!

Wie gesagt, alles war sehr sauber und ordentlich. Gegenüber der Kapelle saß ein älterer Mann auf der Bank vorm Souveniershop, zumindest deutete von weitem alles darauf hin, dass es sich bei dem Laden um einen solchen handelte. Gabi wollte schon lange Ansichtskarten kaufen und so schauten wir zum Shop hin. Als der ältere Herr uns kommen sah, stand er auf, begrüßte uns freundlich und ging voraus in den Laden.

Während Schatzi vorm Laden blieb und sich einige Postkarten aussuchte, ging ich schon mal hinein. Mein erster Gedanke war: „Oh mein Gott!" Der ganze Laden war voller Ikonen in allen erdenklichen Größen. Außerdem fand der Gläubige verschiedene Gebetsketten, Kreuze und natürlich Kerzen jeglicher Größe.

Und was fand ich? Eine ganz erquickliche Auswahl selbst gebrannter Klosterschnäpse. Als Schatzi in den Laden kam, versuchte ich gerade herauszufinden, um welche Schnäpse es sich handelte. Wie üblich, waren alle nur in ehemaligen Wasserflaschen abgefüllt und mit einem kleinen handgeschriebenen Papieraufkleber versehen, oder es war nur mit einem Edding etwas darauf geschrieben.

Während wir die Flaschen inspizierten, überlegten wir, was der ältere Herr für eine Rolle spielt. War er ein Ordensbruder, nur ein Angestellter, oder gar der Brennmeister persönlich? Wir sollten es nie erfahren. Mit seiner Hilfe und Bildern von Früchten, bekamen wir heraus, um welche Getränke es sich handelte.

Heute wissen wir, dass wir auf jeden Fall zu wenig gekauft haben, denn die je eine Flasche Pfirsich- und Birnenbrand waren (und sind immer noch) exorbitant gut! Davon hätten wir mehr kaufen müssen! Dagegen hätten wir uns die Flasche Brombeerwein schenken können. Die entsprach so gar nicht unserem Geschmack! Es gab auch selbst gemachten Essig, doch den ließen wir stehen. Zum Abschluss kauften wir noch Kerzen. Im Gedenken an einige unserer Lieben, haben wir diese in der Kapelle später aufgestellt und angezündet!

Die Kapelle selbst war klein, hübsch und mit den typischen, farbenprächtigen, serbisch orthodoxen Malereien ausgestattet. Da es nicht so viel zu besichtigen gab, traten wir wenig später wieder ins Freie.

Hier in dem engen Tal von Raća war es unerträglich heiß und wir wollten Beide wieder zurück auf unseren Platz, zurück in die Berge. Zum Abschluss unseres Besuches erfrischten wir uns noch an einem Brunnen an der Klostermauer, bevor wir wieder zurück zum Hotel Omorika fuhren.

Wenige Meter vor unserem Ü-Platz hielten wir am Markt an und statteten „unserer" Bude am Ende der Hüttenreihe einen Besuch ab. Gabi wollte noch mal Ziegenbutterseife und ich eine Flasche Malina-Likör (Himbeerlikör) kaufen. Es wurden dann allerdings 3 Flaschen Malina, 5 Stück Seife, 2 Flaschen Propolis/ Honig Schnaps und eine Flasche Kräuteressig, als Heilmittel gegen alles und jeden.

Der Malina-Likör schmeckte vor Ort ausgezeichnet, stellte sich zu Hause aber als sehr explosiv heraus. Ein Flasche ist, auf einem Regal im Wohnzimmer stehend, regelrecht explodiert. Das heißt, der Korken wurde nach oben rausgeschleudert, gefolgt von einem Großteil der roten klebrigen Flüssigkeit. Diese verteilte sich dann gleichmäßig über Wand, Decke und Möbel. Unser Sohn, samt Familie, hatten somit ein wirklich bleibendes Andenken, an die serbischen Brennkunst erhalten.

Der Schnaps war aber nicht das Einzige, was einen bleibenden Eindruck hinterließ. Als wir vom Einkauf zum Womo zurück gingen, wunderte ich mich schon von Weitem, dass die Fahrräder schief auf dem Womo hingen. Beim Näherkommen blieb uns fast das Herz stehen. Beide Haltegurte waren auf Grund von altersschwachen Gurtnähten gerissen! Ein Fahrradlenker hatte mehrere Schrammen und eine größere Delle im Wohnmobildach verursacht. Außerdem hingen die Räder nun nur noch an zwei dünnen Sicherheitsriemen, welche ich glücklicherweise und entgegen meiner sonstigen Risikofreude anleget hatte.

Im ersten Moment rutschte mir das Herz in die Hose und ich malte mir aus, was alles hätte passieren können. Dann gewann der „Kühle" wieder die Oberhand.

„Komm Schatzi, ich fahr vorsichtig die paar Meter bis zu unserem Platz, dann wird gebaut. Ich werde einfach zwei zusätzliche Gurte an dem Träger anbringen, und so alles wieder befestigen!" sagte ich zu einer blassen Gabi. Ohne ein weiteres Wort ging sie schon mal vor zum Platz. Als ich ankam, bedeutete sie mir immer wieder, langsamer und vorsichtiger zu fahren. Aus meiner Sicht, wäre nur noch tragen, langsamer gewesen.

So oder so, in jedem großen Urlaub ist irgend etwas. Letztes Jahr hatten wir die Bergstraße und das verlorene Nummernschild, in diesem Jahr den Fahrradträger. Ich bin gespannt, was es nächstes Jahr sein wird!

Es dauerte nicht lange und ich hatte zwei Spanngurte um den Träger gelegt und alles war wieder sicher! Nur war es jetzt viel schwieriger, die Räder abzunehmen und erst recht wieder nach oben zu bekommen. Der Hebemechanismus funktionierte ja nicht mehr. Später in Kroatien nahmen wir sie aber dennoch ab. Freut euch schon jetzt auf den Bericht, wie wir diese wieder hoch bekamen!

„Was hältst du davon, wenn wir heute essen gehen?" fragte mich Gabi. Ich gab ihr einen Kuss und antwortete: „Alles was du willst mein Schatz!" Schatzi sah mich skeptisch an und wartete auf den zweiten Teil. „Und willst du?" grinste ich. „Wusste ich doch, dass noch ein Spruch kommt. Mal sehen, vielleicht!" sagte sie und sah mich dabei vielversprechend an. „Na dann, lass uns duschen gehen, dann essen und anschließend könnten wir vom Hotel aus mal bei Max anrufen." „Können wir machen." sagte Gabi und bereitete alles zum duschen vor.

Eine halbe Stunde später gingen wir an den nun geschlossenen Marktbuden vorbei zum Restaurant „Jeremiča". Dort nahmen wir draußen Platz und warteten auf die Speisekarte.

Als der Kellner, wenig später damit an unseren Tisch trat, mussten wir feststellen, dass er weder englisch noch deutsch sprach und die Speisekarte in kyrillischen Buchstaben verfasst und somit eine echte Herausforderung war. Gut, wir hatten in der Schule viele Jahre russisch, aber hängengeblieben ist bei mir nichts, bei Gabi dafür etwas mehr.

Unter Aufbietung all unseres Könnens und unter zu Hilfenahme aller Hände und Füße, bestellten wir 1 Liter Weißwein, eine Flasche Wasser, 2 kleine Salate, 2 mit Käse gefüllte Teilchen, einen großen Fleischteller, eine Portion Cevapcici und zum Abschluss zwei Kaffee. Beim Bezahlen, mussten wir dann feststellen, dass wir uns in einem Touristengebiet befanden. Alles war sehr gut und lecker und das Preis/Leistungsverhältnis war in Ordnung, aber es war eben doch ein wenig teurer als andernorts.

Noch während der Mahlzeit wurde es Schatzi kühl. Als liebender Ehemann kann ich das natürlich nicht so einfach hinnehmen. Also eilte ich zurück zum Womo, um etwas zum Anziehen für sie zu holen. Da ich aber nicht genau wusste, welche Jacke ich ihr bringen sollte, habe ich einfach das ganze Womo mitgenommen.

Ihr hättet ihren Blick sehen sollen, so sieht sie mich auch an, wenn ich Blumen gekauft habe oder ich mit ihr shoppen gehe!

Nach dem Essen brachten wir das Wohnmobil wieder zurück auf seinen Platz und gingen noch einmal in's Hotel. Die dortigen Toiletten und das kostenlose W-lan, beides war zu verlockend!

Die Heimat war begeistert, dass wir uns gemeldet haben und dass es uns gut geht!

Auf dem Rückweg genehmigten wir uns noch je eine Kugel Eis, bevor wir nach 120 Tageskilometern unter teilweise sengender Hitze erschöpft aber glücklich, in unsere Koje krabbelten und einer angenehmen Nacht entgegen schlummerten!

Sonntag - Volksmusik ohne Gleichen

Ich hätte es wissen müssen und eigentlich wusste ich es, aber man denkt eben nicht immer daran. Samstagnacht ist eine ganz besondere Nacht. Im Allgemeinen ist es in dieser für uns besser, möglichst einsam und weit, ganz weit weg, von jeder Zivilisation zu stehen. Diese Grundsatzformel hatten wir leider wieder einmal vergessen.

Schon als wir vergangenen Abend vom Hotel zurück kamen, hörten wir serbische Volksmusik aus einem anderen angrenzenden Hotel. Diese war so laut, dass wir noch am Womo hätten mitsingen können. Noch aber dachten wir uns nichts dabei. Allerdings hatten wir später beim Einschlafen schon Schwierigkeiten, die Schunkellieder aus dem Kopf zu bekommen.

Später kam uns dann das Gewitter zu Gute. Die Blitze und der Donner waren eine angenehme Abwechslung und machten uns weniger aus, als die serbischen Wildecker Herzbuben. Plötzlich krachte es gewaltig, dann war Ruhe.

Ich vermutete, dass dem Herr'n im Himmel ebenfalls die Ohren bei diesen Melodien bluteten, und er deshalb einen kräftigen Blitz in die Anlage geschickt hatte. Allerdings hatten wir nicht mit der Hartnäckigkeit der Serben gerechnet. Diese hatten binnen kürzester Zeit alles wieder am Laufen und die Polkarunden starteten von neuem durch.

So richtig schlimm wurde es gegen 0 Uhr nachts. Offenbar verhalf der gestiegene Alkoholpegel vielen Serben zu nicht gerechtfertigtem Selbstbewusstsein. Wir konnten hören, wie der Saal tobte und die Menge mitgrölte. Sorry, aber mitsang konnte man beim besten Willen nicht sagen.

Ich überlegte bereits, ob ich mit dem Wohnmobil den Saal stürmen und die Anlage niederwalzen sollte, als gegen 2 Uhr endlich Ruhe einkehrte. Bis dahin hatten wir nur stückchenweise Schlaf gefunden, entweder wenn eine Tanzpause eingelegt wurde oder wenn unsere Ohren zu erschöpft waren, um noch etwas wahrnehmen zu können.

Das Beste war aber, dass wir Dreiviertel sieben ausgeschlafen aufstehen konnten. Die Vögel zwitscherten niedlich vor sich hin, als wäre nichts gewesen. Die Sonne schickte bereits die ersten wärmenden Strahlen in´s Womo und alles deutete auf einen sonnigen und warmen Tag hin. Für uns war damit der Schrecken der Nacht ebenfalls vergessen.

Heute hatten wir uns eine Fahrt durch die Berge zum Zaovine See vorgenommen. „Mal schauen ob wir heute baden gehen können." meinte Schatzi noch recht skeptisch kurz vor unserer Abfahrt. Ich hingegen hatte ein gutes Gefühl.

Die Straße durch die Berge war erstaunlich gut, ich meine, jetzt nicht so gut wie die meisten Landstraßen in Deutschland, das wäre übertrieben, eher so wie eine 1980er Dorfstraße in Brandenburg!

Und dann endlich, etwa auf halbem Weg nach Mitrovac, sahen wir einen BÄREN! Na gut, nur auf einem Warnhinweis, aber wo solch ein Hinweis ist, müssen auch Bären sein, hofften wir und fuhren langsam weiter.

Als wir Mitrovac erreichten, hatten wir immer noch keinen Bären gesehen, dafür durften wir jetzt sehen, wir touristisch dieses Nest war. Mitten in den Bergen gelegen, diente der Ort offenbar als der „Geheimtipp" für Touristen. Noch lagen die Hütten, Restaurants und Bars recht verschlafen da, aber wir ahnten schon, dass es auch anders sein kann.

Zu unserem Erstaunen entdeckten wir sogar einige sehr gut ausgebaute und beschilderte kleine Wanderwege bzw. Lehrpfade. Für Kinder schien uns der Platz ideal geeignet. Wie recht wir damit hatten, sahen wir auf dem Rückweg.

Jetzt passierten wir das Örtchen ohne Zwischenstopp, wir wollten ja weiter zum See.

Kurz bevor wir diesen erreichten, hatten wir an einer Weggabelung wieder einmal die Qual der Wahl. Dieses aparte Schild stellte uns vor eine größere Herausforderung! Unsere Übersetzer App half uns in diesem Fall auch nicht weiter.

Wir versuchten uns an der Straßenqualität zu orientieren. Dies klappte auch nicht, beide sahen nicht so schlecht aus. Plötzlich entdeckte Schatzi den entscheidenden Hinweis. „Sieh mal nach rechts." sagte sie, „Da steht ein - Durchfahrt Verboten - Schild!" „Hm, das ist merkwürdig, hier auf dem Schild zeigen drei Pfeile nach rechts und sieh mal da, der PKW biegt auch gerade rechts ab." sagte ich. Eine Weile sahen wir uns noch um und überlegten. Schließlich entschied ich, wohin es weiter gehen sollte: „Weißte was? Rechts sind wir erst gestern abgebogen, heute gehts mal links rum!" meinte ich grinsend. Schatzi sah mich verwundert an und fragte: „Wo sind wir denn gestern rechts abgebogen?" Noch bevor ich antworten konnte, dämmerte ihr der Scherz, sie winkte ab und wir fuhren weiter!

Wenige Kilometer später kam der See in Sicht und wir hielten kurz an der ersten Staumauer, um uns einen Überblick zu verschaffen. Der See lag wirklich wunderschön, das türkis - blaue Wasser schimmerte umgeben von satt grünen Wiesen und bewaldeten Bergen.

Auf Grund seiner abgeschiedenen Lage, war alles um uns herum relativ unberührt. Die wenigen Menschen, die bisher hier waren, verliefen sich in der Weite des Sees. Auch bezweifelten wir, dass hier noch Massen einfallen werden.

Nachdem wir die Staumauer passiert hatten, mussten wir wieder anhalten. Die Aussicht auf die andere Seite des See´s stand der ersten in nichts nach. Der Blick schweifte hier über ein satt grünes Tal, das von einem kleinen Fluss durchzogen wurde. Der blaue Himmel über dem Ganzen verlieh der Szenerie etwas malerisches.

„Hier könnten wir doch eigentlich frühstücken!" säuselte eine liebliche Stimme hinter mir, als ich gerade dabei war, die Schlucht ausgiebig zu fotografieren.

Ich wunderte mich schon eine ganze Zeit, dass Schatzi heute noch nicht auf das Thema angespielt hatte, aber mir war klar, dass es kommen würde.

„Was hältst du davon, wenn wir noch ein kleines Stück auf der Seeseite entlangfahren und uns ein tolles Plätzchen mit Blick über den See suchen?" fragte ich zurück. Schatzi nickte zustimmend, verwies aber noch auf den Zustand des Weges, der am Ufer des See entlang führte. Ich hob den Daumen und meinte, dass es schon passen würde, schließlich wollten wir den Weg nur einige Meter entlang fahren.

Am Ende waren es keine hundert Meter und schon hatten wir einen tollen Platz gefunden.

Schatzi begann gleich damit, einige belegte Brote vorzubereiten und Teewasser anzustellen, während ich einen guten Platz für unsere Stühle suchte. Diesen fand ich auch gleich auf einem Felsen, der relativ eben war, ungefähr 30 Meter über dem Wasser.

Das war mal ein Frühstücksplatz in wirklich exponierter Lage mit Blick über den See und die Berge.

Trotz der frühen Stunde, es war erst gegen 10 Uhr, stand die Sonne hoch am Himmel und brutzelte uns schon kräftig das Fell. Da wir uns hier aber ca. 1.000 m Höhe befanden, ließ es sich noch ganz gut aushalten. Es war kein Vergleich zu gestern in Bajina Bašta.

Kaum hatte ich die Stühle auf dem Felsen platziert, da rief Schatzi auch schon um Hilfe. Ich sollte ihr beim Tee- und Brötchentransport behilflich sein.

Mit den gefüllten Bechern ging ich vor und musste mir ein Grinsen verkneifen, als ich Schatzi auf dem Weg zum Felsen beobachtete. Obwohl sie früher eine leidenschaftliche Kletterin war, hat sie heute etwas Höhenangst und der Weg führte an einem steilen Abhang vorbei. Langsam und vorsichtig, sich immer nach hinten beugend, balancierte sie vorwärts. Als sie endlich bei mir war, beschwerte sie sich, warum ich nicht einen noch schwerer zu erreichenden Platz ausgesucht hatte. Ich antwortete ihr wahrheitsgemäß, dass ich es ihr nicht so schwer machen wollte. Sie verdrehte nur die Augen und glaubte mir kein Wort.

Als sie sicher in ihrem Stuhl saß, nicht ohne diesen noch ein Stück von der Felskante wegzustellen, konnten wir endlich frühstücken. Dabei genossen wir den wundervollen Ausblick und unterhielten uns über Gott und die Welt.

Nachdem wir satt und zufrieden waren und Gabi sich wieder vom Felsen gerettet hatte, nahm sie sich ein Schälchen und sammelte Walderdbeeren, die sie in der Umgebung entdeckt hatte.

Doch sie hatte nicht nur die wilden Beeren entdeckt, nein auch eine schöne und vor allem einsame Badebucht, hatte sie ausfindig gemacht.

Diese lag so einsam und gut versteckt, dass wir nicht einmal Badesachen mit hinnehmen mussten. Das Schwimmen im See war überaus erfrischend und mehr als nötig bei den Temperaturen.

Beinahe wäre die Sache „ohne Badesachen" noch nach hinten losgegangen. Was ich nicht bedacht hatte war, dass andere Leute vielleicht auch klettern, um an einsame Stellen zu gelangen. Doch zum Glück hörten wir zuerst die Leute auf der anderen Seite der Bucht, ehe wir sie sahen. So hatten wir noch genügend Zeit, uns etwas anzuziehen.

Nach dem Badespaß ging Gabi noch auf fotografische Insektenjagd und ich setzte mich in meinen Stuhl und träumte vor mich hin.

Irgendwann stellte sich bei mir ein Kaffeeappetit ein und ich schlug vor, nach Mitrovac zu fahren und dort einen Kaffee zu trinken. Schatzi fand die Idee toll und so packten wir unsere sieben Sachen und fuhren über die Bergstraße zurück.

Im Örtchen angekommen, mussten wir feststellen, dass es sich in der Zwischenzeit ganz gut gefüllt hatte, erstaunlicher Weise vorwiegend mit Kindern. Überall sahen wir nun Kindergruppen umher springen und diese waren es auch, die einige Händler von Billigspielzeug und Naschkram anlockten. Diese wurden von den Kindern regelrecht belagert.

Wir parkten das Womo neben einem Restaurant, vor dem dutzende Kinder dabei waren, einem Händler die Waren förmlich aus den Händen zu reißen. Uns erschien das ganze sehr unterhaltsam und so wollten wir hier einen Kaffee trinken.

Kaum hatten wir noch ein freies Plätzchen unter einer der vielen überdachten Sitzmöglichkeiten gefunden, als bereits der Kellner kam. Wir waren beide optimistisch, einen Cappuccino zu bekommen. Zumal Gabi am Nachbartisch ein Glas mit einer Flüssigkeit entdeckt hatte, welche diesem nicht unähnlich sah.

Als wir unsere Bestellung aufgeben wollten, machte uns der Kellner klar, dass es nur „gerührten" Kaffee gab, also unseren heiß gehassten „Krüger"! Darauf konnten wir verzichten und zogen unverrichteter Dinge wieder ab.

Weiter im Ortskern fiel uns eine Straßenhändlerin auf. Leider konnte Schatzi im Vorbeifahren nicht erkennen, was sie zu verkaufen hatte. Also hielt ich ein Stück weiter an und wir gingen zurück und staunten.

Die Dame verkaufte frischen Kaymak und verschiedene Käsesorten. Während Gabi die Produkte kostete, ging ich zum Womo zurück, um eine Tupperschüssel zu holen. Der Käse war selbst Schatzi etwas zu streng, deshalb kaufte sie nur etwas von dem Rahm. Dieser sollte noch am selben Abend auf unseren Tisch kommen.

Nun hatten wir wieder etwas zu essen, nur Kaffee hatten wir immer noch nicht!

Da erinnerten wir uns an ein Restaurant an der Hauptverkehrsstraße von Bosnien nach Zlatibor, dort sollten wir doch bestimmt einen Kaffee bekommen.

Wir stiegen ins Womo und machten uns auf den Rückweg. Jetzt erst fiel uns auf, dass überall Reisebusse parkten. Im weiteren Straßenverlauf stellten wir fest, dass es sich ausschließlich um Busse handelte, die Kinder von oder nach Mitrovac brachten. Wir vermuteten, dass der Ort so eine Art Kinderferienzentrum darstellte, obwohl wir nicht erkennen konnten, wo die Kinder aus den Bussen verschwunden waren, wurden doch unzählige hierher gekarrt.

So rätselten wir noch über das „Kinder-Bus-Phänomen", als wir am Rand eines Dorfes ein Mädchen mit einem Tisch voller Himbeeren, vor sich, auf einer Wiese sitzen sahen.

„Und willst du welche?" fragte ich Schatzi kurz, während ich bereits vom Gas gegangen war. „Warum nicht!" antwortete sie und so stoppte ich und fuhr einige Meter zurück. In diesem Moment kam auch die Mutter des Mädchens angelaufen.

Schatzi fragte die Beiden, was ein Kilo kostet, es waren umgerechnet keine 5 Euro! Ich gab Gabi eine große Schüssel aus dem Womo und gemeinsam wurden nun Himbeeren „umgeschaufelt".

Schließlich musste Gabi „Stop" sagen, sonst hätten wir womöglich weit mehr als 2 Kilo in der Schüssel gehabt. Es war so schon mehr als das eine Kilo. Während die Beeren in unsere Schüsseln wechselten, unterhielten sich die beiden Frau auf englisch. Dann bezahlte Gabi das „eine" Kilo, verabschiedete sich und stieg ins Womo.

Diesmal ging es aber nicht gleich weiter. Ich schlug ihr vor, einige von den aus Deutschland mitgebrachten Süßigkeiten zusammen zu packen und der Kleinen zu schenken. Das tat sie dann auch, stieg wieder aus und brachte dem Mädchen den Beutel. Diese wiederum sah Gabi völlig perplex an und wusste nicht, was sie sagen sollte. Ihre Mutter hingegen saß mit einer

Zigarette im Mundwinkel im Schatten unter einem Obstbaum, freute und bedankte sich auf´s herzlichste bei ihr.

Im Rückspiegel sahen wir, wie die Kleine uns immer noch verwundert, wegen ihres Geschenkes nachsah. Erst kurz bevor wir um die Bergkuppe verschwanden, fing sie doch noch an, sich zu freuen und uns hinterher zu winken.

Kaum hatten wir die Beiden aus den Augen verloren, begannen wir von den Beeren zu kosten und sie waren überaus köstlich! Größer, fruchtiger und geschmacklich viel intensiver als die Zuchthimbeeren, die es bei uns gibt. Bei diesen hier schmeckten wir die Sonne ganz deutlich durch.

Nur wenige Kilometer später erreichten wir die Raststätte „Konačište Šargan" - das Restaurant an der Fernverkehrsstraße E761!

Hier bekamen wir endlich einen richtigen Kaffee und für den kleinen Hunger bestellten wir je eine Portion Palatschinken, ohne zu wissen, dass eine Portoion aus zwei Stück bestand. Selbstverständlich waren zwei für jeden mindestens einer zu viel. Ich meine, einer für jeden zu viel. Mit anderen Worten, die Dinger waren so mächtig, dass eine Portion locker für uns Beide gereicht hätte.

Das üppige Mahl war kaum verzehrt, da zog es uns zurück auf unseren Platz in unsere Liegestühle. Wir hatten das Gefühl, dass die Süßspeise unbedingt etwas Ruhe bedurfte!

So fuhren wir ohne Umwege zurück, stellten das Womo ab und machten es uns in der Sonne - ich - beziehungsweise im Halbschatten - Gabi - gemütlich.

Die Zeit verging wie im Fluge und so wurde es bald auch Zeit zum Abendessen.

Ich freute mich schon den ganzen Tag auf meine Cevapcici mit gemischtem Salat, dazu frisches Brot und Kaymak, wobei die Bezeichnung „frisches Brot" auf dem Balkan allgemein sehr irreführend ist. Wirklich frisch ist es bis zur Tür vom Bäcker. Nach überqueren der Straße ist es bereits gereift und wenn man es abends essen möchte, hat es die Konsistenz eines Pappkartons. Legt man das Brot nun kurz auf den Grill oder wärmt es in der Pfanne auf, schmeckt es wie aufgewärmter Pappkarton. Erst mit Kaymak und Raki wird es wieder genießbar.

Bei uns gab es allerdings zum Abschluss keinen Raki, sondern einen kroatischen Kräuterschnaps Namens „Pelinkova"!

Zur noch besseren Verdauung unternahmen wir einen Spaziergang zum Wlan - Hotspot im Hotel. Dort gönnten wir uns dann auch noch jeder einen Kaffe und zwei Kugeln Eis.

Nach einer erneuten Runde um´s Hotel gingen wir heute schon gegen 21 Uhr ins Bett.

Die 80 Tageskilometer waren nicht so schlimm, aber wir hatten noch Schlaf aus der letzten Nacht nachzuholen. Und diesmal wurde es eine wirklich ruhige Nacht ohne die serbischen Varianten der Wildecker Herzbuben, Helene Fischer und Stefanie Hertel!

Montag - So fühlt sich Glück an

Montag, der 27.6.! Was für ein Tag! Genau vor 30 Jahren haben Schatzi und ich geheiratet! Gestattet mir an dieser Stelle eine kleine Liebeserklärung:

Danke Schatzi, dass es dich gibt!, dass du immer für mich und die Kinder da warst und dabei dich oft vergessen hast! Dafür liebe ich dich! Da warst, du bist und du wirst immer der

Mittelpunkt meines Lebens und meiner Liebe sein! Danke!

Eins noch vorweg, am Ende dieses Tages habe ich zu Schatzi gesagt: Ich weiß wieder, wie sich Glück anfühlt!" und glaubt mir, dies lag nicht nur an dem reichhaltigen, deftigen Abendbrot und dem Raki!

Doch der Reihe nach:

Der besondere Tag änderte selbstverständlich nichts am frühen Aufwachen, nur dass wir heute etwas länger brauchten um aufzustehen.

Schließlich hatten wir gegen halb acht alles gepackt und verließen einen der schönsten Plätze überhaupt. Hier stimmte fast alles - ein ebener asphaltierter Platz, die Nähe zum Hotel mit den tollen Toiletten, diverse Möglichkeiten zum Essen gehen, der kleine Markt und die ruhige Lage, wenn man mal von der Nacht der Volkstümlichen Weisen absieht.

Zum Abschluss drehten wir noch eine Runde durch „unser Viertel", vorbei am Hotel und dem Markt, bevor wir den Stellplatz in Richtung Bajina Basta verließen.

Unser heutiges Tagesziel war ein kleines Naturschutzgebiet südlich von Novi Sad, der Gora National Park. Allerdings waren wir auch offen für andere Übernachtungsziele, wenn das Schicksal etwas anderes mit uns vorhatte. Wichtig war mir für heute lediglich, dass ich Schatzi zum Essen ausführen konnte. Dieser Tag sollte in einem gebührenden Rahmen gefeiert werden. Wie es der Zufall so wollte, hätte es keinen besseren Rahmen für die heutige Feier geben können, als den, den wir fanden!

Kaum hatten wir unseren Platz verlassen und waren auf die Talstraße eingebogen, da ahnte ich, dass es heute viel zu fotografieren geben wird! Entsprechend werden es in diesem Kapitel wohl ein paar Fotos mehr werden.

Schon nach den ersten Metern gaben die Bäume am Straßenrand den Blick über die hüglige Berglandschaft frei. Die Wolken hingen noch tief in den Tälern, wohingegen die Bergdörfer bereits von der Sonne erwärmt und verwöhnt wurden. Über allem thronte ein blauer Himmel, den einzelne kleine Schleierwölkchen nur noch interessanter machten.

Nach jeder Kurve und bei jeder Lücke in der Straßenbepflanzung hätten wir anhalten und in die Ferne sehen können. Immer wieder boten sich uns neue, andere Aussichten auf die tiefhängenden Wolken, die grünen Wälder und die leuchtenden Häuser. Mit jeder Minute änderte sich das Licht - mal magisch blau, mal sonnig grell, dann wieder diesig bis milchig weiß! Wir brauchten für die Talfahrt fast doppelt so lange als in den vergangenen Tagen, aber wir bereuten keine Sekunde davon.

In der Stadt angekommen, hielt ich kurz beim Bäcker. Schatzi sprang raus und holte frische Brötchen für unser Hochzeitsfrühstück. Da wir das Gebäck innerhalb der nächsten ein bis zwei Stunden essen wollten, sollten es auch halbwegs frisch bleiben.

Unser Weg führte uns weiter durch die Stadt bis zur Drina und an dieser entlang weiter in Richtung Norden.

Auch über der Drina lag teilweise noch leichter Nebel und für Fotos am „Haus in der Drina" stand die Sonne ideal.

Nachdem wir angehalten und das Ufer erreicht hatten, verschlug es uns schier die Sprache.

Das Haus und der Felsen waren sonnenbeschienen, die Bäume am Ufer leuchteten in einem satten grün und die Drina floss ganz träge, als wenn sie gerade erst erwacht wäre, in ihrem Bett dahin. Der Himmel schimmerte stahlblau durch den sich auflösenden Hochnebel. Die Szenerie schien eher einer Märchenwelt entsprungen, als real zu sein.

Gabi und ich konnten uns schier nicht satt sehen und mit jeder Wolke, die vorüber zog, änderte sich das Licht und damit die

Stimmung. Wäre es nicht so früh am Tag gewesen, wir hätten ein Glas Sekt geholt, uns in unsere Stühle gesetzt und auf die Liebe und das Leben angestoßen. So aber gab es wenigstens einen Kuss und wir beglückwünschten uns zu dem Entschluss, genau heute hier entlang gefahren zu sein!

Schließlich löste sich der Nebel auf und die Sonne verschwand hinter einer Wolke. Wie durch Zauberhand war alles weg und es wirkte wieder irgendwie „normal schön". Wir sahen es als Zeichen, packten das Fotozeug zusammen und fuhren weiter.

Die Straße führte noch einige Kilometer am Fluss entlang, bis sie sich in steilen Kurven in die Berge erhob.

Somit entfernten wir uns endgültig von der Drina, die nun weiter der Grenze zwischen Bosnien Herzegowina und Serbien folgt, bevor sie mit der Save zusammen in die Donau fließt.

Für uns und unser Womo hieß es wieder einmal klettern und zwar bis auf über 1.000 Meter hoch. Die Landschaft lud geradewegs zum frühstücken ein. Allerdings war es gar nicht so einfach, einen entsprechend großen und halbwegs schönen Platz zu finden. Schatzi stellt im allgemeinen (und ich heute im besonderen) hohe Ansprüche. Da wäre zum Beispiel die Aussicht. Diese sollte schön und weit sein. Der Platz sollte sauber sein, das war meist eines der größeren Probleme und eine Bank zum hinsetzten wäre auch schön. Da wir aber nicht in touristischem Hoheitsgebiet unterwegs waren, sah es schlecht aus, alle Anforderungen zu erfüllen.

Aber unsere Geduld wurde belohnt. Einige Zeit nach dem Abzweig tat sich rechts von uns ein großer Schotterplatz mit einer zufriedenstellenden Aussicht auf. Nachdem ich einige Plastikflaschen weggeräumt hatte, war er sogar halbwegs sauber.

Und was dann kam, ist wahre Liebe! Wie auf den Bildern gut zu sehen, kümmerte ich mich um die Vor- und Zubereitung des

Frühstücks, während Schatzi sich nur an den fertigen Tisch setzen musste. Na gut, es sieht nur so aus. Was nicht zu sehen ist, dass Gabi natürlich im Womo alles vorbereitet hat.

Auf jeden Fall hatten wir ein tolles „Höhen - Jubiläumsfrühstück" bei Sonnenschein mit Tee, frischen Brötchen, Kaymak, Wurst und verschiedenem Käsesorten!

Gut gestärkt fuhren wir eine Stunde später weiter auf der Landstraße 170 in Richtung Valjevo.

Obwohl es sich laut Landkarte nur um eine kleine Straße handelte, ließ sie sich gut befahren. Sie war relativ breit, ich konnte immerhin problemlos einen Bus überholen und über den Zustand gab es auch nichts zu meckern.

Mitten in den Bergen kam uns an einer Kreuzung ein Ochsenfuhrwerk entgegen und machte uns wieder einmal deutlich, wie gut es uns geht. Die beiden älteren Leute, die das Fuhrwerk begleiteten, sahen trotz ihrer bestimmt schweren Arbeit nicht unglücklich aus. Offenbar hatten sie sich an ihre Arbeit und ihr Leben gewöhnt und machten das Beste daraus. Diese Einstellung ist uns in allen Ländern des ehemaligen „Ostblocks" schon oft begegnet. Und ist es nicht das, was wir im „Westen" schon verlernt haben? Wir wollen immer mehr, weiter, höher, schneller und wie sagte Harris so schön: „Die Deutschen denken nur an die Arbeit und vergessen dabei das Leben!" Also fragen wir uns doch jeden Tag einmal: „Habe ich heute schon gelebt?"

Genug des philosophierens, wir winkten den Beiden freundlich zu, sie lächelten schüchtern zurück, dann fuhren wir weiter. Das nächste Zwischenziel wartete schon auf uns!

Ich hatte mir vorgenommen, Schatzi heute Einiges zu bieten. Dafür bot sich Valjevo mit seiner Fußgängerzone regelrecht an. Auf der Karte hatte Gabi herausgefunden, dass wir im Stadtzentrum offenbar bummeln gehen könnten. Außerdem brauchte sie unbedingt noch Briefmarken, um die Lieben daheim mit Ansichtskarten zu beglücken.

Sobald wir uns dem Zentrum näherten, hielt ich Ausschau nach einem geeigneten Parkplatz. Nach kurzer Suche fanden wir diesen keine zwei Gehminuten von der Fußgängerzone entfernt.

Diese war einfach gestaltet, aber sehr sauber und es gab viele Geschäfte, Eisdielen und natürlich Bars. Was uns zuerst auffiel, es gab unheimlich viele Läden, die Kindersachen führten.

Das wiederum brachte mich in einen Gewissenskonflikt. Ich war der Meinung, wir brauchen keine Klamotten für Max. Schatzi hingegen blieb vor jedem Schaufenster stehen: „Oh sieh mal. Ist das nicht niedlich?" Ja, es war niedlich, aber wir brauchen nichts! Auf der anderen Seite wollte ich heute, am Hochzeitstag, nicht meckern, wenn sie nach Kindersachen Ausschau hält. Also machte ich gute Miene zum Klamottenshopping!

Es gab aber auch viele Kinderläden! Zum Glück hatte selbst Schatzi irgendwann genug und ihr fielen wieder die fehlenden Briefmarken ein.

Gegenüber eines Supermarktes fanden wir dann ein richtiges großes Postamt, so wie unsere Kinder es nur aus Erzählungen kennen und darin Dutzende von Leuten, die geduldig an einem Schalter anstanden. Denn nur einer von 6 Schaltern, außer dem Paketschalter, hatte geöffnet.

Ich war begeistert von der Schalterhalle. Die sah aus wie eine Filmkulisse aus den 60er Jahren. Alles war holzgetäfelt und es gab noch richtige einzelne Schalterplätze - also ein mit Holz umrahmtes Fester auf dem Tresen. Auf den Tischen dahinter lagen Stapel von Papier, es sah aus wie bei einem billigen heruntergekommenen Privatdetektiv auf dem Schreibtisch. Es fehlte nur noch, dass die Mitarbeiter hinter ihrem Schaltertresen geraucht hätten.

Erst einmal stellte sich Schatzi geduldig in der Schlange an. Als sie dann am Paketschalter anlangte, fragte sie einfach nach Briefmarken. Die Dame zeigte auf die gegenüberliegende

Schalterhalle. Offenbar brauchten wir uns hier nicht anstellen. Zum Glück, dachte ich und verließ, nicht ohne einen letzten wehmütigen Blick auf die Schalterhalle, den Raum.

Doch der andere, den wir nun betraten, war auch nicht schlecht. Offensichtlich wurden hier Geld- und Telefongeschäfte abgewickelt. Denn ich entdeckte mehrere altertümliche Fernsprechzellen, wie ich sie noch aus meiner Kindheit kenne.

Auch in diesem Raum waren die Wände gelblich gestrichen und sowohl der Schaltertresen als auch die Telefonkabinen waren aus dem dunklem Holz.

Als Gabi an die Reihe kam, konnte ich einen genaueren Blick über den Tresen werfen und es sah genau so aus wie hinter den anderen Schaltern. Berge von Papier lagen wahllos auf dem Schreibtisch rum. Dazwischen stand ein PC, dessen gelbliches Monitorgehäuse schon auf ein gewisses Alter schließen ließ. Soweit ich sehen konnte, arbeitete das gute Stück noch unter MS Dos! Ich konnte es nicht fassen - vor allem, es ging trotzdem. Alles wurde irgendwie und irgendwann bearbeitet. Gut, vielleicht war das der Grund für die langen Schlagen hier auf dem Postamt, aber alle standen geduldig an.

Teilweise nutzten die Menschen die Zeit auch, um den neuesten Tratsch und Klatsch auszutauschen.

Aus dem Postamt raus und zurück in der Fußgängerzone musste ich doch noch mit ansehen, wie Schatzi ein T-Shirt für Max kaufte. Aber mit dem einen konnte ich gut leben.

Da wir spät und sehr ausgiebig gefrühstückt hatten, wollten wir hier weder etwas essen noch trinken und so fuhren wir weiter 'gen Norden.

Als wir 70 Kilometer später Šabac erreichten, sah die Sache schon anders aus. Beide hatten wir nun einen kleinen Kaffeedurst und da kam uns der Hinweis auf ein großes Einkaufszentrum gerade recht.

Aber außer einem sehr gut sortiertem Spielzeuggeschäft gab es nichts Interessantes. Nicht einmal ein vernünftiges Café gab es.

Erst fast 30 Kilometer weiter in Ruma entdeckten wir in einer Seitenstraße ein hübsches Restaurant, in dem wir auch einen sehr guten Cappuccino bekamen.

Schon seit vielen Kilometern hatte sich die Umgebung drastisch geändert. Die Berglandschaft war erst einer lieblichen Hügelwelt gewichen, bevor auch diese verschwand und wir eine große Ebene durchquerten.

Jetzt kurz vor dem Nationalpark wurde es endlich wieder etwas bergiger. Allerdings beobachteten wir seit geraumer Zeit eine Zunahme der Wolken. Außerdem wurde es immer drückender und schwüler.

„Wir sollten unbedingt sehen, dass wir eine Bademöglichkeit finden." sagte ich zu Gabi, als wir weiter fuhren. Sie versprach gleich mal auf der Karte nach einem See oder ähnlichem Ausschau zu halten.

Ein paar Kilometer nordwestlich von Ruma entdeckte sie zwei kleinere Seen. Wir folgten der Seitenstraße vor der Bar und kamen tatsächlich zu den Seen. Oder besser gesagt, wir kamen zu der Stelle, wo sie in der Karte eingezeichnet waren.

Zu dem ersten zu gelangen, war für unsere Bergziege nicht möglich. Es führte nur ein Feldweg von der Hauptstraße weg und dieser war auch noch rechts und links von Dornbüschen bewachsen. Wir riskierten, uns beide Außenwände mörderisch zu zerkratzen und das musste ja nicht sein.

Von dem zweiten See fanden wir keinerlei Lebenszeichen, so dass wir unseren Weg ohne Erfrischung fortsetzen mussten.

Dann erreichten wir das Örtchen Vrdnik am Rande des Gora National Parks.

Das erste, was wir in dem Ort wahrnahmen, war, dass die Leute hier gerade dabei waren, alles für ein Straßenfest vorzubereiten. Als nächstes entdeckten wir mehrere große Zelte vor denen übergroße Holzkohlengrills standen. Auf diesen wiederum drehten sich schon die ersten knusprig braunen Schweine!

Der Anblick alleine ließ uns schon das Wasser im Mund zusammen laufen und Schatzi und ich waren uns sofort einig, wo es so etwas Leckeres zu essen gibt, da müssen wir übernachten.

Wir beschlossen, uns hier in der Nähe einem ruhigen Stellplatz zu suchen und am Abend zu diesem Fest zu gehen.

Langsam und vorsichtig, weil die Straße durch die vielen Buden sehr eng war, schoben wir uns durch den Ort. Am Abend hatte ich diese Vorsicht leider nicht mehr an den Tag gelegt und so…!

Wie gesagt, wir suchten einen Ü-Platz. Eine erste Möglichkeit fanden wir nur wenige Meter entfernt vom letzten Marktstand. Allerdings war in dessen Nähe ein Basketballplatz, auf dem gerade Jugendliche spielten. Somit bestand die Chance, dass diese sich hier am Abend ebenfalls aufhalten könnten. Damit rutschte der Platz in unserer Favoritenliste nach hinten.

Auf der weiteren Suche folgten wir den Anweisungen des Navi´s und fuhren bergauf in Richtung Ortsausgang. Dann bogen wir links in eine kleine Straße ein, die kaum breiter als das Womo war. In diesem Moment wurde mir ganz schön heiß. Was wäre wohl, wenn uns hier und jetzt ein Auto entgegen kommen würde? Die Straße machte einen scharfen links Knick, um dann in einen Feldweg über zu gehen.

„Alles klar!" stellte Schatzi trocken fest, „Die Straße endet hier! Und nun?" Fragend sah sie mich an. „Dann muss ich wohl oder übel den ganzen Weg rückwärts fahren. Ich hatte keine Wendemöglichkeit gesehen!" „Oh mein Gott!" stöhnte Gabi und stieg aus, um mir den Weg nach hinten frei zu halten.

Das schlimmste war, die enge Kurve wieder rückwärts zu durchfahren. Da waren zwischen Zaun und Wassergraben nur wenige Zentimeter Platz. Schließlich schafften wir es und rollten eine andere kleine Straße wieder runter in Richtung Ortsmitte.

Plötzlich entdeckten wir einen großen Parkplatz auf der linken Seite. Ich bremste und fuhr wieder 100 Meter zurück und auf den Platz.

Nun staunten wir nicht schlecht, der riesige Parkplatz war bis auf wenige Fahrzeuge leer und gehörte zu einem Freibad, welches vor uns lag.

„So Schatzi, ich habe schon mal das Badewasser eingelassen!" sagte ich fröhlich. „Das wurde auch Zeit," grinste Gabi „mir ist schon ganz kalt. Ein warmes Bad tut mir bestimmt gut!"

Wir überlegten nicht lange, zogen uns wieder im Womo um, packten die restlichen Badesachen ein und los ging´s!

Nachdem wir umgerechnet 3€ Eintritt für uns beide bezahlt hatten, betraten wir ein schönes, großes und vor allem sauberes Freibad.

Wie alle anderen Besucher legten wir unser Sachen auf einen Stuhl, ich nahm die Brille ab und dann rein - in´s kühle Nass.

„Ohhh nein!" stöhnte ich kaum, dass ich im Wasser war. Schatzi sah mich fragend an. „Das Wasser hat ja wirklich Badewannentemperatur und es riecht furchtbar gesund!" brachte ich gequält hervor.

Dann sahen wir uns erneut um und entdeckten das Schild! Es handelte sich um ein Thermalbad mit 30° Wassertemperatur bei 31° Lufttemperatur!

Nichts desto trotz genossen wir das Bad, noch mehr allerdings die kalte Dusche hinterher!

Lange würden wir eh nicht im Wasser und im Bad bleiben können, denn am Horizont braute sich etwas zusammen. Alles deutete auf ein ordentliches Gewitter hin.

Wir schafften es noch einmal in's Wasser und einmal unter die Dusche, bevor wir auch von oben nass wurden.

Kaum im Womo angekommen, regnete es leicht aber gleichmäßig. Da wir erst einmal nicht mehr raus wollten und konnten, nutzten wir die Zeit zur Vorbereitung auf den Abend.

Gabi holte Käse und Oliven aus dem Kühlschrank, ich öffnete derweil eine Flasche Sekt, dann machten wir es uns im Womo bequem und ließen uns die Köstlichkeiten schmecken.

Der Flascheninhalt ging schon bedenklich zur Neige, als der richtige Hunger ebenso wie der richtige Regen langsam einsetzte.

In der Zwischenzeit hatte es angefangen zu schütten, es goss wie aus Eimern. Bei dem Wetter konnten wir unmöglich zu Fuss zum Fest gehen.

Wir machten also das Womo startklar und rollten wenig später vom Platz in Richtung Ortsmitte. Dabei kamen wir an einem größeren Hotelkomplex vorbei, der, wie wir später erfuhren, den Mittelpunkt des Kurortes mit seinen heilenden Wassern im Thermalbad bildet!

Als wir die ersten Stände des Stadtfestes erreichten, waren die Betreiber gerade dabei, in aller Eile alles zusammen zu räumen. Es war ein trauriger Anblick zu sehen, wie viel Ware im Regen regelrecht unterging. Selbstgemalte Bilder, Töpferwaren, Tischdecken und diverse andere Sachen rafften die Händler zusammen, nur um sie möglichst schnell vor den Regengüssen zu retten.

Als wir die Hauptstraße mit den vielen Imbissständen erreichten, kam auch das erste Donnergrollen näher und die Händler wurden noch hektischer. Langsam fuhr ich an den Imbisszelten entlang und wir versuchten, uns für eines zu entscheiden. Am Ende des Marktes wussten wir immer noch nicht wohin, und so wendete ich und fuhr die Strecke nochmal.

Dann endlich war die Entscheidung gefallen. Der Stand mit den, unserer Meinung nach, leckersten Schweinen sollte es sein. Ich stoppte und schrie Schatzi durch das Donnerrollen und den Lärm, des auf unser Womo niederprasselnden Regens hindurch, an: „Mach, dass du raus kommst und nimm den Schirm mit. Ich lass das Womo kurz hier stehen und bring die Fotoausrüstung mit in´s Zelt. Danach schaff´ ich das Womo weg!"

Gabi nickte zustimmend und stürmte mit dem Schirm und einer Kamera quer über die Straße unter das rettende Zeltdach. Ich nahm die restliche Ausrüstung und eilte ihr hinterher.

Die Wirtsleute begrüßten uns herzlich und freuten sich sichtlich, dass Gäste und noch dazu „richtige Touristen" in ihr Zelt kamen. Sofort wurde uns ein Tisch an einer trockenen Stelle zugewiesen.

Während Schatzi sich schon mit einer Frau „unterhielt", nahm ich die Kamera und versuchte, die ersten Eindrücke einzufangen. Bei diesem Wetter war es gar nicht so einfach.

Ich wollte gerade zum Womo gehen, um die Straße wieder frei zu machen, schließlich blockierte ich mehr als die Hälfte davon, als Schatzi mich fragte, was für Fleisch wir essen wollten.

Sie erklärte mir, dass auf den Spießen am Holzkohlengrill sowohl ein Schwein als auch ein Lamm garten. Wie bei uns üblich, fragten wir uns nun gegenseitig, was der andere denn essen wolle. Das ging so lange, bis ich vorschlug, Schwein zu essen und Schatzi sagte, sie wolle lieber Lamm.

An dieser Stelle muss ich immer genervt die Augen verdrehen und sagen: „Dann sag doch gleich, dass du lieber Lamm willst! Denn mir ist es egal!" Aber heute nicht. „Natürlich Schatzi. Kein Problem, dann essen wir eben Lamm!" sagte ich und gab ihr ein Küsschen!

„Wollen WIR auch Salat dazu?" kam nun die nächste Frage hinterher. Doch diesmal war ich vorbereitet: „Selbstverständlich wollen WIR Salat dazu!" grinste ich zurück. Als Antwort bekam ich einen liebevollen Klaps auf den Hinterkopf!

Dann lief ich durch den Regen zurück zum Womo, stieg ein, fuhr bis zur nächsten Kreuzung, wendete und fuhr an den Ständen entlang wieder in Richtung unseres Zeltes. Als mir mehrere Autos entgegenkamen, musste ich ausweichen und dann geschah es: ein Krachen, dann ein anhaltendes kratzendes Geräusch und das Zeltgestänge des Standes neben mir wankte bedenklich. Schon hatte ich Angst, den ganzen Stand umzureißen, als wieder Ruhe einkehrte. Erneut gab ich Gas, fuhr noch einige Meter weiter und hatte einen kleinen Parkplatz auf der linken Seite erreicht.

Normalerweise würde ich jetzt nachsehen, ob oder was kaputt gegangen ist, aber bei dem Regen nicht. Außerdem, wenn etwas kaputt war, spielte es eh keine Rolle mehr, es war zu spät. Am nächsten Tag, als ich den Schaden begutachtete, stellte sich heraus, dass das Womo nur ein paar Kratzer abbekommen hatte und nur einer etwas tiefer war. Also nicht Schlimmes, nichts weiter als Erlebnislinien auf der Womohaut!

Zurück in der Schweine- und Lammbraterei, wurde ich schon von Schatzi, einem großen gemischten Salatteller, einem Brotkorb und einem Fleischberg erwartet. Dazu hatte sie sich ein Glas Wein und für mich ausnahmsweise ein Bier bestellt. Ich ahnte, dass es hier keinen besonders guten Wein geben würde und war deshalb auf ein Bier verfallen. Wie mir Gabi später bestätigte, hatte ich mit meiner Vermutung recht, auch sie hätte lieber ein Bier getrunken.

Sie meinte zu mir, dass sie ungefährt zwei Kilogramm Lammfleisch auf den Teller bekommen hat und gespannt war, zu sehen, wer das alles essen sollte.

Als ich sie fragte, wie sie dies alles ohne ein Wort serbisch zu sprechen, bestellen konnte, zeigte sie auf einen kleinen, dünnen, Mann am Nachbartisch (der mir umgehend mit einer Flasche Bier zuprostete und mich angrinste). Dieser sprach etwas deutsch und hatte beim übersetzen geholfen. Weiter erzählte sie mir, dass er LKW Fahrer sei und auf seinen Fahrten durch Europa unter anderem auch etwas deutsch gelernt hatte, dass er eigentlich Kroate ist und hier mit seinen Töchtern, die ebenfalls mit am Tisch saßen, feierte.

Ich war nicht überrascht, dass Schatzi schon wieder die halbe Lebensgeschichte des Mannes kannte, während ich nur ein paar Fotos gemacht und das Womo weggebracht hatte.

Während draußen das Gewitter und der Starkregen das Land untergehen ließen, stieg die Stimmung im Zelt merklich an.

Unsere Lammteile wurden auch langsam weniger, während immer noch Leute kamen und Fleischstücke kauften, sich einpacken ließen und mitnahmen. Sozusagen gab es Schwein und Lamm vom Grill to go!

Zu sehen, wie das Fleisch zerteilt wurde, war ebenfalls eine ganz neue und für uns durchaus gewöhnungsbedürftige Erfahrung.

Wenn ein Tier fertig gegart war, wurde es im Ganzen vom Spieß geschoben und mit einer Art Papierschneidemaschine geteilt. Ihr kennt die Dinger bestimmt, sie haben einen Hebel als Schneidemesser und man schneidet normalerweise Papier damit. Hier wurde dieser Hebelschneider zweckentfremdet, aber wirkungsvoll eingesetzt. Jedem guten Koch oder Metzger, hätte es bei diesem Anblick das Herz zerrissen.

Ich kann euch aber versichern, dem Geschmack hat es keinen Abbruch getan und dem Fleisch war es ebenfalls egal. Nur für uns war es ungewohnt, da es unmöglich war, das Fleisch mit Messer und Gabel zu essen. Wir mussten es in die Hand nehmen und abnagen!

Als nur noch Reste auf unserem Teller lagen, brauchten wir unbedingt einen Kaffee und einen Raki. Die Kaffeebestellung ging noch als normal durch, als Gabi dann aber noch zwei Raki für uns bestellte, war das Hallo groß. An den Blicken der Anwesenden sahen wir deutlich das Wohlwollen und die Bewunderung, die uns entgegen gebracht wurde. Dass Deutsche den Selbstgerannten trinken, schien nicht alltäglich.

Nachdem wir später unaufgefordert noch zwei hingestellt bekamen, nickten und prosteten uns die anderen noch freundlicher zu.

Dann schlug Gabi vor, ob wir den Männern am Nachbartisch nicht je eine Flasche Radeberger von unseren Beständen ausgeben wollen. Ich fand das eine gute Idee, lief zum Womo, holte 8 Flaschen aus dem Kofferraum und stellte jedem eine hin. Die Männer waren begeistert, teilweise ehrfurchtsvoll betrachteten und bestaunten sie die Flaschen. Keiner öffnete eine, ausnahmslos alle stellten sie zur Seite und verwahrten das Geschenk für später.

Dann kam die nächste Runde Raki an den Nachbartisch und wir staunten nicht schlecht, als sie uns jedem einen reichten. Wir stießen fröhlich lachend mit ihnen an und wussten gleichzeitig, dass wir bald gehen mussten, sonst schafft es das Womo nicht mehr ins Bett - äh das Womo nicht auf den Parkplatz und wir ins Bett! Ich glaube die Rakis wirken heute noch!

So geschah es dann auch. Bevor noch jemand auf die Idee kommen konnte, uns noch einen Schnaps auszugeben, hatten wir schon bezahlt und waren auf dem Weg zum Wohnmobil.

Als wir dann am Zelt vorbeifuhren, hupten wir und die ganze Gesellschaft prostete uns mit einem erneut eingeschenkten Selbstgebrannten zu.

„Siehst du Schatzi, ich hab dich wieder einmal gerettet! Wären wir nur 5 Minuten länger geblieben, hätte es den nächsten Schnaps gegeben und du hättest mir heute vielleicht nicht mehr zum Hochzeitstag gratulieren können." sagte ich grinsend. Schatzi verdrehte die Augen, sah mich verliebt an und sagte: „Danke Liebling, es war ein toller Tag und Abend!" „Weißt du Schatzi," fügte ich hinzu und sah in den Regen hinaus „Ich weiß jetzt wieder, wie sich Glück anfühlt!" Dann beugte ich mich kurz zu ihr und küsste sie, während ich versuchte, auf den Weg zu achten!

Der Rest des Abends und der Gespräche ging im Lärm des Regens unter!

Nur soviel noch, es war eine recht unruhige Nacht. Ich glaube, wir haben einfach zu viel, zu spät und zu fettig gegessen. Dazu der Wein und der selbstgebrannte Raki, das war zu viel für eine erholsame Nacht.

Dienstag - Stacheldraht allein hilft nicht

Wider erwartend hatten unsere Mägen das üppige Mahl und die Rakis gut überstanden. Es ging uns sogar so gut, dass Schatzi heute auf das obligatorische Frühstück verzichten konnte. Sie betonte den halben Tag, wie satt sie noch vom Vortag sei.

Wie aber bereits geschrieben, war es sonst eine unruhige Nacht, in der uns beide teilweise Alpträume quälten. Wenn ein solches Völlegefühl vom Körper nicht verarbeitet werden kann, dann versucht es offenbar der Geist. Als wir gegen 6 Uhr munter wurden, schworen wir uns, nie wieder so viel zu essen!

In der Nacht hatte es aufgehört zu regnen und der Morgen versprach, trotz wolkigem Himmel, sonnig zu werden.

Als ich nach dem Aufstehen das Womo verließ, war ich schon erstaunt, wo es nun stand. Ich war der Meinung, wir hätten gestern an einer anderen Stelle geparkt. Dann fiel es mir wieder ein - stimmt, wir standen erst an der Seite vor den Bäumen. Nachdem wir gestern Abend vom Fest kamen, wollte ich bei dem Regen lieber auf festerem Untergrund stehen. Deshalb hatten wir uns vor das Tor des Freibades gestellt!

Das sah jetzt nicht so schön aus, störte aber niemanden. Außerdem war es eine halbe Stunde nach dem Aufstehen eh' Zeit für die Abfahrt in Richtung Ungarn.

Als wir ein letztes Mal an den Ständen des Straßenfestes entlang fuhren, machten diese einen sehr chaotischen Eindruck auf uns. Alles lag und stand wild durcheinander, Regen und

Sturm hatten ihr Übriges beigetragen. Fast konnte man meinen, die Menschen hätten das Fest in aller Eile erst vor ein paar Minuten verlassen. Eigentlich erwarteten wir, dass sich noch das eine oder andere Schwein über der glühenden Kohle drehte und vor sich hin brutzelte. Soweit ging es dann aber doch nicht, die Feuer waren aus und die Spieße leer!

Als wir den Imbiss vom letzten Abend passierten, grüßten wir noch einmal die imaginären Gäste, dann gab ich Gas und wir ließen Vrdnik schnell hinter uns.

Während der Fahrt durch den Gora National Parkt entdeckten wir noch unzählige Übernachtungsmöglichkeiten. Ein längerer Besuch würde sich bestimmt lohnen, da der Park sehr naturbelassen war. Aber ähnlich wie in Zlatibor, gab es viele Restaurants, Cafés, Bars sowie diverse Freizeiteinrichtungen. Außerdem waren die Donau und Novi Sad mit diversen Shoppingmöglichkeiten nicht weit entfernt.

Novi Sad, mit etwas mehr als 230.000 Einwohnern die zweitgrößte Stadt Serbiens, ließ sich zu dieser frühen Morgenstunde noch relativ gut durchfahren. Deutlich spürten wir schon den Großstadtflair und wir ahnten, dass sich der Verkehr in den nächsten Stunden vervielfachen wird.

Die nächsten fast 120 Kilometer bis zur serbisch - ungarischen Grenze fuhren wir durch die nordserbische Tiefebene, mehr oder weniger immer an der Donau entlang. Die Fahrt war auch genauso spannend wie es klingt. Unsere schönen Berge waren weg und hatten dem platten Land Platz gemacht.

Das Wetter war recht unentschlossen, noch hingen dunkle Wolken am Himmel. Aber es regnete nicht und in diesen Ebenen, ähnlich der ungarischen Puszta, ist alles besser als Sonnenschein. Bei 30° durch diese karge Landschaft, der es oft an Abwechslung fehlt, zu reisen, ist kein Vergnügen!

Wir erreichten die serbische Grenze gegen viertel vor Zehn.

In den deutschen Medien wurde in letzter Zeit sehr viel über diese Grenze berichtet, entsprechend gespannt waren wir.

Unsere Anspannung rührte natürlich auch von den mehr als 2 Liter Alkohol, die wir, aber wirklich nur zum Eigenbedarf, unterm Bett mit uns führten.

Der serbische Beamte nahm unser Pässe entgegen, scannte diese, gab etwas in seinen Computer ein, dann reichte er uns die Pässe zurück und wir durften ohne weitere Kontrollen passieren.

Wenige Meter später sahen wir den Stacheldrahtzaun und ein großes schweres Eisentor, mit dessen Hilfe die Ungarn tatsächlich die Grenze schließen konnten.

An dieser Stelle kann, nein muss ich alle, die sich im Vorfeld skeptisch zu unserer Reise geäußert hatten, beruhigen. Wir haben weder Flüchtlinge gesehen, noch wurden wir von solchen belagert oder beraubt. Alle Balkanländer sind weder sicherer, noch unsicherer als andere Reiseländer. Mit Augenmaß und gesundem Menschen-verstand lässt es sich fast überall entspannt reisen. Als an unserer Bergziege noch ein „TO - Kennzeichen" prangte, haben wir im Nordwesten Deutschlands mehr schlechte

Erfahrungen gemacht als auf all unseren Osteuropatouren zusammen - egal, mit welchem Kennzeichen!

Nun aber rollten wir ehrfurchtsvoll an den ungarischen Grenzbefestigungsanlagen vorbei auf die Kontrolle zu. Dann standen wir vor der Schranke und keiner kümmerte sich um uns. Etwa 10 Meter entfernt unterhielten sich mehrere Beamte mit einem Mann in Zivil. Dass wir für die Gruppe unsichtbar schienen, störte uns nicht, schließlich wollten wir die Grenze ohne Schwierigkeiten passieren.

Es dauerte wohl 5 Minuten bis sich einer der Beamten zu uns bemühte. Dieser ließ sich die Pässe und die grüne Versicherungskarte zeigen, sah uns kurz an und reichte uns beides zurück.

Dann kam ein junger Beamter in einem Overall, offenbar der Zollbeamte und fragte uns nach Alkohol und Zigaretten. Wir immer antwortete ich wahrheitsgemäß, dass wir Nichtraucher seien. Da er uns die Frage in gebrochenem deutsch stellte, wollte ich die Gelegenheit nutzen und mich nach einem Markt in Baja erkundigen. Genauer gesagt, wir suchten immer noch Paprikapulver. Der Beamte überlegte eine Weile, dann rief er zwei weitere Kollegen herbei. Gemeinsam diskutierten sie, ob und wo wir in der Stadt unser Pulver bekommen könnten. Schließlich zeigten sie uns auf der Karte eine Stelle, an der es das Gesuchte geben könnte.

Anschließend reichte der Beamte uns die Pässe wieder zurück und sagte: „Bitte fahren, dort vorn, rechts raus! Ich komm gleich!"

Na toll, dachte ich und sah Schatzi beunruhigt an. „Ganz ruhig bleiben Schatzi und immer lächeln." raunte ich ihr zu, als wir unter den Verschlag fuhren, wo wir nun kontrolliert werden sollten.

Zuerst musste Gabi dem Beamten das Womo von innen zeigen, dann klopfte er außen alles nach Hohlräumen ab. Als er mich bat, den Motorraum zu öffnen, musste ich innerlich lächeln. Nahm er wirklich an, wir würden Flüchtlinge dort drin schmuggeln? Natürlich fand er nichts. Dann klopfte er sich weiter vor, ließ sich das Toiletten- und das Gasfach öffnen, aber ohne wirklich nachzusehen. Als wir zum Heck kamen, wurde es spannend. Wenn ich die Heckklappe öffnen musste, würde er unweigerlich auf unser Schätze stoßen. Ich überlegte mir schon mal eine gute Erklärung für fast 30 Liter Schnaps. In Gedanken sagte ich ihm, dass wir aus Griechenland kämen und nur durch Serbien durchgefahren sind. Denn innerhalb der EU gibt es keine Beschränkungen, nur Richtwerte und diese liegen bei ca. 10 Litern pro Person oder mehr, wenn der Eigenbedarf nachgewiesen werden kann. Also hätte ich ihm zur Not ein Foto unserer Schnapssammlung gezeigt und den Eigenbedarf mit familiären Problemen erklärt. Schatzi wäre nicht so glücklich über diese Erklärung gewesen, aber dafür hätten wir die Schnäpse behalten dürfen,

Ohne die große Heckklappe zu beachten, sah sich der Beamte die Fahrräder an, ging dann weiter auf die rechte Seite. Dort befindet sich eine ca. 30 x 30 cm große Klappe, selbige dient als

Seitenzugang zum Heckstauraum. Er forderte mich auf, diese zu öffnen. Er leuchtete mit seiner Taschenlampe ausgiebig darin rum, konnte aber offenbar nicht mehr als blankes Chaos entdecken, machte die Lampe aus, bedankte sich und wünschte sehr freundlich - Gute Fahrt!

Nachdem wir uns etwas von der Grenze entfernt hatten, hielt ich kurz an, küsste Schatzi erleichtert und sie meinte: „Meine Güte war der blind, Stacheldraht alleine schütz auch keine Grenze!" Und sie hatte wirklich recht, die Heckklappe war nicht zu übersehen. „Selbst durch die kleine Klappe musste er Flaschen gesehen haben! Ich denke, der suchte wirklich nach Flüchtlingen." sagte ich und überlegte laut weiter: „Aber warum hat er dann nicht unter dem Womo oder auf dem Dach nachgesehen? Dort oben hätte ich 10 Menschen unterbringen können!" Wir lachten herzlich und waren auf die nächste Grenzkontrolle der Ungarn gespannt.

Ungefähr 30 Kilometer nach der Grenze erreichten wir Baja, eine Stadt mit 37.000 Einwohnern, direkt an der Donau gelegen, deren Menschen hauptsächlich von der Fischerei und dem Tourismus leben.

Zuerst suchten wir das von den Grenzern beschriebene Geschäft. Nach einer 15 minütigen Runde kehrten wir ohne Paprikapulver zurück. Entweder hatten wir etwas falsch verstanden oder die Grenzer wussten nicht genau, in welchem Laden wir unser Pulver finden würden.

Die Stadt machte einen sehr guten Eindruck auf uns und bot offenbar alles, was wir brauchten. Gabi und ich waren uns deshalb schnell einig, dass wir hier übernachten würden. Auf der Karte entdeckten wir einen Campingplatz, der uns wegen seiner Lage mehr als geeignet erschien.

Vorerst stellten wir das Womo auf einem Parkplatz in Zentrums-nähe ab und erkundeten die Stadt zu Fuß.

Der erste gute Eindruck bestätigte und verstärkte sich, als wir den Marktplatz erreichten. Wir bummelten an diversen Cafés und Geschäften entlang und fühlten uns ein wenig nach Wien versetzt. Die Menschen, die im Schatten vor den Cafés saßen, schwatzten und Kaffee tranken, vermittelten eine sehr gemütliche Atmosphäre.

Dann entdeckten wir eine Touristeninformation! „Ha!" rief ich aus, „Hier sollten wir doch am ehesten erfahren, wo es Paprikapulver gibt." Zu unserer großen Überraschung sprachen zwei der Mitarbeiterinnen sogar sehr gut deutsch, so konnten wir ganz einfach nach dem geliebten Pulver fragen.

Die Frauen berieten sich kurz, dann teilten sie uns mit, dass morgen, also am Mittwoch, und Samstags immer Mark sei. Dort sollten wir bestimmt genügend Pulver bekommen. Dann zeigten sie uns noch, wo sich der Markt befindet. Erfreut stellten wir fest, dass dieser ganz in der Nähe des Campingplatzes und nur wenige Gehminuten entfernt ist. Hochzufrieden verließen wir das Büro und schlenderten weiter zum Markt.

Wir wollten uns schon mal ein Bild von den Gegebenheiten vor Ort machen und so die Vorfreude steigern. Doch mehr als die Gerippe der Stände gab es natürlich nicht zu sehen. Wir stellten uns aber vor, dass morgen früh hier bestimmt der Bär steppen wird.

Vom Markt schlenderten wir weiter zum Campingplatz. Noch bevor wir diesen erreichten, sah ich ein Hinweisschild mit dem magischen Wort: Làngos! Das ist eine ungarische Spezialität, bei der ein Hefeteig in heißem Fett ausgebacken und mit verschiedenen Zutaten belegt wird. Làngos wird meist als Zwischenmahlzeit serviert, und genau das sollte er nun bei uns werden. Schatzi steht nicht ganz so auf diese fettigen Dinger, aber ich liebe sie, besonders mit Knoblauch und Käse belegt!

Wir folgten also dem Schild und gelangten an das Ufer der Sugovica, einem Nebenarm der Donau. Hier fanden wir dutzende kleinere Bars und Restaurants mit einer reichen Auswahl an unterschiedlichsten Speisen und Getränken. Wir bedauerten in diesem Moment schon, dass wir für heute Abend bereits etwas zu essen gekauft hatten.

Als wir den Làngos - Imbiss gefunden hatten, bestellten wir einen, selbstverständlich mit Käse und Knoblauch! Da dieser ganz frisch zubereitet wurde, hatten wir eine Viertelstunde Zeit, um uns die Kneipen anzusehen.

Ich hatte keine Lust mich umzusehen, ich wollte meinen Làngos. Dann war es endlich soweit, wir kehrten zum Imbiss zurück und der duftend dampfende Làngos kam und war so lecker. Ich schwor mir, später noch einmal wieder zu kommen und noch einen zu essen, auch wenn die Teile sich nicht mit meiner Traumfigur vertrugen, ich musste noch einen haben.

Satt, zufrieden und glücklich machten wir uns anschließend auf den Weg zum Campingplatz. Dieser befand sich genau gegenüber der Làngosbude. Wir mussten nur eine Brücke überqueren um auf die Insel, auf der der Platz lag, zu gelangen.

Dort angekommen, sah es eher nach einer Jugendherberge als nach einem Stellplatz aus. Bei genauerer Betrachtung stellte sich die „Jungend" allerdings als Senioren raus. Irgendwie schien hier verkehrte Welt zu sein, warum aber auch nicht. Die älteren Ungarn waren bestimmt nicht reich, somit waren bestimmt viele froh, einen guten und preiswerten Urlaub hier verbringen zu können.

Der Anblick der Silber Generation beruhigte uns, denn die würde bestimmt nicht die halbe Nacht draußen rumtollen und Lärm machen. Meine Güte, ich schreibe ja auch schon wie ein alter Mann! Aber ja, wir werden älter und ruhebedürftiger - wir stehen dazu!

Nach einer Runde über den kleinen Platz, dieser bestand hauptsächlich aus einem Wiesenstreifen direkt am Ufer, und der Besichtigung der Sanitärenanlagen, suchten wir die Rezeption auf, um uns nach dem Preis zu erkundigen. Dort erfuhren wir, dass der Stellplatz für eine Nacht inclusive Wasser und duschen, aber ohne Strom, umgerechnet 10 € kosten sollte. Dafür hatten wir aber auch eine Badestelle und einen tollen Blick in die Stadt direkt vor uns.

Wir zauderten noch ein wenig, zumal das Übernachten auf Campingplätzen für uns eher ungewöhnlich ist, entschieden uns aber letztlich doch dafür, liefen zurück zum Parkplatz und holten das Womo auf den Campingplatz.

Nachdem wir uns einen Platz ausgesucht, wir waren die einzigen und hatten somit die freie Stellplatzwahl, das Womo abgestellt und uns häuslich eingerichtet hatten, zog es uns noch einmal auf Entdeckungstour.

Da wir Bedenken hatten, die Fahrräder wieder auf das Womo zu bekommen, gingen wir zu Fuß immer an der Sugovica entlang bis zur Donaumündung.

Vorher legten wir aber noch eine kleine Rast ein. Es wurde Zeit für den versprochenen zweiten Làngos. Der war selbstverständlich genauso lecker wie der erste, nur hatten wir das Gefühl, dieser mache schneller satt.

Der folgende Spaziergang war somit mehr als notwendig. Auf unserem Weg fanden wir zum Glück direkt am Ufer ein kleines Café. Dieses befand sich im ersten Stock über einem Bootshaus und wurde von einer älteren Dame betrieben. Auch hier waren wir die einzigen Gäste und genossen zwei Espressi, die Ruhe und den schönen Blick über den Fluss bis hinüber auf die Inseln.

Dann gingen wir weiter und waren erstaunt, mit welcher Ruhe und Gelassenheit die Menschen am Flussufer unterwegs waren.

An der Mündung zur Donau fand sich ein kleiner Pavillon, der, soviel bekamen wir raus, einem ungarischen Politiker und Aufständischen gewidmet war.

Nach links hatten wir einen tollen Blick die Donau entlang und auf die gegenüberliegenden Flussauen, nach rechts konnten wir bis zur Brücke sehen, welche die Stadt mit der anderen Seite verband.

Nach einem kurzen Aufenthalt und dem obligatorischen Selfi, wurde es Zeit, den Rückweg anzutreten. Schließlich meldete sich der kleine Hunger deutlich zu Wort.

Zurück am Platz, bereiteten wir alles für das Abendbrot vor. Gestern hatten wir uns noch in Serbien zwei übergroße Steaks gekauft. Diese sollten heute auf den Grill. Dazu gab es, welche Überraschung, einen gemischten Salat, nur diesmal mit original ungarischen Paprikas - rund, rot, von der Form her wie ein Zierkürbis, süß und fruchtig, eben einfach lecker. Eine Flasche ungarischer Wein stand ebenso bereit wie ein Unicum zur Verdauung.

Es war einfach herrlich. Dieser Platz, dieses Fleisch, dieser Blick und der Wein, mehr geht eigentlich nicht. Eigentlich?

Genau, es ging noch was. Wir unternahmen noch einen Spaziergang in die Stadt, um dort unter den Arkarden am Marktplatz einen Eiskaffee zu trinken.

Allein die Fotos zeugen von einem schönen Spaziergang durch das nächtliche Baja.

Ich muss aber zugeben, dass wir den Rückweg fast schon im Laufschritt absolvierten. Durch die Nähe der Flüsse waren Mücken reichlich vertreten und unsere ständigen Begleiter. Wir konnten so schnell laufen wie wir wollten, die Biester waren schneller.

Nach knapp 200 Kilometern die uns von den Grillschweinen und Lämmern trennten, fanden wir in Baja einen schönen Campingplatz und eine ruhige Nacht!

Mittwoch - Markt und Mücken sind zurück

Es gab Tage, da war es gewünscht, zeitig munter zu sein. Der zweite Tag in Baja war solch ein Tag, denn es war Markttag und unbedingt notwendig! Frühes Aufstehen bedeutet nicht zwangsläufig früh loskommen, gerade dann, wenn sich Schatzi zum Beispiel Haare waschen muss. Ich weiß nicht, warum das ausgerechnet an solchen Tagen sein muss, aber ich habe Zeit und kein Problem, wenn es kein Paprikapulver mehr gibt. Gut, das ist übertrieben, hoffte ich zumindest.

Während Gabi noch unter der Dusche stand, hatte ich bereits alles soweit zusammengepackt. Nach dem Marktbesuch und einem Frühstück (auf dieses hatte Gabi Wert gelegt) vorm Wohnmobil, wollten wir weiter, weiter zurück. Klingt komisch, war aber so. Denn das Naturschutzgebiet Kopački rit liegt wieder südlich von Baja in Kroatien. Dieses Vogelparadies hatten wir ebenfalls in unserem letzten Urlaub entdeckt. Leider spielte das Wetter seinerzeit überhaupt nicht mit. Es war regnerisch und stürmisch. So hatten wir kaum Gelegenheit zum Fotografieren. Das sollte in diesem Jahr anders werden. Gut, es wurde anders, aber eben auch anders, als wir gedacht hätten. Doch dazu später.

Bis auf Tisch und Stühle hatte ich alles beräumt, als Gabi zurück kehrte. „Und mein Schatzi, wie sieht es aus? Bist du bereit für den Markt?" fragte ich und bekam die passende Antwort auf meine ironische Frage: „Soll ich so gehen? Ich muss mich erst noch anziehen! Keine Hektik!" „Das Bikini Höschen und das

Shirt mit ohne drunter sieht doch gut aus!" versuchte ich sie aufzumuntern. „Das könnte dir so gefallen!" „Jep!" antwortete ich wie aus der Pistole geschossen. Aber sie ließ sich da auf nichts ein. Alles musste ordentlich verpackt und zurecht gemacht werden.

Es dauerte also noch eine Weile, ich hatte mir schon fast einen Sonnenbrand eingefangen, als es dann doch losgehen konnte.

Wir hatten jeder einen Rucksack und 2 Beutel dabei, das sollte eigentlich reichen, denn außer Paprikapulver „brauchten" wir kaum etwas.

Auf dem Weg zum Markt fragte ich Gabi, wie viel Pulver wir eigentlich brauchen! Wir überlegten hin und her, für wen wir etwas mitbringen könnten. Für die und für den vielleicht und für die Kinder und natürlich für uns. Wir veranschlagten insgesamt etwa drei Kilo!

Dann standen wir am Eingang des Marktes und waren begeistert. Endlich waren wir zurück auf einem Markt. Das Angebot war reichhaltig und es gab wieder alles, vom Apfel bis zur Zitrone, vom Bohrer bis zum Stecker und vom Anzug bis zum Schuh!

Wir stürzten uns in's Getümmel und gekauft wurde fast vom ersten Stand an. Zuerst gab es ein Kilo von den runden Paprikaschoten, dann kleine Minilauchzwiebeln und gleich nebenan entdeckte Schatzi das erste Paprikapulver!

Sofort ging sie zu dem Stand und bedeutete der Verkäuferin, dass sie das Pulver gerne probieren würde. Selbstverständlich durfte sie und es war ganz ausgezeichnet, eben so ganz anders, als das Industriepulver, welches es in unseren Supermärkten gibt. Gabi kaufte das erste Kilo. Dabei sollte es natürlich nicht bleiben. Im ersten „Kaufdurchgang" kamen zwei weitere Kilos Paprikapulver dazu.

In aller Ruhe schlenderten wir weiter über den Markt. Schatzi schaute da und kaufte dort, ich fotografierte und filmte, dass die Speicherkarten glühten.

Irgendwann hatten wir, den unter freiem Himmel liegenden Teil des Marktes abgegrast, und standen vor der ersten Halle.

Ein Blick durch die geöffnete Tür verriet uns, dass es hier drinnen Fleisch, Wurst und Käse geben würde. Unser Rucksäcke waren schon gut gefüllt mit all den leckeren Sachen, die wir eigentlich nicht brauchen, aber ein bisschen Platz war noch!

Kaum hatten wir die Halle betreten, standen wir vor einem Stand mit Käse und Butter. Schatzi ist ein absoluter Butterfan, auch wenn man ihr das nicht ansieht. Erst schlich sie in einiger Entfernung um den Stand, dann zog sie ihre Kreise immer enger, bis sie von der Verkäuferin ermutigt wurde, näher zu kommen und von der Butter und dem Käse zu kosten. Da konnte sie nicht mehr widerstehen. Der Käse schmeckte ihr nicht ganz so, dafür hatte es ihr die Butter angetan. Erst wollte Gabi nur 500g kaufen, doch ich schlug vor, noch mehr zu nehmen und die ganze Portion einzufrieren.

„Aber der Frost ist doch schon voll." entgegnete sie. „Aber Schatzi, was ist denn da alles drin?" fragte ich zurück. Nachdem sie mir den Inhalt komplett aufgezählt hatte, schlug ich vor, den Beutel Erbsen aus Montenegro rauszunehmen und gelegentlich zu essen. Im Gegenzug könnte dann die Butter rein. „Meinst du wirklich, dass wir deine Erbsen rausnehmen sollen? Die wolltest du doch eigentlich zu Hause essen." „Ach Erbsen gibt es immer wieder, aber so eine Butter nicht!" Schatzi stimmte mir zu und war sichtlich froh, nun doch 1 Kilo Butter mitnehmen zu können.

So, das hatten wir auch, dachte ich. Nun kamen wir zu den Wurstverkäufern, und das war meine Welt. Da hingen all die leckeren Paprikawürste - milde scharfe, mittel scharfe und ganz scharfe.

An einem Stand fand ich den Wurstverkäufer besonders scharf. Also jetzt nicht so wie ihr denkt. Es war ein relativ kleiner Stand mit verschiedenen geräucherten Specksorten und an der Seite, an einem Holzgestell, hingen diverse Würste. Hinter dem Tisch stand ein etwa 1,75 Meter großer, kräftiger, ja fast dicker Kerl, nur mit einem Feinrip - Unterhemd und einer Schürze bekleidet (unter der Schütze trug er natürlich noch eine Hose). Seine Brust und die Arme waren über und über mit Tattoo´s bedeckt, und, als wäre der Anblick nicht schon skurril genug, trug er am linken Ohr eine Freisprecheinrichtung für´s Handy!

Selbstverständlich kauften wir hier zwei Würste. Nein nicht ich, Schatzi und der Typ machten sich auf Fotos bestimmt gut, dachte ich und delegierte den Einkauf an sie.

Nun fehlte nur noch etwas Käse, und schon konnten wir zurück zum Campingplatz gehen und frühstücken.

Nur einige Meter entfernt fand Gabi dann einen Käsestand, an dem sie zwei Stück Ziegenkäse mit Kräutern erstand.

Am Ausgang des Marktes kauften wir noch das letzte Puzzelstück für ein komplettes Frühstück, zwei Brötchen und zwei Salzstangen.

Auf dem Rückweg zum Womo fühlte ich mich eher wie ein Packesel, mit Rucksack und zahlreichen Beuteln und Tüten behangen, als ein entspannter Urlauber!

Aber am Platz angekommen, wurde ich mit einem köstlichen Tee, Brötchen, Käse und Paprikawurst entschädigt und verwöhnt.

Wir waren von der Wurst so angetan, dass eine Hälfte schon aufgefuttert war, ehe der Tee fertig war. So beschlossen wir, nochmals zum Markt zu gehen und Nachschub zu holen.

Bevor wir losmarschierten, wurde das Womo endgültig reisefertig gemacht, dass heißt Tisch und Stühle wurden verpackt, Toilette nochmals geleert und Frischwasser aufgefüllt.

Auf dem Markt angekommen, kauften wir nochmals Paprikapulver. In der Zwischenzeit hatten wir Bedenken, dass 3 Kilo für alle reichen würden, die wir beschenken wollten. Nach dem Motto, sicher ist sicher und schlecht wird es so schnell auch nicht, verhandelte Gabi an 3 Ständen insgesamt noch einmal 1,5 Kilo von dem roten Pulver.

Wie sich zu Hause zeigte, waren wir bei der Wurst zu schüchtern, obwohl wir bei dem Tätowierten weitere zwei Würste, eine "normale" und eine scharfe Wurst, kauften. Keine 2 Wochen nach unserem Urlaub waren diese schon aufgegessen.

Obwohl wir schon genügend eingekauft hatten, hielten wir nach dem Wurstkauf nach weiteren Leckereien Ausschau.

In einer Ecke, die wir beim ersten Besuch übersehen hatten, wurden wir fündig. Schatzi hatte einen Stand mit schneeweißem Schweinespeck entdeckt. Auf den ersten Blick hatte dieser Ähnlichkeit mit dem bekannten Lardo - Speck aus Italien. Selbstverständlich durften wir ein kleines Stück probieren und ich kann euch sagen, der war absolut köstlich - gleichzeitig fest und zart schmelzend, weiß bis ganz leicht rosa, würzig und ganz leicht salzig. Ohne lange zu überlegen, kauften wir auch davon ein Kilo. Leider waren auch das zwei Kilo zu wenig!

Dann war es aber wirklich genug mit Einkaufen. Zum Abschluss schlug ich vor, die letzten Forint in einen Eiskaffee ohne Sahne zu investieren. "Aber wirklich ohne Sahne!" betonte Schatzi "Ich bin vom Frühstück noch satt, aber ein leichter Kaffe mit viel Milch und Vanilleeis, das wäre ein toller Abschluss!" Außerdem hoffte ich, dass das Kaltgetränk bei den schon wieder über 26 Grad Celsius eine willkommene Abkühlung wäre!

Mit unseren Einkäufen schlenderten wir zum Marktplatz, schauten bei der Gelegenheit nochmals in der Touristeninfo vorbei und bedankten uns für die tollen Tipps und die schöne Stadt. Die Mitarbeiter waren begeistert, bedankten sich ihrerseits für unseren Besuch und hofften, dass wir wieder kommen. Und tatsächlich, jetzt - Spätsommer 2016 - da ich dieses Buch schreibe, stehen die Zeichen auf ein Wiedersehen ganz gut!

Im benachbarten Café bestellten wir unseren geliebten Eiskaffee ohne Sahne, und, obwohl der Kellner diesmal kein Deutsch sprach, konnten wir ihm das "ohne Sahne" in englisch verklickern.

Ungefähr eine halbe Stunde später waren unsere Gläser leer und ich wurde langsam unruhig, denn ungern wollte ich in der größten Mittagshitze weiterfahren. Also marschierten wir zum Campingplatz zurück, verstauten die letzten Einkäufe, bezahlten und verließen Baja in Richtung Süden.

Von unserem Standort aus befand sich der Grenzübergang nach Kroatien auf der anderen Donauseite. Wir hätten nun in Baja ganz einfach die Brücke über die Donau nehmen und auf dieser Seite unser Tagesziel erreichen können. Doch wir stehen auf Abenteuer und so fuhren wir zur nächsten Fähre.

Der Weg nach Donafalva, dort gab es die erste Möglichkeit, den Fluss zu überqueren, führte uns auf einer sehr schönen Deichstraße durch eine zauberhafte Auenlandschaft.

Als wir am Anleger ankamen, mussten wir allerdings feststellen, dass die Fähre erst in etwa 2 Stunden das nächste Mal übersetzte. Uns blieb demnach nichts anderes übrig, als zum nächsten Anleger nach Újmohács zu fahren und von dort zu versuchen, das andere Ufer zu erreichen. Sollte das auch nicht möglich sein, müssten wir weiter an die ungarisch / serbische Grenze fahren, um dann von Serbien aus nach Kroatien einzureisen. Wir hofften aber inständig, nicht diesen Weg nehmen zu müssen. Nicht, dass die ungarischen Beamten diesmal richtig nachsehen!

Leider führte die Straße nicht weiter an der Donau entlang, deshalb mussten wir erst 12 Kilometer in's Landesinnere und anschließend etwa die gleiche Strecke wieder zum Fluss fahren.

An der Fähre angekommen, sahen wir schon von Weitem einige Fahrzeuge stehen und am anderen Ufer erblickten wir zwei große Autofähren. "Puh, Glück gehabt." sagte ich zu Schatzi, als wir uns, in die Reihe der Wartenden, hinter einem Pferdegespann einreihten. "Ach sieh mal," platzte Gabi in dem Moment heraus, "da kommt schon jemand zum Kassieren!"

Ich sah nach links und erspähte nun ebenfalls eine ältere Frau mit gelber Warnweste und einer Bauchtasche. Und tatsächlich, als sie sich unserem Womo näherte, begann sie Daumen und Zeigefinger aneinander zu reiben. Diese Geste ist wohl international bekannt und gleich.

Nachdem sie an meinem Fenster war, begrüßte ich sie freundlich, erhielt jedoch keine halbwegs verständliche Antwort. Sie stand einfach da, rieb weiter die beiden Finger der rechten Hand und kaute unablässig, vielleicht bewegten sich auch nur ihren Kiefer. Dabei kamen ihre schlechten, beziehungsweise lückenhaften Zähne zum Vorschein. Ich überlegte noch, ob sie mich vielleicht doch begrüßt hatte, nur haben ihre Worte den Weg zwischen den Zähnen hindurch nicht gefunden, als sie anfing in ihrer Bauchtasche zu kramen. Dann holte sie ein 200 Forint Geldstück hervor und zeigte mir dies. Hm, umgerechnet 65 Cent, das ist mal wirklich günstig. Plötzlich holte sie einen 500 Forint Schein hervor und hielt mir diesen unter die Nase.

Aus den Augenwinkeln heraus, sah ich Gabi hektisch in ihrer Geldbörse kramen und plötzlich rief sie: "Keine Ahnung, ob wir noch so viel Geld haben. Das letzte haben wir doch für den Eiskaffe ausgegeben!" "Schatzi, sieh ganz in Ruhe nach, ich geh mal vor zum Anleger!" Mit diesen Wort stieg ich aus, bedeutete der Alten, Ruhe zu bewahren, es würde gleich weitergehen und ging vor, zum Anfang der stehenden Fahrzeuge.

Dort entdeckte ich ein Motorrad aus Österreich, Fahrer und Beifahrerin direkt daneben. Ich grüßte die beiden und fragte, wie es sein kann, dass die Fähre so günstig ist. Die sahen mich lachend an und meinten, dass die Alte eine Bettlerin ist und wir die Fahrkarte an einem Schalter um die Ecke kaufen müssen!

Ich bedankte mich und rannte, wie von der Tarantel gestochen, zum Womo zurück. Dort hing die Bettlerin bereits mit ihrem Oberkörper auf dem Fahrersitz und feilschte mit Gabi. Schon von Weitem rief ich ihr zu: "Halt Schatzi, nichts bezahlen, das ist eine Bettlerin! Halt! Kein Geld geben!" Zum Glück hatte sie noch nichts rausgegeben und meine Rufe gehört.

Da sich die Fähre vom gegenüberliegenden Ufer bereits auf den Weg gemacht hatte, wurde es Zeit, dass Schatzi zum offiziellen Schalter ging. Ich zog derweil die Frau aus dem Womo und schickte sie, unter dem Grinsen der Umstehenden, weg. Offenbar kannten die Einheimischen die Masche mit der

Warnweste und der Bauchtasche schon, fast hätte sie damit bei uns Erfolg gehabt.

Und wer hat uns gerettet - die Österreicher warn's. Zu diesen bin ich dann noch mal hin und hab mich bedankt, sie lachten herzlich und meinten, dass schon viele auf die Frau reingefallen sind.

Dann kam die Fähre immer näher, doch von Schatzi war noch nichts zu sehen, langsam wurde ich unruhig. Die Rampen des Schiffes senkten sich schon und die ersten Fahrzeuge rollten von der Fähre, doch wo blieb nur Gabi? Hinter mir standen einige Fahrzeuge und ich würde zwangsläufig mit den anderen auf die Fähre fahren müssen.

Selbst als vor uns alles in Bewegung geriet, fehlte von meiner Göttergattin immer noch jede Spur. Jetzt war ich an der Reihe und sollte meinen Fahrschein vorzeigen. Gerade begann ich mit dem Einweiser zu reden, als endlich Schatzi um die Ecke geflitzt kam.

Aufgeregt übergab sie den Beleg, stieg ein, dann rollten wir langsam auf die Fähre.

Kaum hatte sich Schatzi auf ihrem Sitz wieder etwas beruhigt, als sie ganz aufgeregt zu erzählen begann, dass unser Geld nicht mehr reichte und nicht mit EC-Karte bezahlt werden konnte, die Fahrkartenverkäuferin aber ein Herz für Deutsche (oder für ihr Kleid?) hatte und ihr nur den Preis für eine PKW - Überfahrt berechnete. Nun war sogar noch Geld für ein Eis übrig.

"Puh, da haben wir aber noch mal Glück gehabt!" stöhnte ich, als wir gerade zum stehen kamen.

Als wir uns auf der Fähre umsahen, bemerkten wir links neben uns das Pferdefuhrwerk, welches uns schon vorher aufgefallen war. Der Kutscher, ein älterer Mann von vielleicht 60 Jahren und (offenbar) sein Sohn saßen auf dem Kutschbock und schielten immer mal wieder verstohlen zu uns herüber.

Irgendwie fand ich die Beiden sympathisch und so ging ich unauffällig zum Heck unserer Bergziege, öffnete die Heckklappe, kramte 2 Flaschen deutsches Bier hervor, ging zu dem Kutscher und drückte ihm beide Flaschen mit einem Lächeln in die Hand, dazu noch ein paar Süßigkeiten, die Gabi schnell rausgeholt hatte.

Die Beiden starrten mich völlig verdattert an und sagten kein Wort. Erst als ich wieder im Womo saß und die Fähre sich bereits dem anderen Ufer näherte, löste sich ihre Erstarrung. Der Alte sah sich die Flaschen nun genauer an, dann seinen Sohn, dann wieder uns, nickte, und endlich kam so etwas wie ein Lächeln auf sein Gesicht. Weiter konnten wir sie nicht mehr anschauen, denn die Fähre hatte bereits angelegt und die Fahrzeuge setzten sich langsam in Bewegung.

Nachdem wir die Fähre verlassen hatten und uns den Weg durch Mohács suchten, hielten wir Ausschau nach einer Eisdiele oder Ähnlichem.

Dann sagte Schatzi plötzlich: "Irgendwie kommt mir das bekannt vor!" "Ja," bestätigte ich "auch mir kommt die Stadt vertraut vor." "Sieh mal, diese Fußgängerzone, dort haben wir letztes Jahr Forint getauscht, um bei dem Bäcker am Ende der Straße zu frühstücken!"

So erkannten wir eins nach dem anderen wieder und erinnerten uns an die Tour aus dem letzten Jahr, nun befanden wir uns auf der gleichen Strecke nur in umgekehrter Richtung und beide Richtungen führten bzw. führen nach Hause.

Doch daran mochten wir noch nicht denken. Gabi hatte erst einmal Respekt vor dem Grenzübergang nach Kroatien. Ich hatte keine Bedenken und versuchte, sie zu beruhigen. Für die Grenzer musste es so aussehen, als würden wir unseren Urlaub gerade erst beginnen, da wir derzeit von Nord nach Süd reisten. Somit gab es keinen Grund, uns besonders zu kontrollieren. Außer sie waren der Meinung, dass wir Flüchtlinge wieder zurück schmuggelten, aber davon ging doch wohl niemand aus.

Wie angenommen, passierten wir die Grenze ohne Probleme - Ausweise, grüne Karte, das war's, wir durften weiter fahren.

"Es ist schon merkwürdig," sagte ich zu Gabi, als wir die Grenze hinter uns gelassen hatten, "letztes Jahr konnten wir noch ohne jegliche Kontrolle hier durchfahren und nun gibt es wieder Stacheldraht und Grenzer mit Maschinenpistolen!" Schatzi und ich redeten noch eine Weile über die neue Situation auf dem Balkan, bevor uns die Landschaft in ihren Bann zog.

Diese war jetzt nicht besonders spektakulär, aber durch die Nähe zur Donau und die vielen Feuchtgebiete, waren sehr viele Vögel zu sehen und zu deren Beobachtung, waren wir schließlich hergekommen.

Keine 50 Kilometer nach der Grenze erreichten wir Kopácevo, einen kleinen Ort am Eingang des Naturschutzgebietes Kopacki rit. In diesem Dorf hatten wir auf der Karte ein "Auto Camp" gefunden und standen nun vor dessen Eingangstor. Gabi öffnete dies und ich quetschte das Womo zwischen Torpfosten und Baum hindurch auf den kleinen Hof.

In einer Ecke des Grundstücks fanden wir die ganze Familie, um einen großen Tisch sitzend, vor. Mit dem Mittagessen waren sie fertig , nun standen nur noch leere Bier- und Weingläser vor ihnen.

Freundlich, aber zurückhaltend, wurden wir begrüßt. Auf unsere Bitte hin, konnten wir uns auf dem Platz und in den Sanitäranlagen umsehen.

Letztere waren sauber, ordentlich und relativ neu, somit von Schatzi als gut befunden. Der Platz selber bestand aus einer Wiese, die ungefähr 15 Meter breit und 50 Meter lang war und in der Mitte von einem Fahrweg geteilt wurde. Wasser und Strom, den wir nicht benötigten, waren in der Nähe. Auf den Grundstücken der angrenzenden Nachbarn standen viele Gewächshäuser, offenbar wurde in diesen Gemüse gezüchtet. Alles machte einen guten und vor allem ruhigen Eindruck, nichts sprach gegen eine oder zwei Übernachtungen auf dem Platz.

Der einzigen Wermutstropfen war der Preis. Die guten Leute wollten für eine Übernachtung umgerechnet fast 18 Euro! Im Vergleich zu dem Platz in Baja empfanden wir es relativ teuer, entschieden uns aber trotzdem zu bleiben.

Ich hatte das Gefühl, Schatzi wollte wieder einmal gepflegt und nicht im Wald stehen! Vielleicht wäre im Wald stehen besser gewesen als dieses Feuchtgebiet. Wir stellten uns zwischen einige kleine Bäume, um wenigstens etwas Schatten zu haben, rollten das Sonnensegel aus und machten es uns gemütlich.

Das Rumsitzen liegt uns nicht so, deshalb entschlossen wir uns keine halbe Stunde später, die Fahrräder vom Womo zu nehmen und eine kleine Ausfahrt ins nahe Vogelparadies zu unternehmen.

Wie wir die Räder samt Träger wieder hochbekommen würden, darüber machte ich mir vorerst keine Gedanken. Erst das Vergnügen, dann die Qual!

Wenig später brachen wir zu einer ersten Fotorunde auf. Leider war uns der Wind nicht hold. Fast die gesamte Strecke über, immerhin 17 Kilometer, stand dieser so ungünstig, dass wir keine Chance hatten, auch nur einen Vogel zu fotografieren. Die Biester hörten uns schon 10 Meilen gegen den Wind und flüchteten in unwegsames Gelände. Das einzige, was nicht vor uns flüchtete, waren Mücken. Im Gegenteil, diese fanden uns überaus lecker.

Auf dem Rückweg fuhren wir durch den Ort Kopácevo und entdeckten in der Dorfmitte das Werbeschild eines Restaurants. Auf diesem war das Foto eines ganzen Fisches, der auf Holzlatten gespannt und am offenen Feuer gegart wurde, zu sehen. Dieses Gericht hatten wir in einer Dokumentation im deutschen Fernsehen bereits gesehen und es sah mehr als lecker aus. Wir beschlossen, dem Wegweiser zu folgen und wenn möglich, für den nächsten Tag ein solches Essen zu bekommen.

Das Restaurant entpuppte sich sich als kleiner alter Bauernhof, der zu einer Pension mit Restaurant umgebaut worden war. Eine der Kellnerinnen sprach sehr gut deutsch. Wir zeigten ihr ein Foto des Werbeschildes und fragten, ob es möglich sei, ein solches Essen zu bestellen und was es kostet. Nach einigen Rückfragen in der Küche wurde uns angeboten, dass wir am nächsten Tag den Fisch bekommen könnten. Dieser würde etwa 2 Kilo wiegen und sollte umgerechnet 30 Euro kosten. Schatzi und ich sahen uns an und reservierten einen Tisch für zwei am nächsten Tag für 18:30 Uhr! Zurück am Womo mussten wir uns eingestehen, dass wir keinen Vogel abgelichtet, dafür aber unzählige Mückenstiche kassiert hatten.

Zum Glück ließen sie mich bei der Zubereitung des Abendbrotes in Ruhe. Die Paprikawurst aus Baja, die kleinen Zwiebeln und Schafskäse wurden zu einem deftigen Allerlei verarbeitet. Dazu reichte der Chefkoch einen ausgezeichneten ungarischen Sekt.

Allerdings kamen die Mücken schnell zurück und hatten es besonders auf mich abgesehen, so dass wir uns nach dem Duschen in´s Womo zurück ziehen mussten.

Schatzi schrieb später im Tagebuch: „… trallala bis morgen früh!", dies kann ich nicht bestätigen! Gut, es waren heute nur etwas mehr als 100 km, aber die Wärme und die Mücken forderten ihren Tribut. Todmüde fielen wir ins Bett und hofften auf eine erträgliche Nacht!

Donnerstag - Von Hitze und Mücken im Biotop

So schlimm wie befürchtet, war die Nacht nicht. Die Mücken hatten wir erfolgreich ausgesperrt, nur mit der Wärme hatten wir unsere Probleme. So war es auch nicht verwunderlich, dass wir diesmal schon Dreiviertel sechs munter wurden, oder anders gesagt, Gabi konnte nicht mehr schlafen und ich dann auch nicht.

In der Hoffnung, heute schöne Fotos machen zu können, packten wir alles für einen Fahrradausflug durch das Naturschutzgebiet bis zum Einkaufszentrum "Portanova", am Rand von Osijek zusammen und brachen eine Stunde später mit Rädern und Anhänger auf.

Wir waren kaum 2 Kilometer vom Campingplatz entfernt, da legten wir am Eingang von Kopački rit den ersten Stopp ein. Es war noch sehr früh am Morgen und gerade deshalb waren wir überzeugt, bei der Pirsch durch die Sumpflandschaft, rund um den Eingangsbereich, das eine oder andere gute Tierfoto schießen zu können.

Ein Großteil der Flächen war durch neu angelegte Holzstege sehr gut zugänglich. Von diesen wiederum war es ein Leichtes, die Tier- und Pflanzenwelt auf und über dem Sumpfland zu beobachten.

Wenn! Ja, wenn sich Tiere hätten blicken lassen. Wir hatten wieder einmal Pech. Außer einigen Singvögeln, einem Teichhuhn und einem Busard (der im Tiefflug kurz an uns vorbei segelte), ließ sich keiner überreden, vor unseren Kameras zu posieren!

Meter um Meter schlichen wir die Stege entlang, immer darauf achtend, möglichst kein Geräusch zu machen und was war der Dank? Nichts, null, null Komma nichts sozusagen!

Unsere ganzen Hoffnungen ruhten nun auf dem weiteren Weg durch den Naturpark.

Erst ließ es sich auch sehr gut an. Schon nach kurzer Fahrt hatten wir eine Menge Graureiher und Adler ausmachen können. Doch von den ersteren hatten wir schon zu viele Fotos und die Adler flüchteten jedes mal, noch bevor wir eine Chance hatten, die Kamera in Position zu bringen.

Dann entdeckte Schatzi einen Schwarzstorch! Sofort holte ich die Kamera aus dem Anhänger, dann das Stativ ... und da war er schon weggeflogen! Er flog nicht sehr weit und so folgten wir ihm, schließlich hatte ich ganz genau gesehen, wo er gelandet war. Doch noch bevor wir uns der vermuteten Landestelle genähert hatten, flog er auf ....auf und davon! Die Zeit reichte gerade aus, um die Kamera hoch zu reißen und wie wild hinter dem Storch her zu fotografieren.

Die Ausbeute war mehr als mager. Ganze drei Fotos blieben uns. Mit etwas Fantasie war auf diesen ein fliegender, milchig schwarzer Mantel zu sehen, der auf Grund einer zu langen Belichtungszeit mehr Ähnlichkeit mit einem Zombi, als mit einem Storch hatte!

Weiter ging es auf einem Deich, der das Schwemmland der Donau vom Hinterland trennt und wohl gleichzeitig auch schützt.

Irgendwann bemerkten wir, auf der zur Donau gewandten Seite, Warnschilder. Erst konnten wir nicht richtig erkennen, wovor auf diesen gewarnt wurde. Aber nachdem wir uns ein Foto auf dem Display der Kamera näher angesehen hatten, wurde uns schlagartig bewusst, dass wir uns in einem ehemaligen Kriegsgebiet aufhielten. Nach wie vor war das Grenzgebiet zu Serbien vermint und das Betreten strengstens verboten.

Kurz vor Osijek hatten wir dann doch noch mal Glück, Fotos zu schießen. Ein Feldhase saß am Wegesrand und ließ sich das frische Gras schmecken, ohne von uns Notiz zu nehmen. Wir konnten beide Kameras in Stellungen bringen und unzählige Foto- und Filmaufnahmen machen. Erst als wir uns bis auf weniger als 3 Meter dem Hasen genähert hatten, flüchtete er über die Wiese in den nahen Wald.

Wenig später erreichten wir die ersten Häuser von Osijek und radelten weiter an der Drau, einem ca. 366 Kilometer langen Fluss, der in Südtirol entspringt und hier in der Nähe der Stadt in die Donau mündet, entlang in Richtung Zentrum.

Als wir das Freibad erreichten, stellten wir entsetzt fest, dass in den letzten Tagen ein wahres Unwetter über die Stadt hinweg gefegt sein musste. Überall fanden sich zahlreiche umgestürzte und entwurzelte Bäume, ebenso abgedeckte Häuser und hunderte von Ästen lagen entlang der Wege. Überall waren die Menschen dabei aufzuräumen und Häuser und Wege wieder in Ordnung zu bringen.

Von unserem Radweg hatten wir einen tollen Blick auf die andere Flussseite, auf die alte Bastion und die dahinterliegende Universität, mit ihren mehr als 100 Jahre alten Gebäuden.

Da wir weiter in´s Portanova zum Frühstücken wollten, ließen wir die Altstadt leider links liegen. Wenn wir nicht so eine verklärte Erinnerung an das Shoppingcenter gehabt hätten, wäre die Gegend um die Universität die bessere und interessantere Alternative gewesen.

So aber führte uns unser Weg weiter am Fluss entlang. An der für Autos gesperrten Hängebrücke. überquerten wir die Drau und radelten entlang der Uferpromenade, dem Einkaufszentrum entgegen.

Im Portanova selbst waren wir ebenfalls letztes Jahr und Schatzi fand dort einige sehr schöne Sachen für sich zum anziehen. Deshalb hatte sie sehr gute Erinnerungen an die Shopping Mall und wollte das Einkaufserlebnis wiederholen.

Doch wie ihr euch denken könnt, mussten wir zuerst frühstücken. Wir kauften an einem Backstand zwei verschiedene gefüllte Teigtaschen und in einer Bar bestellte ich mir einen Latte Macchiato, während Schatzi sich einen frisch gepressten Fruchtsaft gönnte.

So gestärkt sah ich den wilden Shoppingorgien von Gabi gespannt und skeptisch entgegen.

Aber irgendwie war dieses Jahr anders. Das Schicksal war mir mehr als gewogen, denn trotz intensiver Suche fand Schatzi nichts Brauchbares. Vielleicht hatte sie die schlechte finanzielle

Großwetterlage im Hinterkopf, die es uns unmöglich machte, etwas nicht unbedingt Benötigtes zu kaufen.

Außerdem wollten wir am Abend noch gut essen gehen und so stand Schatzi vor der Wahl, etwas nicht unbedingt Lebensnotwendiges zum Anziehen zu kaufen oder ein tolles Essen und guten Wein zu genießen. Die Entscheidung fiel ihr relativ leicht!

Nach über zwei Stunden hatten wir viel gesehen, doch die Einkaufstüten blieben leer. Darüber waren wir beide nicht sonderlich traurig. Nur waren wir uns einig, dass wir die Zeit lieber in der Altstadt hätten verbringen sollen, als in diesem Konsumtempel.

Für den Rückweg wählten wir eine andere Strecke durch die Stadt, denn wir wollten möglichst schnell weg von der großen Durchgangsstraße und an der Drau entlang fahren. Nach einer kleiner Irrfahrt, bei der wir auf einem großen Paintball Gelände landeten und beinahe beschossen worden wären, fanden wir doch noch an den Fluss und später auch an die Uferpromenade zurück.

Dort reihte sich auf einer Strecke von fast 400 Metern ein Hotel, ein Restaurant und eine Bar an die andere. Eine Hotelbar mit großen Ledersesseln, aus denen wir einen tollen Blick zum Fluss genießen konnten, hatte es uns besonders angetan. So stoppten wir an dieser, setzten uns in zwei Sessel in der ersten Reihe, bestellten zwei Eiskaffee und beobachteten die Leute auf der Promenade vor uns.

Dann machten wir uns endgültig auf den Rückweg zum Womo. Zwischendurch hielten wir noch des Öfteren an und versuchten immer wieder Vögel zu fotografieren, aber so recht wurde es nichts. In Ermangelung anderer attraktiver Motive nahm Schatzi mich in´s Visier.

Rückblickend muss ich sagen, dass uns das sogenannte Vogelparadies kein Glück bescherte und wir einmal mehr das Gebiet mit nur wenigen Fotoaufnahmen im Gepäck verließen. Gut man sagt immer, alle Guten Dinge sind drei, doch ich weiß nicht!?

Nach über 50 Fahrradkilometern, beginnend am Campingplatz, durch das Naturschutzgebiet, entlang der Drau, bis zum Einkaufszentrum Portanova in Osijek, kehrten wir gegen 15 Uhr wieder zu unserem Ausgangspunkt zurück!

Die Hitze war zwischenzeitlich fast unerträglich geworden und die schwerste Aufgabe stand uns noch bevor. Die Fahrräder mussten auf den Träger, dieser dann trotz defekter Gurte wieder 1,50 Meter hochgehoben und befestigt werden.

Als erstes versuchte ich, Schatzi die Funktionsweise eines Spanngurtes näher zu bringen. Denn der Plan sah vor, dass ich mich unter den Träger lege, diesen mit den Füßen ein Stück anhebe und Gabi den Spanngurt festzieht. Dann würde ich den Träger wieder ein Stück anheben und so weiter. Wie es dann weiter gehen sollte, würde ich entscheiden, wenn der Träger zur Hälfte oben ist. Doch soweit sollte es nicht kommen.

Ich hob die Räder auf die Trägerschienen, legte den ersten Gurt um das Gestänge und erklärte Gabi nochmals, wie dieser fest zu ziehen sei. Anschließend legte ich mich auf den Rücken, schob die Füße unter die hintere Schiene und hob das Ganze ein Stück an. Nun sollte Gabi den Gurt festziehen! Doch vor lauter Aufregung und Panik, dass die Fahrräder runterfallen und mich verletzten könnten, bekam sie den Mechanismus einfach nicht geschlossen. Ich versuchte es aus dem Liegen heraus selber. Doch schließlich habe ich keine Affenarme und so musste ich die ganze Aktion abrechen und den Träger wieder absenken.

Nochmals versuchte ich, Schatzi, alles ganz in Ruhe zu erklären und wir starteten einen zweiten Versuch.

Den Gurt hatte ich schon etwas enger gefasst und Schatzi brauchte eigentlich nur noch spannen! Ich stemmte alles hoch und feuerte Gabi an: "Los Schatzi, du schaffst das! Mach ihn fest! Greif zu!" Dann ging mir die Luft aus und sie war der Verzweiflung nahe. Ich ließ die Räder auf dem Träger wieder runter und versuchte es erneut mit gutem Zureden. Doch Schatzi war von meinen Erklärungsversuchen schon so genervt, dass sie nichts mehr verstehen konnte.

Schließlich kamen mir zwei Männer zu Hilfe, die auf der anderen Seite des Platzes gerade den Zaun inspizierten. In Touristen-Gebärdensprache boten sie uns ihre Hilfe an. Dankend nahm ich das Angebot an.

Einer rechts, der andere links, ich am Gurt und dreißig Sekunden später waren die Räder oben und ich konnte den Spanngurt festziehen. Ich bedankte mich herzlich und freute mich gleichzeitig über die spektakulären Filmaufnahmen. Denn noch bevor unser erster Versuch begann, hatte ich unsere Filmkamera aufgestellt. Es war absehbar, dass es lustige Aufnahmen werden würden, über die wir noch Jahre später herzlich lachen können.

Als ich nun zur Kamera ging, stellte ich erstaunt fest, dass diese ausgeschaltet war. Schatzi war vorsichtshalber schon ein Stück von mir abgerückt und sah mich irgendwie merkwürdig an.

"Hast du die Kamera ausgeschaltet?" fragte ich schon leicht erregt. Sie nickte nur und meinte: "Ich dachte, wir machen erst einmal eine Pause und starten dann einen neuen Versuch. Dann hätte ich sie wieder angeschaltet." Ich konnte es nicht glauben, mir fehlten tatsächlich die Aufnahmen, wie die beiden Männer fast spielerisch die Räder hochhoben und ich den Gurt festmachte. Na ja, ich ärgerte mich nicht lange, nur so fünf oder sechs STUNDEN!

Nein, das natürlich nicht. Denn schon wenig später mussten wir das erste Mal am heutigen Tag duschen gehen und uns für den Restaurantbesuch rausputzen. Das Duschen war für mich eine echte Herausforderung.

Die Temperaturen und das dunkle, feuchte Klima in den Räumen, stellten ein wahres Paradies für Horden von Mücken dar. So hatte ich nicht den Hauch einer Chance gegen die Biester. Erfrischt aber mit fünf neuen Stichen versehen verließ ich das Gebäude. Schnell eilte ich ins Womo, in dem mich gefühlte 50 Grad erwarteten, dann schmierte ich mich komplett und Zentimeter dick mit Mückenschutz ein.

Als dann Schatzi nach einer wahren Duschorgie auch endlich so weit war, konnten wir losgehen. Die Anstrengungen und

Aufregungen der Fahrrad-hoch-heb Aktion waren längst vergessen, als wir den Platz in Richtung Restaurant "Dinin Konak" verließen.

Es war gerade erst kurz nach 6 Uhr abends, aber die Sonne strebte schon dem Horizont entgegen und tauchte das kleine Dorf mit seinen alten Häusern und den ramponierten Fassaden in ein

warmes, fast schon liebliches Licht. Es erinnerte mich an das Licht über den Tomaten in unseren deutschen Supermärkten. Im Regal sehen sie immer so schön, reif, saftig und geschmackvoll aus und zu Hause angekommen, denkst du, es handelt sich um Zauberfrüchte, die auf den letzten 500 Metern verwelkt sind! Denn die Häuser und Straßenzüge sahen in der Mittagshitze ebenfalls nicht sehr prickelnd aus und erstrahlten nun, als hätte die Laubfärbung bei ihnen begonnen.

Der Spaziergang durchs Dorf war recht entspannt, die Hitze hatte nachgelassen und die Mücken hatten sich offenbar in die feuchteren Gebiete zurückgezogen.

Als wir am Restaurant ankamen, stellte sich heraus, dass wir die ersten Gäste waren und wie sich später zeigte, auch bis halb neun bleiben sollten (denn da schloss die Gaststätte).

Die Außenanlagen zwischen, den sich gegenüberstehenden niedrigen Bauernhäusern, waren frühsommerlich geschmückt und luden geradezu zur Einkehr ein.

Vom Personal, welches sich auf einer kleinen Veranda am rechten Haupthaus versammelt hatte, wurden wir schon erwartet.

Als sie uns kommen sahen, begrüßten sie uns herzlich und jeder entschwand in seinen Bereich. Übrig blieb einzig die etwas deutsch sprechende Kellnerin. Sie zeigte uns alle möglichen Sitzplätze im und vor dem Restaurant.

Das eingeschossige, langgestreckte Haus auf der linken Seite war offensichtlich in kleinere Einheiten unterteilt. Vor jeder stand ein Tisch mit vier Stühlen. Wir vermuteten, dass es sich dabei um Ferienzimmer handeln musste. Nach unserem Dafürhalten waren dies auch die besten Plätze für ein entspanntes Abendessen und so fragten wir die Kellnerin, ob es möglich wäre, an einem dieser Tische Platz zu nehmen. Mit einer einladenden Handbewegung zeigte sie über alle Tische und gewährte uns freie Platzwahl.

Wir entschieden uns für einen schattigen Platz an einem Vierer- Tisch vor einem der Ferienzimmer. Als sie uns zu dem gewünschten Tisch begleitete, baten wir sie, einen Blick in die

Zimmer werfen zu dürfen. Umgehend eilte sie zurück zur Rezeption und holte den entsprechenden Schlüssel.

Als wir das Apartment betraten, waren wir von der Größe der Räume überrascht. Gleich hinter der Terrassentür lag der Wohnbereich mit gemütlichen Sesseln, einem ebensolchen Sofa und einem niedrigen Tisch. Dem gegenüber stand ein Fernseher. Dahinter folgte eine gut ausgestattete kleine Küche mit Herd, Kühlschrank, Backofen, Tellern, Tassen und Besteck, es war alles vorhanden!

Durch eine Tür auf der rechten Seite erreichten wir einen kleinen Flur, von dem zwei komplett eingerichtete Schlafzimmer und ein Badezimmer,, welches keine Wünsche offen ließ, abgingen. Wir waren echt beeindruckt und fragten nun nach dem Preis für eine Übernachtung in dieser Wohnung, die für vier Personen optimal geeignet war. Die Antwort überraschte uns noch mehr. An Wochenenden wurden 30 Euro pro Nacht und unter der Woche nur 25 Euro pro Nacht aufgerufen.

Die junge Frau ergänzte noch, dass sie sehr oft ausgebucht sind, vor allem österreichische, kroatische und einige deutsche Gäste wüssten das Preis- Leistungsverhältnis sehr zu schätzen.

Jetzt wurde uns auch klar, warum im hinteren Teil des Grundstücks bereits ein neues mehrstöckiges Gebäude mit zehn Ferienwohnungen entstand. Obwohl es in dem Dorf an sich nichts sehenswertes gab, waren die Unterkünfte und die Preise für einen Kurzurlaub erstklassig.

Nach der Besichtigung bestellten wir eine Flasche Wein, einen Krug Wasser und fragten nach unserem Fisch. Dieser sei bereits in der Küche beim Küchenchef. Als die Getränke kamen, wurden wir eingeladen, die Feuerstelle zu besichtigen.

Die Kellnerin führte uns zu einem überdachten Feuerplatz am Ende der Bauernhäusern. Wir hatten gehofft, den Küchenchef hier mit unserem Fisch anzutreffen, leider war letzterer schon zur weiteren Verarbeitung in der Küche. Einzig einer der Köche, war noch am Feuer. Er schob das restliche Holz zusammen und machte Ordnung. Deutlich waren ihm die Hitze und die Anstrengung, der er beim Grillen unseres Fisches in den letzten zwei Stunden ausgesetzt war, anzusehen.

Gerne hätte ich selber ein Foto von dem aufgespannten Fisch am Lagerfeuer geschossen, so musste ich mit einer Aufnahme des Werbeschildes vom Vortag zufrieden geben.

Zurück an unserem Tisch, kam dann auch gleich der Salat und kurze Zeit später eine riesige Platte mit dem Fisch darauf.

Dieser war absolut köstlich, sehr gut gewürzt, am Rand knusprig, das Fleisch in der Mitte auf den Punkt gegart und somit zart und saftig.

Noch beim Essen überlegten wir, um was für einen Fisch es sich wohl handeln möge, denn dies hatten wir vergessen zu fragen. Er war groß, wie uns gesagt wurde circa 2 Kilo schwer, nicht zu fett und echt lecker. Wir waren uns nur einig, was es nicht sein konnte - und zwar ein Karpfen!

Als die Kellnerin erschien und fragte ob alles in Ordnung sei, schwärmten wir von dem Essen und erkundigten uns gleichzeitig nach dem Namen des Fisches. Sie konnte uns allerdings nur den kroatischen Namen nennen. Dank modernen Technik, wir fragten einfach Google, erfuhren wir, dass es sich bei unserem delikaten Fisch um einen Karpfen handelte.

Gabi und ich waren total platt und begeistert, wie gut ein Karpfen schmecken kann, zumal wir vorher keine guten Erfahrungen mit dem Schwein unter den Fischen, wie der Karpfen wegen seiner nicht gerade wählerischen Fresssucht auch genannt wird, gemacht hatten. Aber so ist es auf Reisen, man begegnet immer wieder Neuem und sieht Altes aus einer neuen Perspektive.

Wie uns die Kellnerin noch sagte, wog das gute Stück etwas mehr als 2,5 Kilo und so war es nicht verwunderlich, dass wir, nachdem der Salat bereits vertilgt war, mit den Fischmassen zu kämpften hatten. Doch wir wollten nichts davon zurückgehen lassen, dafür war er einfach zu gut!

Als wir die letzte Gräte aus dem Mund gefummelt hatten, lehnten wir uns zurück, atmeten tief durch, bestellten zwei Slivo und zwei Kaffee zur besseren Verarbeitung der Massen.

Inclusive reichlich Trinkgeld zahlten wir am Ende des Abends umgerechnet 52 Euro und verließen das Restaurant satt und zufrieden.

Erst beim Weggehen bemerkten wir, dass uns die Mücken die ganze Zeit über in Ruhe gelassen hatten. So freuten wir uns auf einen gemütlichen Spaziergang zum Campingplatz und eine entspannte Nacht.

Gut, der Heimweg war entspannt, aber die Sache mit der Nacht? Ihr wisst ja, erstens kommt es anders und zweitens, als man denkt!

Am Wohnmobil angekommen, setzten wir uns in unsere Stühle und begannen, den lauen Sommerabend zu genießen. Doch schon Sekunden später hatten wir das Gefühl, die Mücken haben nur auf uns gewartet.

Wir flüchteten nochmals unter die Dusche, wobei ich "hochgeschlossen" zu dieser marschierte, dann erst das Wasser anstellte, mich anschließend auszog und immer versuchte, jeden Quadratmillimeter mit fließendem Wasser bedeckt zu halten. Dies gelang mir soweit ganz gut, so dass ich unter der Dusche als Sieger hervorging. Ich hatte 3 zu 0 gewonnen. 3 Mücken habe ich getötet und keine hat mich gestochen. Die Rückrunde beim Abtrocknen verlor ich allerdings grandios mit 1 zu 4!

Wir hatten keine andere Wahl, als uns mit einer Wolke aus Mückenspray, Duftkerzen und Antimückencremes zu umgeben und ins Womo zu verschwinden.

Das hatte zur Folge, dass bei über 30 Grad, die im Womo noch herrschten und den unterschiedlichsten Geruchsabwehrstoffen die Mücken zwar draußen blieben. Dafür roch es wie in einer Gerberei, die versucht hatte, mit Zitronenspray dem Gestank Herr zu werden!

Schatzi fand lange Zeit keinen Schlaf, ich hingegen war wegen der vielen Mücken so am Ende, dass ich bereits wenige Sekunden, nachdem ich mich auf's Bett gelegte hatte, eingeschlafen war!

Freitag - Dramatische Sekunden

Es war klar, dass wir an diesem Tag bei diesen Temperaturen nicht lange schlafen würden, aber musste es wirklich zehn nach fünf sein? Ja es musste, denn als ich munter wurde, klebte das Bettlaken förmlich an mir. Am Vorabend musste ich mich nach dem Duschen nochmals mit Insektenschutz einschmieren und dieser, war über Nacht eine Verbindung mit der Bettwäsche eingegangen. Ich kam mir vor wie eine Mumie, so klebte das Bettzeug an mir. Auch Schatzi stöhnte neben mir auf, aber nicht vor Lust, sondern weil auch sie sich klebrig und fertig von der Nacht fühlte. In diesem Augenblick stand für uns fest, wir müssen hier weg. Wir müssen wieder in die Berge!

So schnell wie möglich entledigten wir uns, der an uns haftenden Stoffbahnen und gingen leise, denn über Nacht waren weitere Gäste angekommen, zu den Duschräumen.

Mit Erschrecken stellte ich fest, dass selbst zu dieser frühen Morgenstunde bereits Mücken unterwegs waren. Diesmal gelang mir ein überwältigender 5 zu 1 Sieg. Den einen Gegentreffer einer wahrscheinlich schrecklich schmutzigen Mücke musste ich teuer bezahlen, denn die Stelle um den Einstich wurde extrem rot, dick und juckte noch Tage später.

Auf dem Weg zurück zum Womo sahen wir uns die Neuankömmlinge näher an und stellten mit Entsetzen fest, dass in einem PKW 3 und im anderen 4 Leute in ihren Sitzen saßen und versuchten zu schlafen. In unserem Womo war es schon zu zweit ohne Klamotten und in einem relativ großen Raum warm und stickig. Wie mochten sich da erst die 3 oder 4 Leute in Klamotten in einem kleinen PKW fühlen? Nur bei dem Gedanken daran begann ich schon wieder zu schwitzen!

Das zeitige Aufstehen hatte natürlich auch sein Gutes. Zu dieser Stunde waren die Straßen noch leer und die Tiere erwachten gerade.

Schatzi sah zum Himmel und meinte: "Jetzt, da der Tag beginnt und die Natur erwacht, könnten wir doch Glück mit dem Fotografieren haben. Wollen wir nicht einen kleinen Umweg fahren und eine morgendliche Runde durch das Naturschutzgebiet

drehen?" Verliebt sah ich sie an: "Ja wir wollen! Alles ist besser, als hier zu bleiben und vielleicht haben wir tatsächlich Glück mit den Tieren!"

Es blieb dabei, mit den Tieren hatten wir kein Glück. Aber nachdem wir gegen 6 Uhr alles gepackt hatten und den Platz leise und unauffällig verließen, zeichnete sich am Horizont ein wunderbares Morgenlicht ab.

Als wir drei Kilometer später, die unter Wasser stehenden Wiesen erreichten, hatte sich das Licht der aufgehenden Sonne mit einzelnen kleinen Nebelschwaden zu einer romantischen Morgenstimmung verwandelt.

Kopački rit erstrahlte geradezu in einem mystischen Licht aus leichten gelb-, warmen orange- und zarten bis dunklen Blautönen! Es ging nicht anders, wir hielten einfach am Straßenrand an, um die Stimmung festzuhalten und zu genießen. Wir sogen diese regelrecht in uns ein.

Schließlich mussten wir aber weiter fahren, da unser abgestelltes Womo den seltenen aber doch vorhandenen Verkehr auf der Deichstraße erheblich behinderte.

Wenig später waren das Licht und sämtliche Tiere verschwunden. Es war wie verhext mit uns und Kopački rit!

Auf der anderen Seite hatten wir uns einen "Kilometer-Tag" vorgenommen. Wir wollten durch Kroatien und Slowenien bis Österreich, circa 500 Kilometer zurücklegen. Als Zwischenstopp lockte uns, kurz bevor wie Kroatien verließen, ein Stausee in der Nähe von Varaždin. Wir hofften, uns dort, nach über 200 Landstraßenkilometern, erfrischen zu können.

Die Fahrt über die Autobahn wäre schneller, dafür aber länger gewesen, und außerdem würden wir so noch Einiges vom kroatischen Hinterland sehen.

Wie zu erwarten war, hielt sich der Verkehr auf der Landstraße noch sehr in Grenzen und wir kamen gut voran. Hinter Virovitica, in einem kleinen Dorf, erspähte ich einen Bäcker und direkt daneben zwei Bars. "Sie mal da Schatzi! Ein Bäcker und zwei Bars. Wie wäre es mit einem leichten Frühstück?" sagte ich grinsend zu ihr. "Hast du schon Hunger?" fragte sie erstaunt zurück. "Aber Liebling, du weißt doch, bevor ich HUNGER habe, das dauert! Ich dachte in diesem Fall eher an dich und unsere Liebe!" Verwundert sah sie mich an und fragte nach: "Was hat das Frühstück mit unserer Liebe zu tun?" "Ganz einfach. Wenn du gut gefrühstückt und einen Tee getrunken hast, dann bist du zufrieden und glücklich. Und du weißt doch: Happy wife, happy life!" Weiter kam ich nicht mehr, denn ich musste entscheiden, ob ich links zu den Bars abbiegen oder geradeaus fahren sollte. Selbstverständlich bog ich links ab und an Schatzi´s Gesichtsausdruck sah ich ganz deutlich, dass ich recht hatte mit meinem englischen Sprichwort!

Unmittelbar neben dem Bäcker fand ich einen guten Parkplatz und wir beschlossen, so wie wir es gewohnt waren, beim Bäcker Teilchen zu holen, in der Bar etwas zu trinken zu bestellen und dann genüsslich alles zu verspeisen.

Gesagt getan, beim Bäcker gab es wieder Käse- und Hackfleischgebäck und in der Bar nebenan bestellte Gabi den üblichen Tee für sich und einen Latte Macchiato für mich.

Als wir so da saßen und auf unsere Getränke warteten, sah Gabi sich die verschiedenen Angebotskarten, die in einem Ständer auf dem Tisch steckten an und ihre Augen wurden immer größer. "Schade, hier gibt es doch tatsächlich auch etwas zu essen. Sogar ein richtiges Frühstück mit Rührei und Schinken hätte es gegeben!" "Hab ich doch wieder alles falsch gemacht?" fragte ich mit gespieltem Unterton. Natürlich verneinte sie dies und wir ließen uns die Teilchen schmecken. Aber langsam freuten wir uns auch auf ein "normales" Frühstück in Österreich oder Deutschland!

Gerade als wir weiter wollten, machte ich Gabi noch auf eine Frau aufmerksam, die ein Stück weiter am Straßenrand saß und Pfirsiche verkaufte. Außer ihr war weit und breit keine weitere Händlerin zu sehen. Offenbar hatte sie sehr gute Ware, denn schnell bildete sich um sie eine kleine Traube von Kaufwilligen, um bei ihr etwas zu erstehen.

Ich fragte Schatzi, ob sie auch welche möchte, aber so richtig wollte sie nicht. Diesmal hatte ich aber richtig Appetit auf Obst und so ging sie mir zu Liebe los und kaufte zwei Kilo Pfirsiche. Später musste Gabi dann zugeben, dass es mit die besten Pfirsiche waren, die sie je gegessen hatte! Na da hatte ich doch wieder einmal den richtigen Riecher, auch wenn es Schatzi anfangs schwer fiel, dies zuzugeben!

Die Temperaturen stiegen langsam aber sehr stetig an, als wir uns dem Stausee näherten. Wir freuten uns auf ein erfrischendes Bad, wunderten uns aber, als wir von der Hauptstraße in Richtung See abbogen, dass kein Hinweisschild zu diesem auszumachen war. Dann am Ende der Straße erreichten wir einen circa 20 Meter hohen Erdwall. Dahinter vermuteten wir den See. Als wir eine Treppe erreichten, welche auf den Wall führte, freuten wir uns bereits. Wenn es einen richtigen Zugang gab, dann auch eine Bademöglichkeit, war unsere Vermutung.

Wir stellten das Womo auf der linken Seite ab, zogen die Badesachen an, nahmen unsere Handtücher und stiegen die Treppen hoch. Ein Mopedfahrer, der zum Telefonieren in einiger Entfernung angehalten hatte, sah uns verwundert nach.

Nachdem wir die Stufen erklommen hatten, sahen wir auf eine riesige ebene Wasserfläche. Das Wasser glänzte verführerisch, die Sonne lachte über uns ..., leider im wahrsten Sinne des Wortes. Denn an baden war hier nicht zu denken. Der Rand des Sees war betoniert und fiel, ähnlich einer Badewannenwand, steil ins Wasser ab. Es sah eher aus wie ein Schiffskanal nur viel, viel breiter. Außerdem schimmerte das Wasser sehr ungewöhnlich, für uns sah es aus wie ein leichter Schmierfilm und sauber war es auch nicht! Auch Angler oder Schwimmer waren weit und breit nicht zu sehen. Dies alles waren keine guten Vorzeichen, um baden zu gehen. So zogen wir unverrichteter Dingen wieder ab!

Wenig später erreichten wir einen kleinen Grenzübergang von Kroatien nach Slowenien. Eine kurze Passkontrolle folgte und schon waren wir ohne Schwierigkeiten durch. Dies war einer der problemlosesten Grenzübertritte der Reise!

Die nächsten gut 60 Kilometer durch Slowenien hätten ganz entspannt sein können wenn … ja wenn es nicht um ein Haar schiefgegangen wäre.

Auf unserer Strecke durch Kroatien war die Landschaft eher lieblich mit leichten Hügeln, eben eine beschauliche Mittelgebirgslandschaft. Diese setzte sich in Slowenien fort.

Wir fuhren zügig, aber gemütlich mit circa 90 km/h auf der Landstraße in Slowenien. Diese war nicht übermäßig breit, aber mit etwas Vorsicht sollten 2 LKW's aneinander vorbeifahren können.

Plötzlich überholte uns ein VW Golf GTI sehr zügig, ohne uns aber gefährlich zu werden. Als er sich einer Bergkuppe näherte, fuhren wir etwa 300 Meter hinter ihm. Dann hatte er den höchsten Punkt des Hügels erreicht und konnte auf die andere Seite sehen. In diesem Moment leuchteten seine Bremslichter auf und er bremste relativ scharf, aber nur kurz ab. So schnell die Lichter angingen, waren sie auch wieder aus, er gab offenbar wieder Gas und verschwand aus meinem Sichtfeld.

Schon seit geraumer Zeit unterhielt ich mich mit Schatzi über alles Mögliche, dabei hielt ich das Lenkrad lässig fest und das Womo schaukelte über's Land. Einer Eingebung folgend hielt ich es etwas fester und mit beiden Händen, als der Golf gebremste hatte.

Gabi lachte gerade herzhaft, das Womo erreichte die Bergkuppe und ich konnte eben den weiteren Straßenverlauf sehen, als mein Herzschlag kurz aussetzte. Einen solchen Moment habe ich noch nie erlebt und ich fahre schon über 35 Jahre Auto!

Auf der Hälfte meiner Fahrspur kam mir ein LKW entgegen. Den Fahrer konnte ich den Bruchteil einer Sekunde genau erkennen, ebenso wie seinen entsetzten Gesichtsausdruck. Für ihn, der gerade dabei war, einen Fahrradfahrer zu überholen und deshalb in meine Spur auswich, schien ein Zusammenprall unausweichlich.

Ich spürte mehr, als dass ich sah, wie Gabi´s Lachen erstarb. Was nun folgte ging so schnell, dass sie keine Zeit hatte, ihre übliche "Ich-krall-mich-fest" Haltung einzunehmen oder auch nur zu atmen!

Wie in Zeitlupe sah ich den LKW direkt auf mich zukommen. Mein Blick sprang zum rechten Fahrbahnrand. Ich registrierte: Kein Standstreifen! Nur ein schmales Stück unbefestigter Grünstreifen, dann ein Graben und dahinter ein Feld!

Es ist erstaunlich, wie ein Gehirn in einem solchen Moment arbeiten kann. Ich sah mich das Wohnmobil nach rechts lenken, das rechte Vorderrad würde in den Graben geraten, dann würden wir nach rechts in's Feld kippen und uns wegen der hohen Geschwindigkeit überschlagen!

Also durfte ich nicht zu weit nach rechts ziehen, dann aber lief ich Gefahr, den LKW seitlich zu touchieren, ins Schleudern zu geraten und dann ... musste ich weiter sehen!

All das ging mir durch den Kopf, als ich bereits das Lenkrad nach rechts einschlug. Ich spürte, wie das Womo vorn nach rechts und hinten nach links wankte. Nachdem ich der Meinung war, links am LKW vorbei zu kommen, hielt ich die Räder gerade, klammerte das Lenkrad in meinen Händen so fest, dass die Knöchel hervortraten und hoffte, der Randstreifen hätte keine größeren Löcher und würde unser Gewicht halten. Jeden Moment rechnete ich mit einem kratzenden Geräusch und einem Ruck, wenn der LKW oder der Anhänger unsere Seitenwand streifen und diese aufreißen würde, wie ein Dosenöffner eine Fischbüchse!

Gefühlvoll zog ich das Lenkrad wieder nach links - runter vom Sandstreifen und rauf auf die Straße, nachdem der LKW samt Anhänger an uns vorbei war.

Ich bremste, ließ das Womo aber weiter rollen und zitterte am ganzen Körper. Als ich zu Schatzi sah, bekam ich einen Schreck. Sie sah aus, als hätte ihr Frauenarzt gesagt: "Herzlichen Glückwunsch, sie sind mit Anfang Fünfzig noch einmal schwanger!" Oder anders ausgedrückt, sie war kreidebleich und sprachlos!

Dann löste sich die Anspannung langsam und wir atmeten einige Male kräftig durch, bevor wir uns über das Erlebte unterhalten konnten.

Es war ein Wunder, dass wir ohne Blessuren davon gekommen waren. Nicht mal die Außenspiegel haben sich berührt und damit hatte ich fest gerechnet. Irgendwie muss es Millimeter genau gepasst haben!

Noch lange saßen wir aufgewühlt und zitternd in unserer Bergziege und ließen die Sekunden immer und immer wieder Revue passieren.

Schließlich entdeckte ich ein Einkaufszentrum am Wegesrand und damit eine willkommene Abwechslung zum vorangegangenen Stress. Wir rollte gerade auf den Parkplatz, als Schatzi bereits ein Café sichtete. "Lass uns doch zuerst einen Eiskaffee trinken, so zum Runterkommen und dann einkaufen gehen!" sagte sie und ich spürte eine gewisse Erschöpfung in ihrer Stimme.

Das Café war sehr schön, modern, sauber, einfach klasse und die Eiskaffee´s mit 2 Euronen pro Glas durchaus bezahlbar, ich meine natürlich günstig!

Selbstverständlich drehten sich unsere Gespräche immer noch um das eine Thema, doch der erfrischende Kaffee kühlte unsere Gemüter ab.

Als wir wenig später im Supermarkt einkauften, war die Ablenkung perfekt. Wir kauften gleich zwei Flaschen Sekt, zehn Cevapcici, und eine Flasche Kürbiskernöl. Dafür bedurfte es allerdings einiges an Überredung. Ich war kein Freund von diesem Öl, hatte es aber noch nie probiert, auch, weil ich 20 Euro für einen Liter einfach zu teuer fand. Allerdings nur bis zu diesem Zeitpunkt, doch dazu mehr am nächsten Tag!

Zurück im Womo und auf der Landstraße, steuerten wir der Grenze nach Österreich entgegen.

An dieser hatten wir eigentlich keinerlei Kontrollen mehr erwartet. Nachdem ich aber bei meiner Fahrt nach Wien in der Gegenrichtung bereits Kontrollen bei der Einreise nach Deutschland bemerkte, waren wir uns nun nicht mehr ganz sicher!

Am Grenzübergang angekommen, kontrollierten die Slowenen tatsächlich nicht. Auf österreichischer Seite allerdings mussten die Einreisenden ihre Pässe bei einem Beamten vorzeigen. Als er unser Auto sah, genügte ein Blick auf das Nummernschild und er wollte die Pässe nicht mehr sehen, wir wurden einfach durch gewunken!

Wenige Meter weiter sahen wir noch die Überreste einer Zeltstadt, die zur Aufnahme von Flüchtlingen errichtet worden war. Aber auch hier, wie während unserer ganzen Reise, sahen wir keinen einzigen Flüchtling mehr!

Kurz nach der Grenze entwickelte unsere Navigations - App ein Eigenleben. Wir hatten uns vorgenommen, in der Nähe von Graz einen Übernachtungsplatz zu suchen und das Navi wollte uns immer auf der Autobahn nach Graz führen. Krampfhaft versuchten wir auf kleinere Landstraßen auszuweichen. Dann gab sich das Navi geschlagen und schlug uns größere Landstraßen vor, doch das wollten wir ebenfalls nicht. Schließlich gaben wir auf, ließen „Anke", unsere Navi-Stimme, reden und fuhren unsere Strecke, ohne sie weiter zu beachten.

Manchmal ist so ein Dickkopf auch richtig gut. Wir erfreuten uns gerade an der schönen Landschaft der Steiermark, als wir den Ort Fehring von Süden her erreichten, durchquerten und kurz vor einer scharfen Rechtskurve ein Schild erblickten, das mich wenige Meter später rechts zur „Berghofer Mühle" abbiegen ließ.

Zu Hause backen wir, bis auf seltene Ausnahmen, unser gesamtes Brot und ein Großteil der Brötchen selber. Das Mehl dafür kaufen wir in den unterschiedlichsten, noch existierenden Mühlen. Entweder finden wir diese auf unseren Reisen oder wir bestellen bei ihnen online. Diesmal hatten wir mehrfach Glück.

In den letzten Tagen hatten wir bereits überlegt, auf der Heimreise an unser Lieblingsmühle, der Mühle Zeddenbach in der Nähe von Freyburg (Unstrut), vorbeizufahren, und uns wieder mit diversen Mehlen einzudecken. Nun kam uns der Zufall und die Berghofer Mühle zu Hilfe.

Nachdem ich auf den Hof gefahren war, stellte ich unser Womo direkt vor den Eingang. Die Angestellten der Mühle sahen uns und unser Gefährt skeptisch an, zumal wir dem Laden das Tageslicht stahlen und außer uns niemand mehr auf den schattigen Parkplatz konnte, aber niemand sagte etwas. Wir entschuldigten uns dann auch gleich für das Parken vorm Eingang, aber schließlich waren wir die einzigen Kunden, es war brütend heiß und der einzige Platz mit Schatten war nunmal vor dem Tor zum Mühlenladen.

Das Einkaufen lief eigentlich ab wie immer, wenn Schatzi und ich in solchen Geschäften sind. Gabi machte mich immer auf dieses Müsli und jene Körner aufmerksam, während ich um ihre Aufmerksamkeit buhlte, was sich in etwa so anhörte: "Oh sieh mal, ein zehn Kilo Sack Roggenvollkornmehl und dort noch einer mit Weizenvollkornmehl und dahinter, das Mehl kenne ich noch gar nicht!"

Ach sieh mal da und sieh mal dort, mit großen Augen ging ich von einem Mehl zum anderen, wie ein kleiner Junge im Spielzeugladen, der sich nicht zwischen Rennauto und Holzlaster entscheiden kann.

Am Ende haben wir mehrere Tüten Müsli, Sonnenblumen- und Kürbiskerne und verschiedene Weizen- und Roggenmehle gekauft. Das Womo wurde mit über 50 Kilo Mehl beladen, die Kreditkarte erleichtert und wir freuten uns über die Einkäufe. Dann räumten wir den Eingang des Mühlenladens und machten uns auf die Suche nach einem Übernachtungsplatz.

Diese gestaltete sich mehr als holprig. Immer wieder suchten wir auf der Karte nach geeigneten Punkten und fanden keinen, aus unserer Sicht guten Platz. Einer war zu nah an der Straße, der andere ein offizieller Platz bei einem Händler, dann wieder zu nah an den Häusern und so zog sich die Suche hin.

Wir mussten einfach etwas abgelegenes finden, etwas wo keiner hinkommt, aber das Womo gut stehen kann. Ich weiß, viele werden nun mit dem Kopf schütteln, aber solche Plätze gibt es.

Schließlich landeten wir an einer kleiner Kreuzung, von der ein Waldweg auf eine Lichtung führte. Ich setzte den Blinker und stand wenig später auf dem Weg neben einem mit Holzstämmen beladenen Anhänger.

Gabi und ich stiegen aus. "Und wie gefällt dir der Platz?" fragte ich sie. "Hmmm weiß nicht. Alles komisch hier. Der Anhänger und überhaupt!" "Ich wollte eigentlich nur hier übernachten, kein Haus bauen!" entgegnete ich schon leicht gereizt, denn ich weiß, was es bedeutet, wenn sie sagt "... weiß nicht...". Sie sah sich weiter um, doch ich merkte, das wird nichts. Genervt stieg ich wieder ein, startete den Motor und winkte ihr einzusteigen. "Also, wenn du willst können wir ja hier bleiben!" sagte sie durch die geöffnete Beifahrertür. Dabei hatte sie ein Gesicht wie sieben Tage Regenwetter aufgesetzt.

Getreu eines weisen Mannes Spruch: "Happy Wife ....!" lächelte ich gezwungen und sagte: "Komm Schatzi steig ein, wir suchen weiter! Oder besser DU suchst weiter, ich fahre nur!" Der Satz war natürlich auch wieder falsch und so herrschte auf den nächsten Kilometern Funkstille.

Irgendwann entdeckten wir einen Hinweis zu einer Höhle! Schon alleine der Name sagte mir zu: "Katerloch"! Also bogen wir auf die L356 ab, um wenig später der Beschilderung auf dem Katerloch Weg zu folgen. Zum Glück war es eine gute, wenn auch schmale, asphaltierte Straße, die teilweise entlang der Raab führte. Dann stieg die Straße an und führte durch dicht bewaldete Berge dem vermeintlichen Katerloch entgegen.

Am Ende der Straße war die Überraschung groß, als wir einen Reisebus erblickten, welcher an der Seite parkte.

Wir suchten uns auf der Lichtung eine relativ ebene Stelle, parkten und stiegen aus, um uns den Platz näher anzusehen.

"Im Prinzip nicht schlecht oder Schatzi?", sagte ich nach einem ersten Blick. "Es gibt auch wieder Walderdbeeren, aber nur wenige." kam es von Schatzi, die schon im Wald verschwunden war.

Dann entdeckten wir die Beschreibung und die Hinweise zur Tropfsteinhöhle Katerloch.

Erleichtert stellten wir fest, dass nur geführte Gruppen die Höhle besichtigen dürfen. Dies bedeutete für uns, dass wenn der Bus samt seiner Landung einmal verschwunden ist, keine weiteren Tagesgäste kommen sollten. Da wir uns in einer Sackgasse auf 900 m Höhe befanden, rechneten wir auch nicht mit Durchreisenden. Somit sollte einer ruhigen, entspannten Nacht abseits jeder Zivilisation nichts im Wege stehen.

So in etwa war es dann auch. Als die Höhlenbesucher gegen acht Uhr abends zu ihrem Bus zurückkehrten, sahen einige von ihnen verwundert zu uns herüber. Wir erwiderten die Blicke und winkten zurück, woraufhin sie sich sofort wegdrehten.

Nachdem der Bus in Richtung Tal verschwunden war, kümmerte ich mich um's Essen, während Schatzi im Wald verschwand - zum Beeren suchen natürlich!

Auf dem Tisch standen neben Cevapcici und Brot auch Kajmak, Tomaten und Paprika. Als wir gerade beim Abendbrot saßen, hörten wir ein Auto. Beim Näherkommen sahen wir, dass dieses mit 4 Jungen Leuten besetzt war. Mit ihren freien

Oberkörpern und den Bierflaschen in der Hand deutete alles auf Party hin.

Gabi und ich sahen uns entsetzt an und ich räumte in Gedanken bereits alles zusammen und fuhr ins Tal zurück. Doch sie fuhren nur bis zum Ende der kleinen Lichtung, parkten kurz und fuhren nach wenigen Minuten wieder davon. Sie hatten wohl eingesehen, dass wir die ersten hier oben waren und nicht ohne Weiteres wieder verschwinden würden.

Das ging offenbar auch dem Pärchen so, welches eine Stunde später am Katerloch auftauchte. Wir saßen noch vor unserem Womo, tranken gerade die Rakireste aus der "Schweine- und Lammbraterei", als ein SUV die Straße hochkam. Dieses Mal saßen ein Mann und eine Frau, beide Anfang vierzig, in dem Auto. Auch sie fuhren langsam an uns vorbei und ihren Gesichtern konnten wir das Missfallen über unsere Anwesenheit ansehen. Ohne Stopp fuhren sie weiter den Waldweg entlang, welcher hinter unserem Parkplatz in den Wald hinein führte. Nach fünf Minuten kehrten sie allerdings zurück. Offenbar gab es kein vergleichbares Plätzchen für ein einsames Schäferstündchen.

Danach kehrte am Katerloch endgültig Ruhe ein! Zumindest hatten wir Ruhe vor weiteren Menschen.

Später, die Sonne war schon hinter den Bergen verschwunden, hörten wir unheimliche Geräusche aus den Tiefen des Waldes. Es klang wie die Rufe eines Tieres und doch ganz anders, eben merkwürdig (in der iTunes Fassung des Buches sind diese auch zu hören)!

Die zurückgelegten 450 Tageskilometer und der Reste-Raki, verhalfen uns zu einem schnellen Einschlafen und einer sehr entspannten Nacht.

Samstag - Österreich ist Genuss pur

Es wurde genau die Nacht, weshalb wir solche Übernachtungsplätze suchten - Ruhe ohne Ende, nur die Geräusche der Natur drangen in unsere Ohren und deshalb konnten wir „ausschlafen", immerhin bis halb sieben! Dann aber ging alles ganz schnell und eine halbe Stunde später rollte es wieder, das Womo!

Zuerst ging es bergab, dann folgte eine kleine Berg- und Tal - Fahrt, bis wir bei St. Michael in der Obersteiermark die Autobahn 9 erreichten. Entgegen der Kartendarstellung blieben wir dann die nächsten fast 150 km bis Wels auf dieser.

Kaum auf der Autobahn wurde ich von Schatzi auf die Notwendigkeit eines Zwischenstopps für ein fürstliches Frühstück hingewiesen. Sie schwärmte schon seit einigen Tagen von einem „deutschen" Frühstück und da wir nun in Österreich angekommen waren, lechzte sie regelrecht nach Rührei mit Schinken und dazu einem frischen Butterbrötchen.

Dann erinnerte sie mich noch an den bevorstehenden Geburtstag unserer Tochter, und dass wir dafür noch einen steinernen Mörser mit passendem Stößel besorgen müssten.

Den zweiten Hinweis konnte ich elegant an Schatzi und Amazon delegieren. Sie wurde zwangsverpflichtet, die Zeit auf der Autobahn zu nutzen, um im Internet nach einem passenden Geschenk zu stöbern. Damit konnte ich auch das Frühstücksproblem um einiges verzögern.

Nachdem sie, wie ich fand, etwas leidenschaftslos und vergeblich bei Amazon & Co gesucht hatte, klappte sie ihr iPad zu und sagte wie beiläufig: „Ach sieh mal an, in Wels gibt es doch tatsächlich eine Fußgängerzone!" Ich reagierte nicht und tat so, als hätte ich es nicht gehört. Insgeheim verstand ich Schatzi's Anspielung schon. Es sollte heißen: „Ich würde gerne in Wels schön frühstücken und anschließend durch die Stadt bummeln, um nach einem Geschenk für Julchen Ausschau zu halten und eine neue Hose könnte ich vielleicht auch brauchen!"

Ohne etwas zu sagen, suchte ich auf dem Navi unauffällig einen Parkplatz in Zentrumsnähe.

Die Kilometer bis Wels vergingen wie im Fluge, es lief auch wie am Schnürchen und so erreichten wir Wels bereits gegen 10 Uhr.

Schatzi hatte sich freudig überrascht gezeigt, als ich ihr offenbarte, dass ICH gerne in Wels einen Stopp einlegen würde. Ohne weiteres Bitten meinerseits suchte sie einen Parkplatz in Zentrumsnähe und gab diesen ins Navi ein.

Der anvisierte Platz erwies sich für uns als ungeeignet, aber in der Fischergasse unweit der Altstadt, mit ihren unzähligen Geschäften, Restaurants und Cafés, fanden wir einen guten und sicheren Parkplatz.

Wir bummelten durch den Garten der Burg ins Zentrum. Am Stadtplatz entdeckten wir ein Café mit Außensitzplätzen. Nach Kurzem Hin und Her nahmen wir an einem Tisch Platz. Wir fühlten uns ein wenig in die Wiener Innenstadt versetzt. Dieses österreichische Kaffeehausflair im Sommer vor den Häusern zu genießen ist Entspannung pur!

Dann kam was kommen musste und worauf wir uns schon lange gefreut hatten. Wir bestellten uns jeder Rührei mit Schinken, dazu ein Butterbrötchen und zwei Milchkaffee. Als der Kellner mit einem: "Bittschön!" alles auf den Tisch stellte, gingen uns schier die Augen über, so lecker sah es aus. Und geschmeckt hat es köstlich. Über eine Stunde hielten wir uns an dem Essen und dem Kaffee fest, beobachteten das Treiben vor dem Café und freuten uns, in Wels Halt gemacht zu haben.

Dann zog es uns aber weiter. Gestärkt und voller Elan bummelten wir anschließend durch die Innenstadt. Irgendwann und irgendwo trafen wir auf ein Haushaltwarengeschäft und Schatzi fiel wieder der Mörser ein.

Eigentlich ist klar, was jetzt kommt! Ja in diesem Laden gab es einen Mörser und zwar genau den richtigen. Somit hatte Schatzi Recht mit ihrer Vermutung, dass wir hier bestimmt das Geschenk für Julchen finden würden. Und weil es sooo viele interessante Sachen in dem Laden gab, habe ich mir gleich noch einen großen "Topf-nicht-Kratzer" gekauft!

Jules Geschenk, der Mörser samt Stösel, war so schwer, dass wir uns entschlossen, beides erst einmal zum Womo zu bringen, um dann die zweite Runde zu starten.

Als wir alles ins Womo geladen hatten und uns auf den Weg in die Stadt machten, fanden wir nicht gleich zurück zu den

Geschäften. Dafür fanden wir plötzlich etwas ganz anderes und viel, viel besseres - den Bauernmarkt von Wels.

Dieser fand in einer großen Halle und dem davor befindlichen Platz statt. Noch bevor wir die Halle betraten, hatten wir einiges entdeckt, was wir unbedingt noch brauchten. Das waren zum Beispiel frische Hühnereier, Ziegenkäse und Wurst, doch zuerst sahen wir uns noch die Stände in der Halle an.

Für uns ist der Moment, in dem wir einen solchen Markt betreten, vergleichbar mit dem Eintritt ins Paradies. Überall gibt es frisches Obst und Gemüse, Fleisch und Wurst von unterschiedlichen Tieren. Von Wild über Geflügel und Schwein bis zum Lamm und Rind war alles vertreten.

Doch damit war noch lange nicht genug. Es fanden sich Stände mit Wein, Schnaps und Kürbiskernöl, ebenso wie welche mit zahllosen Käsesorten oder eben auch nur mit zwei, drei Sorten vom Almbauern. Auch fanden sich einige Marktstände mit Backwaren, an denen es Brot, Brötchen und Gebäck aller Couleur gab.

Unsere Aufmerksamkeit erregte ein kleiner Stand mit Flaschen voller Kürbiskernöl, auf denen ein goldener Aufkleber eine Auszeichnung signalisierte. Daneben wurden noch einige Flaschen Wein präsentiert. Hinter dem Verkaufstisch stand ein kleiner alter Mann, der mich sehr an meinen Vater erinnerte. Verschmitzt lächelte er uns an und so blieben wir unweigerlich an dem Stand stehen. Wir erkundigten uns nach dem Öl und dem Wein mit dem Namen "Schilcher". Wir hatten vermutet, es handele sich um einen jungen Wein ähnlich dem Federweissen, aber wir wurden schnell und in urigem steirischen Dialekt eines Besseren belehrt.

Schilcher ist ein Wein aus der österreichischen roten Rebsorte Blauer Wildbacher und darf nur aus der Steiermark kommen. Von der Farbe her ein Roséwein, kann er nach der Art der Vergärung auch zu den Rotweinen gezählt werden. Dies alles erzählte er uns, nachdem wir zwei Gläser von diesem bestellt hatten. Für uns ist es völlig unüblich, noch vor der Mittagszeit Wein zu trinken, dennoch wollten wir diesen unbedingt probieren. Wir baten, die Gläser auf unserm Rundgang durch die Halle mitnehmen zu dürfen. Der Gute gestattete es uns aber nur mit der Vorgabe, diese innerhalb von 20 Minuten zurück zu bringen, da der Markt dann schließt. "Na dann aber los!" sagte ich zu Schatzi.

Während wir durch die Halle bummelten, überlegten wir, was wir alles kaufen wollten. "Ach sieh mal da, das Brot sieht aber lecker aus!" schwärmte ich und zeigte auf diverse Brote an einem der Backstände. "Ja, aber wir brauchen doch heute Abend keins!" entgegnete Gabi. "Och man, du bist ein Spielverderber! Wir könnten es doch einfrieren." schlug ich vor. Schatzi verdrehte die Augen und machte mir klar, dass unser kleines Frostabteil bereits mit einigen Kilo Butter, Butterschschmalz und weiteren leckeren Sachen gut gefüllt war. "Außerdem wollten wir doch einige von den riesigen Lammburgern mitnehmen, die du vorhin entdeckt und als sehr lecker und passend für's nächste Familientreffen eingestuft hast!" Gut da hatte sie natürlich recht. Wenn es nach mir gehen würde, hätte das Womo eh´ ein eigenes Kühlhaus unterm Bett!

So beschränkten wir uns auf 6 Burger, die jeweils ungefähr 15 Zentimeter im Durchmesser hatten und ebenso hoch waren, dazu Lammleber, diverse Sorten Ziegenkäse, ein Kilogramm Aprikosen, zwei Kilo Weinbergpfirsiche und schließlich, am "Opa" - Stand eine Flasche Kürbiskernöl und drei Flaschen Wein. Außerdem erstanden wir noch 20 Eier und eine Wurst vom Wildschwein. So ausgestattet, hätten wir einen Atomangriff 8 Monate überstehen können.

Wieder einmal verließen wir einen Markt mit Beuteln und Taschen behangen und machten uns auf den Weg zurück zum Womo.

In einer Seitenstraße, wir wollte noch einen kleinen Umweg zu unserem Kaffeehaus gehen, um einen Eiskaffee zu trinken, kamen wir an einem Bekleidungsgeschäft vorbei.

"Oh sieh mal Schatzi, das Shirt ist ja richtig hübsch!" sagte ich zu Gabi, als wir vor dem Schaufenster stehenblieben. "Wollen wir mal reinschauen? Vielleicht gibt es auch eine 3/4 Hose!" setzte ich nach.

Nicht gerade widerwillig nahm sie mein Angebot an. Als hätte ich es geahnt, gab es tatsächlich eine schöne Hose für sie. Gabi probierte gerade diverse Hosen an, da entdeckte ich ein hübsches Oberteil. Ich suchte die richtige Größe raus und brachte es ihr in die Umkleide.

Dann trat sie in ihrer neuen 3/4 Hose und dem von mir ausgesuchten T-Shirt aus der Umkleidekabine heraus. "Und wie gefällt es dir?" fragte ich sie. Leise, fast flüsternd antwortete sie: "Du bist verrückt! Schon schön, aber hast du mal auf den Preis gesehen? Wir wollten doch sparen!" "Aber Schatzi, du weißt doch, wer nach dem Preis sieht, hat kein Geld! Also gefällst du dir oder nicht?" setzte ich lachend nach.

Natürlich gefiel sie sich, aber der Preis für beide Teile war nicht gerade das, was ich unter einem Schnäppchen verstand.

Wie Schatzi so da stand, sich in ihren neuen Sachen drehte und wendete, da gab es für mich keine zwei Meinungen. "Wir nehmen beide Teile und sie lässt alles bestimmt gleich an!" sagte ich zur Verkäuferin gewandt . Diese lächelte und sagte:"Sie haben aber einen netten Mann!" Schatzi verdrehte die Augen, lachte und sagte: "Eher verrückt, würde ich sagen!" Dann küsste sie mich, bezahlte und wir machten uns auf den Weg zum Café von heute Morgen.

Dort genehmigten wir uns einen erfrischenden Eiskaffee. Bei dem war einfach alles exorbitant - die Größe, der Geschmack und nicht zuletzt der Preis. Obwohl der Eiskaffee mehr als dreimal so teuer war, als der, der letzten Wochen, war er jeden Cent wert.

Zurück am Wohnmobil hatten wir noch ein Ziel vor uns. Wir wollten im größten Sparmarkt des Ortes nach unserem Eiskaffeekonzentrat von Darbo sehen und wenn möglich einige Flaschen kaufen.

Nachdem wir wegen einer Baustelle zwei unfreiwillige Runden durch die Altstadt gedreht hatten, verpasste ich beim dritten Versuch nicht den richtigen Abzweig und wir gelangten unbeschadet aus der Stadt zum Supermarkt.

Doch unsere Bemühungen blieben erfolglos. Der Markt wurde gerade umgebaut und neu gestaltet, deshalb führte er nur ein eingeschränktes Angebot. Unser Kaffeekonzentrat suchten wir vergebens. Ganz entgegen unserer sonstigen Einkauftouren, fanden wir nichts - ja richtig - nichts Neues in dem Laden.

In der Zwischenzeit war es früher Nachmittag und es galt, einen Ü-Platz zu finden. Diesmal wollten wir uns etwas Luxus können, essen gehen und unsere Vorräte nicht antasten.

Mit Hilfe einer entsprechenden App fanden wir den Gasthof Furtmühle am Ende einer Sackgasse direkt an dem kleinen Flüsslein "Große Mühl", gelegen. Dieser bot einen kostenlosen Übernachtungsplatz bei "obligatorischer Einkehr". Da wir sowieso essen gehen wollten, war es uns recht und wir fuhren die 66 km zur ehemaligen Mühle.

Der Gasthof entpuppte sich als wirklich romantisch gelegen. Eingebettet in eine grüne Berglandschaft führte der Fluss unmittelbar an unserm Stellplatz vorbei.

Sowohl im als auch außerhalb des Gasthofes wurden alle Klischees eines Gasthofes in den österreichischen Bergen erfüllt. An der Brücke vor dem Grundstück war ein überdachter, goldener Jesus am Kreuz angebracht. Das Tal war umgeben von Bergen, die Wiesen satt grün und der Himmel (noch) relativ blau.

In der Gaststätte selber gab es unter anderem gebratene Forelle, Schnitzel und Kaiserschmarrn. Also was wollten wir mehr!

Wir konnten uns einen Stellplatz aussuchen und entschieden uns, wie es sich für gute Deutsche gehört, für einen Platz unmittelbar am Fluss!

Ich stellte die Stühle raus, dann genossen wir einfach nur das Rauschen des Wassers, einen Fertigeiskaffee und die Natur um uns herum, bevor wir zu einem Erkundungsspaziergang in die nähere Umgebung aufbrachen.

Es tat uns und unseren Knochen sehr gut, nach den etwas mehr als 300 Tageskilometern alles in Bewegung zu bringen und die Muskeln wieder fit zu bekommen. Am Wegesrand begegnete uns unter anderem diese Mosaikjungfer, die so still hielt, dass ich sie selbst mit dem Handy fotografieren konnte.

Pünktlich zum "Ruf des Muezzin" kehrten wir zu unserem Platz zurück und Gabi schenkte ein Glas Sekt ein, um uns den Staub aus unseren Kehlen zu spülen und uns auf den Abend einzustimmen!

Eine gute Stunde später begann "Das große Fressen". Leider artete es wieder aus. Es war aber auch alles zu lecker, um nicht probiert beziehungsweise aufgegessen zu werden.

Die Speisekarte der Furtmühle war übersichtlich, aber ausreichend und verlockend. Wir entschieden uns für eine Grießnockerlsuppe (für uns beide) als Vorspeise, als Hauptspeise nahm Schatzi eine ganze Forelle, ich das Männeressen schlechthin - Wiener Schnitzel (aus Schweinefleisch). Und als

Nachspeise wählte Gabi zweierlei Topfen und ich einen Bauernkrapfen. Dazu gab es eine Flasche Wasser sowie eine Flasche Weißwein, der sehr frisch, jung und spritzig oder anders ausgedrückt, erstklassig war!

Ich brauche nicht zu erwähnen, dass das Essen ebenfalls sehr, sehr gut war. Nicht nur Schatzi´s Forelle, nein auch mein Schnitzel, groß wie ein "Klodeckel", waren exzellent!

Nachdem wir alles vertilgt hatten, brauchten wir einen Kaffee zur Verdauung. Dummerweise bestellten wir zwei Kaffee mit haus-gemachtem Eierlikör (oder war es die Gier?). Als wir diesen "Verdauer" getrunken hatten, brauchten wir erst recht einen Verdauer. So bestellten wir einen Verdauer für den Verdauer! Doch diesmal ließen wir das Richtige kommen - zwei Obstler.

Danach war wirklich Schicht im Schacht und wir konnten das hausgemachten Schmalz vom Wollschwein nur in Gläsern abgefüllt mitnehmen.

Kurz bevor wir bezahlen wollten, kamen wir mit der Wirtin näher ins Gespräch. Sie erzählte ein wenig von sich, ihrer Familie und ihrem Leben und wir von dem unseren und der Reise, die nun zu Ende ging. Als sie von unserer Reiseroute hörte, stellte sie diese erstaunliche Frage, die dem Buch zu seinem Namen verhalf: Wo bitte liegt denn dieses Albanien?

Schatzi und ich sahen uns kurz an und wir überlegten Beide, wie oder was wir ihr antworten sollten. Ich fand zuerst meine Sprache wieder und versuchte es ihr wie folgt zu erklären: "Stellen sie sich vor, wir beginnen unsere Reise auf einer imaginären Landkarte in Österreich und reisen nach Süden." Sie nickte mir bestätigend zu. "Dann kommt Slowenien." "Ja" "Dann folgt Kroatien." "Ja das kenne ich." "Anschließend Bosnien Herzegowina." Da blickte sie schon nachdenklicher drein und sagte nur noch: "Hmm?" "Als nächstes kommt Montenegro." "Aha" war ihre kurze Antwort und als ich sagte: "Und danach kommt Albanien!" sagte sie: "Oh ich muss schnell in die Küche, ich glaube das Essen für die anderen Gäste ist fertig!"

Gabi und ich lachten, fanden es aber auch nicht schlimm. Schließlich ticken hier in den Bergen die Uhren anders und die Menschen haben andere Probleme als zu wissen, wo Albanien auf der Landkarte zu finden ist.

Dann baten wir um die Rechnung und als diese kam, merkten wir, dass wir wieder in Westeuropa waren! Mit den drei Gläsern Bio- Schmalz vom Wollschwein und Trinkgeld bezahlten wir 85 €! Aber was soll's, wir leben nur einmal!

Noch einen Verdauungsschnaps wollten wir nicht trinken, deshalb entschieden wir uns nach dieser mehr als üppigen Mahlzeit und trotz einsetzenden Nieselregens, noch einmal auf den Berg und zurück zu wandern. Zurück rollten wir mehr, als dass wir gingen, so voll gefuttert waren wir immer noch.

Schon gegen 21:15 Uhr fielen wir todmüde in unseren Betten und schliefen schnell ein!

Sonntag – So sind Bayern nicht

"Ahh, was für eine entspannte Nacht war das! Guten Morgen Schatzi!" begrüßte ich sie, als ich an diesem Morgen in ihr erwachendes Gesicht sah. "Und hast du auch so gut geschlafen?! fragte ich "Aber selbstverständlich, du warst doch bei mir!" sagte sie lächelnd und küsste mich. Klingt wie ein Liebesroman, ist aber die süße Realität!

Nur noch zwei Tage, dann müssen wir wieder in Hamburg sein, um auf unseren Sonnenschein aufzupassen. Das bedeutete, heute mussten wir Kilometer machen. Am Ende des Tages sollten es über 600 km sein.

An der Furtmühle nutzten wir die Gelegenheit, uns noch einmal zu duschen und frisch zu machen. Am Abend hatte uns die Wirtin noch angeboten, gegen eine Gebühr von zwei Euro die Duschen und Toiletten für Camper zu nutzen. Das Angebot nahmen wir gerne und ausführlich an.

Gegen 7 Uhr starteten wir in Österreich, um schon wenige Kilometer später die deutsche Grenze ohne jegliche Kontrollen, oder auch nur Anzeichen einer solchen zu passieren.

In den deutschen Autobahnverkehr reihten wir uns dann auf der A3 in Richtung Regensburg ein und schwammen einfach mit.

Schatzi´s obligatorischer Frühstücksappetit stellte sich hinter Regensburg ein. Eigentlich wäre dies keine Erwähnung wert gewesen, wenn uns dieser Zwischenstopp nicht eine Eigenart der Deutschen verdeutlicht hätte.

Für die Frühstückspause wartete ich auf die richtige Gelegenheit. Diese bot sich, als sich ein Autobahnparkplatz ankündigte. Schon von Weitem konnte ich sehen, dass dieser durch einen kleinen Wald von der eigentlichen Autobahn getrennt war. Somit sollten wir etwas abseits des Verkehrs stehen, und in Ruhe frühstücken können.

Nachdem ich auf den Parkplatz eingebogen war, entschied ich mich spontan für den Platz neben einer kleinen Sitzgruppe. Diese bestand aus einem steinernen Tisch, zwei ebenfalls steinernen Bänken und befand sich etwa in der Mitte der langgestreckten Parkplatzbucht.

Schatzi freute sich über meine Wahl, denn wir hatten sogar etwas Sonne an unserem Frühstücksplatz. Wir begannen, alles aus dem Womo zu räumen, was wir für ein entspanntes Frühstück brauchten.

Ich war gerade dabei, etwas von der ungarischen Paprikawurst aufzuschneiden, als ein schneeweißer 3er BMW mit Münchner Kennzeichen auf den Parkplatz einbog und langsam bis ans Ende der Parkbucht fuhr, so dass er einen möglichst großen Abstand zu uns hatte.

Gerade kam Schatzi aus dem Womo, um sich kurz in die Sonne zu stellen, als ich sagte: "Siehst du, wir sind wieder in Deutschland! Keine 1.000 Kilometer südlich hätte das Auto bei uns gehalten, die Insassen wären ausgestiegen und mit uns ins Gespräch gekommen." "Die wollen halt ihre Ruhe haben." meinte

Schatzi. Gut, wenn es denn so gewesen wäre, hätte ich auch Verständnis dafür gehabt.

Gabi holte den Tee aus dem Wohnmobil und ich ging hinein um mir die Paprikahände zu waschen. Danach wollten wir in Ruhe in der Sonne frühstücken.

Schon als ich die Tür des Womos öffnete und nach draußen zu unserem Tisch sah, verschlug es mir die Sprache! Gabi stand am Tisch und überlegte unschlüssig, wohin sie sich hinsetzten sollte. Wie aus dem Nichts waren die Insassen des BMW, offenbar Großeltern mit ihren Kindern und einem Enkelkind, samt ihren Speisen und Getränken an unseren Tisch gekommen, hatten diesen zur Hälfte okkupiert, standen beziehungsweise saßen nun an diesem und verzehrten ihre mitgebrachten Brote und "Plastikwürste"!

Fragend sah ich Schatzi an, diese kam zu mir an die Tür und raunte mir zu: "Die sind plötzlich erschienen, haben sich grußlos und ohne zu fragen an unseren Tisch gestellt beziehungsweise gesetzt! Es hat sie nicht mal gestört, dass unser Frühstück vorbereitet auf dem Tisch stand." Ich merkte deutlich eine gewisse Unzufriedenheit in ihrer Stimme. Dies ist ein Alarmsignal für mich, denn sie ist nicht immer diplomatisch. Ja, Schatzi kann durchaus auch mal "Gabriele" sein und ihre ein Meter sechzig Körpergröße mit Worten auf zwei Meter erhöhen!

"Ganz ruhig Schatzi, ich mach das schon! Wir setzen uns einfach hin, frühstücken in Ruhe und aus," gab ich leise zurück. Dann stieg ich aus dem Womo, setzte mich auf eine Bank ganz weit nach außen, um möglichst nah an den Münchner'n zu sein und bedeutete Gabi, sich neben mich zu setzten.

Ohne große Unterhaltung frühstückten wir. Die anderen unterhielten sich ebenfalls kaum und wenn, dann nur mit dem Kind und taten so, als wären wir Luft.

Besonders witzig fand ich, wenn sie sich unterhielten, dass sie immer versuchten, möglichst starken bayrischen Dialekt zu sprechen. Wir vermuteten, dass sie unser Hamburger Kennzeichen gesehen hatten und hofften, wir "Nordlichter" würden sie nicht verstehen. Was sie natürlich nicht ahnen konnten, ist dass sowohl Gabi als auch ich keinerlei Probleme mit Dialekten haben und dass meine Großeltern, Eltern und drei meiner Geschwister in München geboren wurden und schon deshalb ist mir das bayrische nicht fremd!

Ich will wirklich nicht die alten, verallgemeinerten Vorurteile von "Wessis" und "Ossis" bemühen, aber hier wurden sie mehr als deutlich. Wir "alten Ossis" haben noch gelernt, dass man grüßt, wenn man irgendwo dazukommt. Außerdem gebietet es doch die Höflichkeit, zu fragen, ob noch etwas frei ist und man sich dazu gesellen darf. Aber entweder liegt es an der heutigen Zeit, dass dies aus der Mode gekommen ist. Oder es ist genetisch mit der Herkunft verbunden. Das wiederum kann aber eigentlich auch nicht sein. Denn meine Eltern waren auch nicht so. Ich will um Himmels Willen nichts verallgemeinern, aber manchmal sind bestimmte Verhaltensmuster auffällig.

Dazu passte auch der Abgang der Münchner. Der Junge ließ die Plasikhülle seiner Billigwurst fallen, ohne dass die Erwachsenen etwas dagegen sagten. Dann nahmen sie ihre Tupperdose mit rosa Deckel und gingen grußlos davon!

Kaum hatten sie sich einige Meter entfernt, als Schatzi und ich wie auf Kommando hörbar aufatmeten und sie sagte: "So sind Bayern nicht! Endlich können wir wieder lachen!" Das taten wir auch, setzten uns auf die andere Bank und beobachteten die fünfköpfige Großfamilie, wie sie sich wieder in ihren schönen weißen BMW quetschte und in Schrittgeschindigkeit den Parkplatz verließ!

Dank dieser Begegnung hatten wir genügend Gesprächsstoff für die nächsten Kilometer und konnten erneut gut auf das Autoradio verzichten.

Sonst gab es aber nichts zu meckern, das Wetter war zum Fahren ideal und der für Bayern so typische weiß-blaue Himmel machte seinem Namen alle Ehre.

Über die nächsten Autobahnkilometer gibt es nicht viel zu berichten und so fuhren wir entspannt auf der A93 und der A9 weiter bis zur Abfahrt Dessau - Ost, um von dort den Wörlitzer Park anzusteuern.

Nach einem Besuch in diesem wollten wir irgendwo an der Elbe übernachten. Zuerst jedoch hatte ich Schatzi etwas Kultur versprochen und dafür sollte doch Wörlitz und der angrenzende Park geeignet sein!

Unser Wohnmobil stellten wir auf einem Großparkplatz am Rande des Parks ab und marschierten dann in Richtung des Ortes.

Diesen erlebten wir, wie hier zu sehen, als tot und trotz des strahlenden Sonnenscheins wirkte er bedrückend. Wir hatten nicht das Gefühl, dass die benachbarte Touristenattraktion dem Ort viel gebracht hat oder bringt und so gingen wir mit gemischten Gefühlen dem Park entgegen.

Unser Versuch, vor dem Parkbesuch einen Kaffee zu trinken, scheiterte einerseits an der Ignoranz zweier Kellner des Landgasthofes "Wörlitzer Hof", für die wir offenbar zu "jung" und ohne Kinder waren, um als vollwertige Gäste wahrgenommen zu werden und andererseits an unser eigenen Dummheit. Denn auf unserem Weg durch den Ort kamen wir an der Bäckerei Doneck vorbei. Diese hatte ein vorzügliches Angebot an diversen Kuchen und Torten, aber leider keine Außensitzplätze und in dem kleinen Raum, den wir angrenzend an den Verkaufsraum sahen, wollten wir nicht sitzen. Wir zogen es vor, im ehemaligen Küchengebäudes des Schlosses, in welchem heute ein Gastronomiebetrieb untergebracht ist, einen einfachen Cappuccino zu trinken, sowie zwei ebenso einfache wie lieb- und seelenlose Stücken Kuchen zu essen. Manchmal kann man nicht anders als über sich selbst den Kopf zu schütteln.

Lange hielten wir uns im Schlosspark nicht auf. Irgendwie hatten wir das Gefühl, den Altersdurschnitt der Besucher auf gefühlte 80 Jahre zu drücken. Vielleicht waren wir auch einfach noch nicht reif für den ansonsten schönen Wörlitzer Park!

Schon bei der Anfahrt hatten wir ein Hinweisschild zur Elbfähre gesehen und hofften nun, dort einen schönen Ruhe- und Übernachtungsplatz zu finden.

Auf der ca. vier Kilometer langen Zufahrtsstraße vom Großparkplatz zur Fähre fühlten wir uns wie im hintersten albanischen Bergland. Die mit Kopfstein gepflasterte Straße würde ich nicht als solche bezeichnen und für die Betreiber des Gasthauses "Elbterrasse Wörlitz" direkt am Fähranleger, würde sich ein Schild mit folgendem Wortlaut empfehlen: "Bitte halten Sie durch! Zu jeder Hauptspeise erhalten sie einen Gutschein für einen Stoßdämpferwechsel und eine Achsprüfung!"

Auf Grund der langen Erfahrungen auf osteuropäischen Straßen schockte uns das Straßenstück nicht wirklich. Es überraschte uns, solch schlechte vier Kilometer in Deutschland zu finden, aber es waren eben auch nur vier Kilometer, bis wir die Fähre erreichten.

Schon von Weitem sahen wir das Schild: "Wohnmobile willkommen!". Das erwähnte Gasthaus hatte eine großes Stück Wiese mit einigen Bäumen darauf eingezäunt und verwendete dies als Parkplatz. Auf Nachfrage am Tressen wurde uns bestätigt, dass wir gerne eine Nacht kostenlos stehen dürfen und sie würden sich aber freuen, wenn wir im Restaurant etwas verzehren würden.

Mir sollte es wieder recht sein, denn ich wollte unsere Vorräte behüten und Schatzi war es auch recht. Auf diese Art hatte sie keine Arbeit mit dem Abendbrot und wir konnten uns beide mal verwöhnen lassen.

Doch bis dahin war noch Zeit und so nahmen wir in unseren Stühlen vorm Womo platz und genossen den Ausblick über die Elbe auf das andere Ufer, bis hin zum Schloß von Coswig.

Gegen 19 Uhr setzten wir uns auf die Terrasse der Gaststätte, beobachteten das Treiben an der Fähre, aßen zu Abend und kamen noch mit einem netten Paar aus Wiesbaden ins Gespräch.

Dieses Gespräch wiederum bestätigte dann doch meine Vermutung, dass eben nicht alle so sind wie unsere Frühstücksgesellschaft.

Fazit des Tages: Seid offen und ohne Vorurteile! Und wenn diese doch mal bestätigt werden, dann lacht darüber und stellt sie als Einzelfall dar.

Mit unserem Weggang aus der Gaststätte endete ebenfalls der Fährbetrieb gegen 21 Uhr und somit hatten wir eine exzellente letzte Nacht für diesen Urlaub.

Montag - Chaos zum Schluß

Das war sie, die letzte Nacht in diesem Urlaub, ruhig, entspannt und bis 7 Uhr früh sogar relativ lang!

Viel gibt es zu diesem letzten Fahrtag nicht mehr zu sagen, außer dass wir überlegt hatten, auf die A 9 zu fahren und dann über Berlin und die A 24, nach Hamburg zurück zu kehren. Aber ich bin nicht so der Autobahnfan und außerdem hatten wir doch Zeit!

Schade, denn manchmal sollte "Mann" eben doch auf das Bauchgefühl und die erste Idee vertrauen. Denn so mühten wir uns regelrecht die 344 Kilometer zurück und waren insgesamt noch über 6 Stunden unterwegs. Eine Baustelle löste die nächste Umleitung ab und so ging es bis kurz vor Hamburg.

Schließlich standen wir pünktlich zum Kaffetrinken halb drei wieder vor unserer Haustür. Wir waren glücklich, ohne große Schäden und mit einem Sack voller Lebensmittel und Erlebnisse gut zu Hause angekommen zu sein!